Estoy convencida de que estaríamos felices de dejar de regañar, castigar o amenazar a nuestros hijos si supiéramos cómo asegurarnos de que ellos se convertirán en personas buenas, responsables y exitosas sin esas medidas dolorosas. Este libro es la respuesta a ese deseo universal. No se trata de maneras amorosas de controlar a los niños, sino de comprenderlos y acompañarlos para que puedan transformarse en la mejor versión posible de ellos mismos. No porque nos temen, sino porque así lo quieren, para ellos mismos.

Criar a nuestros hijos creciendo nosotros

Naomi Aldort
Traducción de Selva Arín

BOOK PUBLISHERS NETWORK
Changing the World One Book at a Time

Book Publishers Network
P.O. Box 2256
Bothell • WA • 98041
Ph • 425-483-3040

10 9 8 7 6 5 4 3 2 1

Printed in the United States of America

LCCN   2005936173
ISBN   978-1-940598-68-0

La edición original de esta obra ha sido publicada en inglés por **Naomi Aldort**, en Estados Unidos, con el título *Raising Our Children, Raising Ourselves.*

Traducción de Selva Arín
Correctores:
   Inés M. Anchondo
   Ignacio Rosseglione
con colaboración de:
   Hanny Ghazi
   Florencia Busto Alvarez
   Paola Galindo
   Luciana (Lula) Drault
Edición y corrección final: Selva Arín
Diseño de cubierta: Laura Zugzda
Diseño de Interior: Melissa Vail Coffman
Imagen de cubierta: Georgi Coquereau

"Nada en lo que te conviertas me desilusionará.
No tengo preconcepciones ni expectativas.
Sólo quiero descubrirte. No puedes desilusionarme."

-Mary Haskell

Contenidos

Capítulo Cuatro ✤ Seguridad emocional 179

Capítulo Cinco ✤ Autonomía y Poder 221

Capítulo Seis ✤ Autoconfianza 255

Agradecimientos

Comencé a escribir este libro cuando mi hijo menor era pequeño. En muy poco tiempo había terminado de escribirlo, pero estaba muy ocupada maternando como para editarlo, corregirlo y prepararlo para una impresión. El libro hubiera sido publicado cuando Oliver, mi hijo menor, tenía seis años, pero él y su hermano Lennon decidieron tomar clases de música (chelo, violín, piano y luego dirección y composición). Ambos mostraron talento prodigioso, así que tuve que nuevamente posponer este libro por algunos años más. Hoy en día, Lennon Aldort compone y dirige sus propias sinfonías, y Oliver Aldort ha participado como solista en numerosas orquestas y aparecido en TV y radio. (www.oliveraldort.com)

El libro que tienes en tus manos hoy ha sido reescrito y transformado muchas veces. En algún modo ha crecido conmigo y mis tres hijos.

Mi gratitud empieza con ellos, mis entrenadores y maestros personales. Yonatan Aldort me enseñó, entre otras cosas, que no importa cuan cariñosa y buena madre una pueda ser, el hijo crea su propia película sobre su infancia y ésta es la única infancia que ha tenido. Lennon Aldort me enseñó a entrar al mundo de un niño y descubrir nuevas realidades que yo desconocía. Me enseñó a distinguir autoengaño de verdad profunda, y lo mostró cada vez que me limité por mi pensamiento propio. El más joven, Oliver Aldort, todavía está de mi mano en mi camino a la realización personal, enseñándome la naturaleza de Buddha. Cuando las cosas no salen como quiere dice: "Lo que sea", y prosigue felizmente su camino. Cuando a veces me atormento con preocupaciones de madre, me pregunta: "Má, ¿por qué te haces esto?".

Mi agradecimiento sigue hacia los miles de niños y niñas que han proveído el material para este libro. Me inclino ante los padres que han tenido y tienen el coraje de buscar mi guía, compartiendo sus historias familiares conmigo. Encontrarás estas historias -con nombres y detalles cambiados- a lo largo del libro, así como historias de mi propia familia, con nombres reales (y permiso concedido).

Mi querido esposo, Harvey, proveyó apoyo y resistencia: me desafió, al mismo tiempo que confiaba en mi capacidad y mi sabiduría. Harvey es el hombre que tiene el coraje de recurrir a mi guía respecto de nuestros hijos. Muchas veces me llamó, diciendo: "No puedo manejar esto con los chicos pacíficamente. Por favor, haz tu magia". Después de que yo me hiciera cargo de la situación, me decía: "Publica ese libro, ya. El mundo lo necesita".

Este libro no existiría sin la habilidad de mi madre de criarse a sí misma mientras criaba a sus hijos y, como abuela, de preguntar y estar siempre lista para aprender algo nuevo.

La primera persona que me enseñó el concepto de validar las emociones es mi querida mamá. Ella fue y sigue siendo una madre progresista y excepcional, y continúa aprendiendo.

Estoy agradecida por el trabajo de edición y formato realizado por Patrick Farenga, mi editor, previo editor de la publicación *Growing Without Schooling*, y líder en el movimiento de no escolarización (*Unschooling*). Pat tomó mi manuscrito y lo transformó en lo que es su forma definitiva con mucha gracia y fluidez. Antes de entregarle el libro a Patrick, tuve la suerte de trabajarlo con mi amigo, el profesor de literatura Richard Fadem. Él no corrigió lo que yo había escrito, sino que me dio en cambio un curso rápido de edición y escritura.

Gracias Ellen Steiner y Deborah Burke por trabajar conmigo en el manuscrito original. Gracias Lisa Biskup, Michael Biskup y Chrys Buckley por la corrección del libro.

Mi agradecimiento va también a Victoria McCown por la corrección final y por enseñarme gramática. No hubiera podido terminar este libro sin Sheryn Hara de Book Publishers Network, quien me liberó de la carga de preparar el libro para su impresión. Y gracias a Justin Smith y el equipo de Bang Publishing.

Quiero agradecer a amigos que leyeron partes del libro e hicieron comentarios útiles: Marjon Riekerk, Kathy Gainor, mi hermano Kobe Hass y cuñada Michele Hass, y otros que hicieron comentarios valiosos. No podría mencionar a cada uno por nombre, pero estoy agradecida por cada respuesta que recibí.

El movimiento hacia una crianza respetuosa y natural ha sido apoyado por numerosas personas y organizaciones. Yo estoy especialmente agradecida a *Attachment Parenting International* y *La Leche League*, muchos de cuyos líderes y madres devotas han distribuido mis artículos y usado mi trabajo para hacer una diferencia en padres de niños pequeños. En particular quiero reconocer a las madres del *Northwest Attachment Parenting*, y otros grupos de crianza del Noroeste estadounidense y Nueva Inglaterra.

Una gratitud especial para las muchas personas que han influenciado mi pensamiento con sus escritos. Algunos están vivos y otros ya no. Gracias por haber compartido vuestros pensamientos y amor: Byron Katie, Werner Erhard, John Holt, Ekhart Tolle, Marshall Rosenberg, Joseph Chilton Pearce, Daniel Greenberg, A. S. Neill, Robert S. Mendelsohn MD, Tine Thevenin, y muchos otros cuyas palabras escuché o leí sin registrar quienes eran. Gracias también a todas las personas que me apoyaron, dieron palabras para la cubierta, y me dijeron que este libro valía la pena: Brad Blanton, John Breeding, John Taylor Gatto, Jan Hunt, Wendy Priesnitz (Canadá), y Veronika Robinson (Inglaterra).

Un reconocimiento especial a Peggy O'Mara, editora de la revista *Mothering*. Peggy ha sido una fuerza fundamental del movimiento por la crianza natural. Su liderazgo me ha allanado el camino a mí y a otros para hacer un cambio positivo en la vida de niños y padres de todo el mundo.

Sobre todo, quiero reconocerte a ti, lector, por el coraje de explorar este nuevo paradigma de crianza. Sin ti este libro no existiría.

Yo soy un reflejo de tu compromiso de criarte a ti mismo juntamente con tus hijos.

Con amor y aprecio,
Naomi

Nueva edición en castellano:

Nota y Agradecimientos de la traductora

Conocí a Naomi Aldort a través de mi partera, Sandra La Porta. Yo participaba de un espacio de crianza organizado por ella y un día nos recomendó su libro. Entonces, la busqué, la encontré, la leí. Me costó muchísimo conseguir su libro. En Argentina, mi país, no se distribuía, ni en inglés ni en castellano. Cuando finalmente conseguí una copia del libro, leyendo sus palabras llenas de sabiduría y sentido común, soñé inmediatamente con acercar este libro a las mamás y los papás de Argentina y el mundo hispanohablante. Entonces decidí escribirle a Naomi Aldort y ofrecer mi dedicación para materializar ese sueño. Nos venimos comunicando desde hace más de un año, planificando y calibrando este proyecto. En algún momento decidimos que yo traduciría el libro.

Las palabras de Naomi Aldort han sido un verdadero tesoro para mí, y a través de mí, para mi hijo (un poco después también para mi hija). Pero además de eso, me di cuenta de que la mirada que propone Naomi sobre los vínculos entre madres y padres con sus hijos es aplicable también entre adultos, cuando hay una intención de vínculos de respeto profundo, de amor. A través de sus palabras yo me transformé, crecí, y aprendí a amar mejor. Y sigo aprendiendo. De la mano de mis hijos, que cada día me dan oportunidades de amar y me muestran el increíble amor del que somos capaces los seres humanos.

Me siento muy feliz de hoy inaugurar esta nueva edición en castellano.

Mi primer agradecimiento es para Naomi Aldort, porque confió en mí y me acompañó a lo largo de todo el trabajo de traducción, respondiendo mis consultas, siendo abierta, y cálida.

Hay muchas personas que colaboraron y alentaron esta nueva traducción, y este proyecto editorial. Entre ellas, mi esposo Nacho y María Inés Anchondo especialmente, que leyeron y corrigieron todo el libro aportando muchísimo valor. También Hanny Ghazi, Luciana (Lula) Drault, Paola Galindo y Florencia Busto Alvarez, que generosamente corrigieron algunas partes y acompañaron en el camino.

Y Paula Ehrenfeld, Paula Flores, María Machado, Teresa Villazán, María José López Álvarez, Natalia Silberleib, Mónica Herrero, Eimi Ailén Campos, Carolina Álvarez Gattelet, mis hermanos y familia. Gracias.

Les ofrezco entonces esta traducción deseando que este libro les sea tan valioso como lo fue para mí.

Selva Arín
Buenos Aires, Septiembre de 2014

Preparación:

✦

Cambio de Paradigma

Compartamos la vida con un niño cuyas acciones no surgen del miedo, sino del disfrute y el amor

Este libro es el resultado de años de maternaje y asesoramiento a familias de todo el mundo.

Lo que aprendí de las sorprendentes historias que he escuchado, es que todos sabemos cómo ser madre o padre, pero no siempre actuamos conforme a nuestra propia sabiduría. Quizás hayamos dicho o hecho algo que luego lamentamos, y lamentamos justamente porque profundamente nosotros sabíamos que no estaba bien; sólo que pensamientos y registros pasados en nuestra mente obstaculizan nuestra sabiduría, que brota de nuestro amor. Mi intención es que este libro ayude a distinguir entre esos pensamientos improductivos y el amor a nuestros hijos; para poder actuar con integridad y ser auténticamente la madre o padre amorosos que queremos ser. Para ello ofrezco técnicas específicas para que en situaciones difíciles sea el amor lo que prevalezca.

Estoy convencida de que estaríamos felices de dejar de regañar, castigar o amenazar a nuestros hijos si supiéramos cómo asegurarnos de que ellos se convertirán en personas buenas, responsables y exitosas sin esas medidas dolorosas. Este libro es la respuesta a ese deseo.

En los últimos años, un deseo de crianza pacífica ha promovido maneras más amables de convocar la cooperación de los niños. Sin embargo, la idea anacrónica de control no cambió, y el "convocar la cooperación" se ha transformado en un eufemismo que nos impide ver el control subyacente. El control no es efectivo porque los seres humanos lo resistimos por naturaleza. Ya sea sutil coerción o manipulación encubierta, el control que usamos es el causante de los mismos problemas que tratamos de resolver.

La mayoría de nosotros ya sabemos cómo controlar a nuestros hijos amablemente. Lo que no sabemos es cómo NO controlarlos e igual vivir de manera pacífica y armoniosa con ellos. Ya sabemos aplicar mecanismos "amables" de control, como la "consecuencia natural", el "tiempo para pensar acordado y no punitivo", la promesa de cooperación, la tregua, recompensas o felicitaciones… Sin embargo, la obediencia, la complacencia, e incluso los acuerdos de cooperación, todos implican que el niño sucumba al deseo del adulto, incluso cuando parezca hacerlo a gusto (porque quiere ser amado por nosotros y le alivia ganarse ese amor).

Lo que madres y padres buscamos hoy en día son maneras de criar a nuestros hijos sin controlarlos, satisfacer sus necesidades y proveerlos de liderazgo.

La idea de este libro, entonces, no es que aprendamos a obtener la cooperación de nuestros hijos, sino a facilitar la realización personal tanto para nosotros como para nuestros hijos. *Un niño autónomo, cuya vida fluye según su propia dirección, actúa de manera beneficiosa, porque es lo que él quiere. Actúa desde el disfrute y el amor, en lugar de hacerlo desde el miedo o la necesidad de aprobación.*

En los próximos capítulos, aprenderemos cómo quitar del medio nuestras propias reacciones emocionales y condicionamientos, para que nuestros hijos puedan ser genuinos sin ser rehenes de nuestro propio pasado, nuestras ansiedades por el futuro, o nuestros pruritos sobre lo que otros dirán de nosotros como padres. Aprenderemos a nutrir sin condicionar, como un jardinero que riega las plantas, pero no intenta forzarlas a florecer ni elige sus formas o colores.

Nuestra evolución hacia una humanidad más pacífica, conectada, y autorrealizada depende de soltar el apego a modos antiguos y a la necesidad de control.

Las típicas preguntas: ¿Cómo logro que haga sus tareas? … haga silencio? …detenga la rabieta? …coma su comida?, etc.; todas ellas llevan el deseo implícito de controlar. Si se trata de "lograr" que los niños hagan lo que deseamos, ellos tienen que *renunciar a lo que **ellos** quieren, lo cual implica postergarse a sí mismos*; y esta es justamente la causa de la mayoría de las dificultades con los niños. El niño que dirige su propia vida se maneja de manera provechosa, porque actúa desde el disfrute y el amor, y no desde el enojo, el miedo o el stress.

Si tenemos la valentía de confiar en nuestros hijos para que dirijan sus vidas, disfrutaremos la más gratificante experiencia de maternidad o paternidad, en la cual podremos encantarnos con los deseos y preferencias únicos y particulares de nuestros hijos.

Ese es el amor incondicional. El amor a esa persona que es nuestro hijo, no a nuestra idea de lo que él debería ser. El amor sólo es tal cuando no hay condiciones. En el instante en que "el amor" se usa como recompensa ante determinado comportamiento o resultado, ese "amor" deja de ser tal para convertirse en una moneda de cambio.

En este libro aprenderemos a despojarnos de nuestras armaduras y permitir que el amor fluya por nosotros sin ataduras, sin condiciones. Así, amar de manera incondicional será justamente la recompensa.

Ante cada momento difícil con un hijo, tenemos una elección: frenar su forma genuina de ser para no tener que revisar nuestros viejos hábitos o dar lugar a la persona que podemos llegar a ser si fluimos con el desarrollo de nuestro hijo. Él es nuestro maestro. Las personas autónomas y autorrealizadas crecen en familias en las cuales los padres nos permitimos crecer junto con nuestros hijos.

Ser padres es un camino de madurez y crecimiento si nos animamos a aprender más y enseñar menos.

Nuestra avidez por el control no es ni un defecto ni una equivocación . Inocentemente seguimos los pasos de nuestros mayores, que se basaban en el miedo. Ellos creían que los niños no habrían de convertirse en adultos capaces si no eran moldeados por sus padres. Asumieron devotamente la omnipotente tarea de transformar bebés y niños en adultos.

Criar hijos es mucho más simple cuando entendemos que los humanos venimos diseñados para florecer solos, cada uno a su manera y ritmo.

En este libro encontraremos alivio respecto a lo que a veces sentimos como la tarea impracticable de moldear humanos. La naturaleza/Dios no se equivoca; no es nuestro trabajo transformar un cachorro humano en adulto en el transcurso de veinte años. Lo que sí es nuestra responsabilidad y al mismo tiempo privilegio, es tener la oportunidad de cuidar y nutrir a un ser humano mientras crece.

Los próximos capítulos dan por supuesto que los pensamientos van y vienen sin que los controlemos; no los instalamos nosotros. No todos estos pensamientos son útiles, ni siquiera verdaderos, y no tenemos que obedecerles. Si queremos forjar un futuro diferente para la humanidad, necesitamos permitirles a nuestros niños que lo construyan desde quienes realmente son, no desde quienes nosotros queremos que sean. Nuestras aspiraciones hacia ellos vienen de ideas heredadas. No hay cambio posible si seguimos repitiendo el pasado y perpetuando creencias surgidas del miedo.

Hay muchas escenas de crianza en este libro. Son escenarios reales, de familias con las que tuve el privilegio de trabajar. Los nombres y detalles han sido cambiados por confidencialidad.

Los principios del amor no están relacionados con la edad. Estas anécdotas son de personas de todas las edades, desde bebés hasta adolescentes.

Ser padres es un camino de madurez y crecimiento si nos animamos a aprender más y enseñar menos. Cuando nos animamos a dejar de defender quien creemos que somos, o la manera en que fuimos criados, es entonces cuando se abre la posibilidad a crecer de verdad, hacia alguien mucho más capaz y grandioso que quien creíamos ser.

Capítulo Uno

❧

Conversación que sana y conecta

Las palabras que elegimos en nuestra interacción con los niños tienen el poder de sanar o lastimar; promover cercanía o crear distancia; llegar al corazón y abrirlo, o ahogar sentimientos; empoderar o fomentar la dependencia. Por ejemplo:

> Mientras hacía compras en una tienda de comida saludable, escuché un llanto infantil. Siguiendo el sonido encontré una niña de unos cuatro años, que estaba llorando en el suelo. No vi a nadie a su lado. Me fijé alrededor, y una mujer respondió lo que supuso que yo me estaba preguntando: — No sé dónde está su mamá. Creo que este niño es su hermano.
>
> El hermano parecía de unos nueve años. Estaba al lado del carrito en el pasillo. Me senté al lado de la niña en el suelo y traté de adivinar por qué lloraba.
>
> — ¿Estás cansada de esperar, y quieres irte ya de esta tienda? — pregunté.
>
> — Sí — dijo.
>
> — ¿Ya quieres irte a tu casa?
>
> — Sí — dijo, llorando más fuerte.

— ¿Esto está tomando mucho tiempo, y mamá se está demorando? — agregué.

— Sí.

Esta vez la niña me miró con sus grandes ojos húmedos.

— Es difícil estar en esta tienda aburrida y tener que esperar tanto — dije.

— A-ha.

Entonces su hermano caminó hacia nosotras y dijo impaciente: — Vamos, Liz, levántate.

Le hablé entonces al niño: — ¿Tú también estás cansado de esperar a mamá?

— Sí — respondió —, además están pasando nuestro programa favorito en la tele ahora.

— ¡Oh! — dije —. ¿Se están perdiendo su programa favorito en este momento?

— Sí — dijo Liz, y empezó a contarme del programa.

— ¡Qué pena! — validé yo —. ¿Cuándo vuelven a pasarlo?

— Mañana — dijeron al unísono —. Lo pasan todos los días — agregó el niño.

— ¿Les preocupa haberse perdido algo y no entender mañana? — pregunté, pensando que quizás temían no poder seguir la historia.

— Sí — dijo Liz, y su hermano asintió con la cabeza. Entonces Liz se levantó. Yo me presenté. Liz me abrazó cálidamente. Dije: — Estoy contenta de haberte conocido.

Se hundió en mis brazos y me levanté cargándola en brazos. Ya estaba tranquila. Su hermano entonces se acercó y dijo: — Seguro vamos a poder entender qué nos perdimos del programa, Liz. — Y Liz sonrió.

En ese momento la mamá de los niños apareció y me agradeció por mi ayuda.

La conversación que sana no necesariamente cambia la realidad. Liz no se fue a su casa a ver el programa. Se lo perdió. Lo que sí cambió es cómo se sintió al respecto, y cómo pasó el resto del tiempo en la tienda.

Muy frecuentemente cuando los adultos hablamos con los niños anulamos cada uno de sus pronunciamientos.

Veamos cómo hubiera sido mi conversación con Liz si yo, incluso amable y amorosamente, hubiera negado sus emociones. Supongamos que yo le hubiera preguntado, mientras estaba en el suelo llorando: "¿Por qué lloras?".

Preguntar "¿Por qué?" pone al niño a la defensiva y además implica que uno no ve razón para llorar; cuando en realidad, por lo general los niños creen que la razón por la que lloran es evidente. "¿Por qué?" puede también implicar una acusación hiriente: "No es apropiado que algo así te provoque semejante reacción".

Supongamos igual que Liz hubiera respondido a mi pregunta con: "Quiero irme a mi casa".

"Seguro ya falta poco" podría haber dicho yo, "¿Quieres que busquemos algo interesante para mirar por aquí?".

A primera vista, esta charla parecería inofensiva, sin embargo, niega las emociones de Liz no sólo una sino dos veces: primero, para Liz, su mamá está tardando demasiado. Si doy a entender lo contrario, estaría contradiciendo su sensación de impaciencia. Segundo, ofreciendo a Liz una distracción de su angustia, yo estaría implicando: "Hagamos como que tu malestar no existe y como que nos estamos divirtiendo". Esto niega su necesidad de estar presente en sus emociones y su necesidad de expresar su malestar y sus deseos.

Si Liz acepta la distracción, puede ser que deje de llorar en el momento. Sin embargo, como su malestar sigue siendo importante y su emoción permanece negada; la distracción, por atractiva que sea, no atiende a su necesidad emocional.

Para seguir con este ejercicio, digamos que Liz no acepta mi intento de distraerla y llora aún más fuertemente: "Quiero mirar mi programa en la tele". "¡Quiero irme a casa ahora mismo!".

"Seguramente vas a poder ver el programa otro día", podría haber insistido negándola una vez más. "Además, no es bueno ver tanta televisión".

A esta altura yo habría alienado a Liz a tal punto que ella querría escapar. Estaría minimizando su sensación de impaciencia, descartando su sensación de frustración, intentando distraerla de sus propias emociones, e implicando que ella no tiene motivos válidos para estar molesta. Por lo tanto, hubiera sido muy poco probable que Liz persistiera en su intento de expresarse y manifestar su necesidad, porque habría percibido que yo no estaba de su parte.

Mi charla con Liz podría haber seguido indefinidamente, porque anular al otro nunca resuelve nada, por el contrario, potencia emociones dolorosas porque el niño se pone a la defensiva con toda razón. Eventualmente Liz habría encontrado la manera de deshacerse de mí, quedando aún más molesta que antes.

Cuando los niños perciben que está bien ser auténticos, que está bien que sientan lo que están sintiendo, y cuando ven que nos importa su punto de vista, muchas veces se les ocurrirá a ellos mismos la solución al problema, o harán las paces con la realidad. En cambio, cuando sus emociones son rechazadas y negadas, es muy probable que sean incapaces de resolver su problema. Se les suma el enojo de percibirse como víctimas.

En esta escena imaginaria, yo habría alienado a Liz a tal punto que ella probablemente se hubiera sentido impulsada a proyectar su legítimo enojo a su mamá, aumentando todavía más su propio malestar y además el de su mamá.

En cambio, lo que realmente pasó es que Liz se sintió aliviada en mi presencia, validada. Entonces pudo aceptar que no iba a poder ver su programa favorito de la tele.

¿Validar funciona?

— *Validé y no funcionó* — *dijo Ana con desesperación.*
— *¿Tú querías que la validación frenara la rabieta de tu hija y no lo hizo?* — *pregunté.*
— *Sí* — *dijo Ana* —; *y ni siquiera ordenó sus juguetes.*

Validar constituye el resultado. No es un método que usamos para controlar, o modificar el comportamiento de un niño. Por el contrario, la validación y la escucha focalizada son nuestras maneras de que el niño se sienta seguro para expresarse; es nuestra forma de ofrecer amor y amigable intimidad. La consecuencia de dicha validación es que él se sienta libre de sentir y expresarse genuina y cabalmente.

Es muy probable que el efecto inmediato de la validación sea más llanto, una rabieta, o alguna otra forma de expresión genuina. En la escena con Liz, cuando yo validé sus emociones, ella respondió con un sollozo más fuerte, desahogando su malestar. Una vez que lloró lo que necesitaba, y logró expresar sus necesidades, ella se repuso y pudo enfrentar su realidad. Cuando esa validación proviene de mamá o papá, y no de un extraño, es probable que el niño llore aún más tiempo, liberando viejas angustias conjuntamente con la presente. Los niños cuyas emociones y experiencias son sistemáticamente validadas suelen llorar más o enojarse más, precisamente porque la validación les da permiso para expresar sus emociones profundas. Sin embargo, una vez que logran desahogarse, probablemente les sea fácil dar vuelta la página sin rencores o resentimientos.

A veces la validación ayuda a aliviar una angustia rápidamente, porque el motivo era pasajero, y el niño se siente aliviado muy pronto. Sin embargo, si su llanto aumenta, acompañémoslo. Asegurémonos de no estar contribuyendo a ese malestar, sino aportando amor y validación para su alivio. Si nos incomoda la intensidad de su emoción, recordémonos que nuestro compromiso no es hacia nuestra comodidad personal, sino hacia su seguridad, autoconfianza y también su confianza en nosotros. Así, con esa autoconciencia, los niños llegan a conocerse y confiar en sí mismos. Sus emociones y expresiones, incluso las más intensas, los asustan menos. No sólo logran captar sus emociones y necesidades claramente, sino que dentro de la validación padres e hijos nos entendemos mejor, y ambos nos sentimos profundamente conectados y fortalecidos. Nosotros desarrollamos respeto hacia el camino que ellos están transitando, y al mismo tiempo claridad sobre nuestro propio camino de maternidad o paternidad. Un vínculo de profunda confianza se desplegará con nuestros hijos, que ellos llevarán consigo hacia otras relaciones por el resto de sus vidas. Con esa confianza propia y esa conciencia de sus emociones, ellos contarán con resiliencia emocional y compasión, que les servirán para encarar los vaivenes de la vida.

Cuando nos propongamos validar emociones, tratemos de evitar dramatizar o desplegar demasiado nuestra propia reacción emocional. Si dramatizamos, es probable que nuestro hijo se retraiga más hacia su punto de vista. Si en cambio experimenta nuestra buena fe, podrá llorar o enojarse completamente y luego registrar su propio "drama" y reírse de sí mismo o al menos distanciarse hacia un enfoque más optimista.

Liz y su hermano hicieron las paces con su circunstancia porque fueron escuchados, mientras que el reclamo que hacían no ganaba intensidad desmesurada. Yo evité convertir todo en un drama: no juzgué la situación, ni intenté ofrecer soluciones, lo cual hubiera implicado que las cosas estaban mal. Los niños suelen salirse de la autocompasión en cuanto son validados genuinamente, una vez que han logrado expresarse completamente.

S.A.L.V.E. la comunicación

Muchos padres y madres pedimos palabras concretas que nos ayuden a convertir anulación en validación y empoderamiento. La fórmula **S.A.L.V.E.** puede servir como herramienta para hacer ese cambio en favor de la aceptación de las experiencias de nuestros hijos, para que ellos puedan convivir con sus emociones y desenvolverse genuina y asertivamente:

S - Separemos nuestra reacción del comportamiento y las emociones de nuestro hijo, con una charla interna silenciosa.

Este paso es el más arduo. Una vez que lo logramos, el resto fluye fácilmente. Observemos que cuando el comportamiento de un hijo nos provoca, nuestra mente automáticamente dispara palabras -discurso- a nuestra boca, como un manantial: nuestro hijo hace algo que despliega automáticamente todo un menú de ideas y opiniones que tenemos al respecto. Esto podría ser inofensivo si lográramos no verbalizar ese discurso. Si estamos irritados, decirlo sólo agravará la situación. No es **eso** lo que queremos decir. No representa nuestra verdadera intención y por lo tanto no es auténtico. La prueba de esto es que por lo general luego lamentamos las palabras que hemos usado y la reacción que desplegamos, que sólo ayudó a construir distancia entre nosotros y nuestro hijo.

Para evitar lastimarlo, leamos todo ese discurso automático en silencio. Registremos las palabras que estuvimos a punto de decir y permitámonos expresarnos por completo dentro de nuestra cabeza, incluyendo imágenes, o acciones que desplegaríamos, o recuerdos que tengamos. Esto toma menos de un minuto y no hiere a nadie. Sea lo que sea que sintamos, es nuestro y sólo nuestro, y no justifica un pronunciamiento o una acción. Es un registro pasado, y no representa quienes somos en el instante presente.

Al principio, esta indagación sobre nuestros pensamientos puede necesitar más de un minuto. Comencemos simplemente registrándolos y dejándolos fluir, sin juzgarlos. Escribámoslos, si queremos, para luego trabajarlos más detenidamente. Progresivamente ganaremos mayor control sobre nuestros pensamientos, y todo este proceso será instantáneo.

Indagar lo que pensamos:

- Revisemos la validez del discurso que acompaña nuestra irritación, enojo, preocupación o crítica. ¿Son realmente palabras **nuestras**? ¿De verdad creemos en ellas? Ideas como: "No va aprender nunca", "No debería comportarse así", "Debería aprender a ser responsable", son frases hechas con las cuales quizás ni siquiera estemos de acuerdo. Quizás sean frases que dicen otros, quizás representan nuestros miedos, o nuestras vivencias infantiles, o lo que quisiéramos para nosotros mismos. En alguna medida son un obstáculo para nuestra capacidad de amar y comprender a un hijo tal cual es.

- Registremos qué efecto tiene este discurso en nosotros si nos lo tomamos en serio. Observemos cómo trataríamos a nuestro hijo teóricamente si decidiéramos obedecer a ese pensamiento.

- Imaginemos cómo seríamos si ese pensamiento no apareciera en nuestra mente. Sin él, seríamos libres de responder a nuestro hijo en lugar de a nuestro propio discurso mental. Tratemos de imaginarnos en la misma situación, pero sin ese pensamiento que nos lleva a anular e intentar controlar a nuestro hijo. El discurso no va a desparecer. Permanecerá allí. Sólo imaginemos quién seríamos sin él. Sin ese discurso limitante, nuestro amor incondicional más genuino tiene la oportunidad de emerger.

- Corroboremos si lo que ese pensamiento dictamina sobre nuestro hijo no es igualmente aplicable a nosotros mismos. Es frecuente detectar en otros cosas que en realidad necesitaríamos escuchar nosotros: "No debería comportarse así" sería entonces "Yo no debería comportarme así...con mi hijo". "No va a aprender nunca" podría también ser una reflexión sobre nuestro propio aprender a ser padre o madre. "Debería aprender a ser responsable" puede ser un buen consejo para responsabilizarnos de las reacciones de nuestra mente y otros aspectos de nuestra vida.

Una vez que tomamos conciencia del discurso que nos despistó, podremos vivenciar que somos amor incondicional. En lugar de quedar atrapados en la ansiedad que genera ese discurso respecto a cómo debería ser nuestro hijo, lograremos estar presentes ante él, sin ningún lastre, sólo nuestro amor como es y como siempre ha sido. Al despejar nuestra mente, permitiremos que sea nuestra verdadera y amorosa luz la que nos permita ver con claridad a nuestro hijo.

A - Prestemos **Atención** a nuestro hijo. Una vez que hayamos indagado en silencio nuestro discurso mental (que no tiene nada que ver con él, sólo con nosotros mismos), volquemos nuestra atención hacia nuestro hijo.

L - **Logremos escuchar** lo que nuestro hijo dice, ya sea con sus palabras o con sus acciones. Luego escuchemos un poco más. Hagamos contacto visual, si es necesario pongámonos de rodillas para estar a su misma altura. Habilitemos su oportunidad para decir lo que necesite decir, si es necesario hagámosle preguntas o prestémosle palabras si aún no se expresa verbalmente con facilidad. Demostrémosle que comprendemos lo que expresa.

V - Validemos sus emociones y las necesidades que expresa, sin dramatizar, sin exagerar. Sin impregnarlo de nuestra propia percepción. Cuando esto se logra, estamos creando una conexión con nuestro hijo y al mismo tiempo nos sentiremos presentes y fieles a nosotros mismos.

E - Empoderemos a nuestro hijo para que pueda solucionar su problema no siendo un obstáculo y confiando en él. Mostremos nuestra confianza en sus propios recursos, evitando ponernos nerviosos y apresurarnos a plasmar nuestro impulso de arreglar las cosas. Los niños hacen sus propias peticiones, y proponen soluciones e ideas si se sienten aptos, dignos de confianza y libres de exigencias o emocionalidades de sus padres. Las emociones a veces estorban la capacidad de actuar eficazmente. Cuando los niños logran expresarse, recuperan entonces su libertad y foco, y probablemente se alivie su malestar o encuentren solos una solución. Habrán logrado indagarse igual que nosotros, sólo que natural e instantáneamente.

Federico, de nueve años, lloraba porque Allegra, su hermana, abandonó el juego de Monopoly que estaban por terminar.

– ¡Quiero terminar el juego! ¡Estaba cerca de ganar!

Eva, la mamá, estaba a punto de "aplicar justicia"; pero se tomó su tiempo, separó su reacción, e indagó mentalmente sus discursos automáticos (S de S.A.L.V.E.). Se vio a sí misma gritándole a Allegra, diciéndole que es una desconsiderada e injusta y forzándola a terminar el juego. Evaluó esos pensamientos y entendió que no eran ciertos: su hija no era descon-

siderada para nada y su capacidad de reivindicar sus deseos es algo bueno. Entonces Eva pudo dejar que su discurso se disipara, volcar su atención (A) a Federico y lograr escucharlo (L).

— Estabas entusiasmado por estar a punto de ganar. ¿Te desilusiona mucho no haber logrado terminar?

— Estoy furioso. Quiero terminarlo — insistió Federico.

— Entiendo que tú quieres terminar el juego y Allegra ya no quiere jugar.

— Sí. No quiere jugar porque yo iba a ganar — dijo Federico.

Eva continuó escuchando y validando (V), sin modificar los acontecimientos. Lo empoderó (E) no apresurándose a impartir una solución, como si dijera: "Te entiendo. Veo que puedes manejarlo".

Al ratito, él mismo quiso hablar de otro tema.

Federico fue escuchado. Se sintió conectado con su mamá, que validó sus emociones y describió su punto de vista. Ella no dramatizó, no impuso su propio punto de vista ni sus reacciones. Su confianza y presencia comprometida posibilitaron que Federico superara su frustración.

Charlar de emociones con niños pequeños

Es probable que un niño pequeño no pueda verbalizar su tristeza, enojo o decepción. La mejor manera de validarlos es reconociendo los hechos.

En una sesión telefónica, una madre me contaba lo que le había sucedido con su hija en una piscina.

Oli (5) salió de la piscina llorando desconsolada porque quería quedarse un rato más. La piscina estaba ya cerrando. Daniela, su mamá, la secó y visitó porque debían salir del lugar. Mientras la vestía, validó la vivencia de su hija relatando lo que pasaba:

— Te encanta jugar en el agua. ¿Querías jugar un rato más?

Oli respondió: — Sí. Quiero tirarme al agua más veces.

Daniela continuó: — Entiendo. No querías salir del agua pero nos dijeron que teníamos que salir.

Oli dejó de llorar y dijo: — Me encanta la piscina.

— Lo sé — dijo mamá —, y no te gusta que te obliguen a salir.

— ¡Ma! — dijo Oli más tranquila —. No importa. Ya quiero irme a casa.

Daniela sólo relató los hechos, con lo cual Oli pudo identificarse y sentirse contenida por su mamá. Los niños no suelen aferrarse a emociones dolorosas por su cuenta. Suelen sobreponerse fácilmente porque no tienen opiniones formadas sobre cada emoción. Ahorrémosles la enseñanza de ese arte que tenemos los adultos de "regodearnos en la miseria".

Muchas veces los adultos nos empecinamos en culpar al otro, o al gobierno, o a la sociedad, etc. Si lo pensamos bien seguramente elegiríamos no fomentar esa costumbre en nuestros hijos.

Validemos. Pero dejémoslos sobreponerse, no aferrarse a sus emociones, no tomarlas tan seriamente. Aprendamos de ellos. Las emociones son un modo de depurarnos, como sudar u otras funciones fisiológicas. Necesitan ser procesadas para que no estorben. Cuando la necesidad del niño de ser comprendido esté satisfecha, él se sobrepondrá. Esa capacidad de sobreponerse también lo preservará de aferrarse al incidente y transformarlo en un problema, que podría llegar a afectar su actitud de ahí en adelante.

Validar sin ofender

Es posible que en ocasiones la validación choque contra la privacidad o la autonomía del niño. Quizás nuestra validación le resulte ofensiva si su disgusto está relacionado con algo que hicimos o dijimos nosotros. Quizás se ofenda independientemente de lo que motivó su malestar. Él tiene la libertad de elegir si quiere exponer sus sentimientos o no. Quizás prefiera que no se mencione que está molesto. Quizás quiera pedir: "Cuando estoy molesto, déjenme estarlo, pero no me lo mencionen". Cuando un niño necesita ser escuchado en silencio, cualquier palabra que digamos puede avergonzarlo.

Ambar (5) construye una torre. La torre se le cae y ella se enoja. Su abuela se acerca y valida: — ¡Oh! ¿Estás enojada? ¿Querías que no se derrumbara?

Ambar tira el resto de los bloques y grita: — ¡No digas nada!

La abuela se queda sentada en silencio, registrando su error. Entonces Ambar se tira al suelo y desparrama los bloques furiosa. Grita más: — ¡Bloques estúpidos, torre estúpida, Ambar estúpida!

Revolea más bloques por toda la habitación. La abuela está en silencio pero presente, y Ambar responde a esa atención expresándose por completo. Cuando termina, se pone de pie, recoge los bloques y se dispone a construir una nueva torre.

Silencio no significa indiferencia. Podemos prestar completa atención sin necesidad de decir nada. Para un niño puede ser incómodo que señalemos sus emociones si está avergonzado o asustado. En esos casos, podemos permanecer atentos en silencio o reconfortarlo exponiendo nuestra propia vulnerabilidad al contarle alguna anécdota propia similar, como hizo Darío:

> Darío trabajaba en el patio cuando su hija Ruth, de cuatro años, entró a servirse un vaso de leche. Un poco de la leche se derramó en la mesa y el suelo. Cuando Darío entró y vio ese lío, casi se le escapa un: "¿Por qué no me pides que te sirva? ¡Sabes que aún no puedes servirte sola!". En cambio inspiró hondo; observó el paso silencioso de esas palabras por su mente (S de S.A.L.V.E.), y decidió que no le eran útiles. Entonces tornó su atención a Ruth (A de S.A.L.V.E.). Se dio cuenta de que Ruth había intentado no interrumpir su trabajo, y por eso había querido servirse sola. Entonces se le acercó y le dijo con alegría: — Veo que te has servido la leche solita.
>
> Ruth respondió, mirándolo insegura: — Sí. Y se me derramó un poco.
>
> — Lo mismo me pasó a mí hace unos días en la casa del abuelo — dijo Darío — . Se me derramó un poco de jugo, me sentí torpe, pero el abuelo se sonrió y me alcanzó un trapo para limpiar. Se limpia fácil.
>
> Ruth corrió a buscar una toalla y se la dio a su papá. No era el tipo de trapo para limpiar el suelo, pero Darío, sonriendo, decidió usarlo igual.

Al identificar y reconocer la hazaña de Ruth de servirse sola la leche, Darío la trató del mismo modo en que hubiera tratado a un invitado al que le sucediese lo mismo. Admitiendo su propia torpeza en otra ocasión, Darío ofreció validación sin exponer las emociones de Ruth. Viendo que incluso su papá puede ser torpe, ella se sintió cómoda y segura. Cuando Ruth trajo la toalla "equivocada", Darío ni la reprendió ni fue a buscar otra. En esta escena, la leche volcada ayudó a fortalecer el vínculo entre padre e hija, y la dignidad y autoestima de Ruth no se vieron afectadas.

Emoción de enojo, palabras de amor

Algunas veces, a pesar de nuestra intención de ser amables y amorosos, lo que sentimos hacia un niño es enojo o resentimiento. El detonante puede ser algo insignificante. Todos nosotros tenemos recuerdos de dolor o pena que se nos reeditan cuando pasamos por alguna vivencia similar.

Aunque no lo recordemos concientemente, las emociones asociadas con aquellos recuerdos invaden nuestra mente. La fórmula S.A.L.V.E. (Separar nuestra reacción, prestar Atención al niño, Lograr escuchar, Validar y Empoderar) puede ser útil deteniéndonos especialmente en su primer paso: Separar nuestra reacción.

La furia y las reacciones violentas por lo general están tapando sentimientos dolorosos. De muchos de ellos quizás no tengamos conciencia justamente por la angustia vivida en el momento en que se originaron. Si durante nuestra infancia no había espacio para estar tristes, llorar, pedir atención, o expresarnos; lo más probable es que hayamos reprimido estos impulsos desde entonces. Cuando en la actualidad se desencadena una emoción asociada con aquellos dolores, automáticamente se "archiva", y en su lugar surge el enojo, que es una emoción más aceptada y no nos deja en un lugar de tanta vulnerabilidad como cuando sucumbimos a la tristeza o al llanto.

Sin embargo, el enojo no nos permite aliviar lo que sentimos porque se basa en la culpa. Al poner el problema en el afuera (culpa), nos privamos de transitar nuestras emociones más profundas y genuinas.

Salvo que indaguemos los pensamientos que desencadenaron nuestro enojo, permaneceremos incompletos y probablemente más furiosos y aferrados a nuestra propia victimización.

Antes de decir o hacer algo en reacción a algún comportamiento de un hijo, pensemos (Indaguémonos). No demos curso a lo primero que se nos ocurre decir. Serán palabras que seguramente lastimen a nuestro hijo y aumenten la discusión. No es que estas palabras vayan a desaparecer, sólo que aprenderemos a considerarlas pensamientos, no verdades. Incluso podríamos proponer a nuestros hijos ayudarnos en este proceso, pidiéndoles que nos recuerden: "Tómate tu tiempo, mamá" o "Piensa lo que vas a decir, papá". A los más pequeños podemos darles un banderín para que lo levanten para ayudarnos. Estos gestos acordados pueden servirnos de indicadores para detenernos, distanciar nuestro discurso interno de lo que está sucediendo con nuestro hijo, y con nuestro ser genuino. Si primero nos ocupamos de nuestra emoción, podemos liberarnos para poder prestar verdadera atención al niño.

El niño es el estímulo, no la causa, de nuestra rabia. Él no es el responsable de nuestras emociones. Él simplemente hace algo… y una conexión anacrónica en nuestro cerebro nos insta a acatar cierto libreto arcaico y automático, que no sirve para nada.

Quizás no tengamos posibilidad de modificar ese libreto, pero sí tenemos, cada vez, la opción de no acatarlo. Lo que podemos hacer es escucharnos internamente, comprendernos, tenernos paciencia... para así poder hacer lo importante, atender a nuestro hijo, libres de automatismos pasados. Si cuando nos distanciamos e indagamos nuestro pensamiento nos damos cuenta de que ese discurso que alimenta nuestro enojo ya no nos representa; podemos simplemente registrarlo, dejarlo pasar, y volcar nuestra atención hacia el niño. En otro momento podremos encontrar algún interlocutor, amigo, o terapeuta con quien conversar y completar nuestra indagación. O podemos hacerlo solos. Podemos escribir cada uno de los pensamientos que engendran enojos, y cuestionar su validez, cómo nos hace sentir o comportar, y cómo reaccionaríamos sin él. También podemos investigar si algo de lo que pretendemos de un hijo, o reprochamos en él, pude ser aplicable a nosotros mismos; y ayudarnos a crecer.

Seamos amables con nosotros mismos. No juzguemos nuestros pensamientos. No representan auténticamente quienes somos como personas o queremos ser como padres y madres.

Tomémonos un minuto y exprésémonos completamente, sólo en nuestra mente. Podemos imaginarnos gritando, pegando, culpando, amenazando, castigando... cualquier cosa que se nos haya ocurrido. Cuando hayamos visto la película completa, preguntémonos si realmente representa quienes somos. Estaremos felices de no haberla protagonizado.

Cuando nos concedemos la libertad y el amor de permitir cualquier discurrir de nuestra mente sin juzgarlo ni acatarlo; nos estamos restituyendo nuestro poder y nuestra capacidad de amar. Simplemente observamos ese pensamiento, la materia prima de nuestro enojo. Si disponemos de un momento, volquémoslos por escrito para revisar su validez, su utilidad. Al haber realizado este ejercicio, nos sentiremos más capaces de habitar el aquí y ahora, y de ver la inocencia en el accionar de los niños.

Una madre me contó lo que había pasado cuando lo probó:

> Guada dormía una siesta cuando su hijo de nueve años, Emiliano, quiso sorprenderla preparando la lasaña que pensaban llevar esa noche a una comida. Al despertarse y disponerse a prepararla, se encontró a Emiliano bañado en salsa de tomate, y toda la cocina cubierta de tomate, pasta, tofu y queso. La olla tenía una especie de puré de papas en sopa de tomate, que aspiraba a parecer una lasaña.
>
> Guada estaba a punto de estallar en furia. Ya no tenía tiempo para limpiar todo y preparar otra lasaña. Inspiró hondo para empezar S.A.L.V.E. Se imaginó gritando, insultando, echando a Emiliano de la cocina y prohibiéndole ir a la cena.
>
> Cuando toda esa explosión terminó de desplegarse en su mente, Guada le presto atención a Emiliano. Él la miraba, y antes de que ella pudiera decir nada dijo: — Mami, ya hice la lasaña. Falta sólo hornearla y limpiar todo. Si quieres puedes ir a dormir un rato más.
>
> Identificando la intención amorosa de su hijo, Guada dijo sonriendo: — Gracias. ¡Qué sorpresa! Ya descansé, así que ayudo a limpiar.
>
> Mientras limpiaban juntos, Guada se dio cuenta de que la lasaña no estaba tan fea como le había parecido

estando furiosa. Emiliano estaba orgulloso y Guada aprendió una lección valiosa. Ambos tuvieron un día maravilloso.

Guada logró no sólo centrar su atención en su hijo y disfrutar la ternura de su emprendimiento, sino que al silenciarse, dio lugar a que fuera él quien inaugurara la charla, proponiendo una solución. Muchas veces, si estamos enojados, presuponemos que las cosas fueron de determinada manera, sin corroborar los hechos ni las intenciones que los motivaron. Esperar a que sea el niño quien inicia el diálogo puede calmar las aguas y aportar claridad a la situación.

Comprender que arreglar el desorden que hizo un hijo toma el mismo tiempo si estamos enojados que si estamos encantados con él, nos ayuda a ser lúcidos y amorosos en momentos difíciles. Cuando le ahorramos al niño todas nuestras palabras reprochantes y culpabilizantes; él se siente digno, valorado, contenido.

Estos momentos de profunda conexión emocional constituyen el tesoro de la convivencia, tanto para ellos como para nosotros.

Hacer pedidos a nuestros hijos

Algunas veces queremos pedirle a un niño algo que necesitamos: que cuelgue la toalla después de usarla, que corte un llamado telefónico, que no haga ruido, que se quite las botas embarradas antes de entrar.

Las palabras que elijamos para formular estos pedidos pueden incentivar la consideración y amabilidad mutua; o reprochar y avergonzar. Reprochar y avergonzar son clásicas herramientas de control, que apuntan a generar obediencia a través del miedo, no de la consideración. Muchos seguramente todavía recordemos de nuestra infancia frases típicas como: "¿Cuántas veces tengo que decírtelo?", "¡¿Cuál es tu problema?!", "¡Mira el lío que has hecho!", "Si no… vas a ver", y tantas más.

Otras veces el control fue más sutil, y nos sentimos compelidos a hacer algo sin sabernos forzados, como cuando nos decían: "Romi es tan buena, seguramente va a colaborar". Nos halagaban si cumplíamos las expectativas de nuestros padres, nos ignoraban si no lo hacíamos. Nos enseñaron que amar a nuestros padres era hacer lo que ellos indicaban. Nos sobornaban con comida, halagos, amor, privilegios, atención, regalos… y fuimos manipulados con todo tipo de métodos coercitivos. Estos métodos no son menos controladores, sólo más encubiertos.

Si respondíamos a estos métodos nos sentíamos confundidos: el cariño y la amabilidad recibida nos traían también sensaciones de incomodidad, desvalorización, vergüenza o torpeza.

Con todo ese lastre de crecer obedeciendo los deseos de nuestros padres por miedo; ahora estamos frente a nuestros hijos procurando tratarlos con respeto y dignidad. Pero es una aspiración ambiciosa. Abandonar la idea de que los hijos tienen que hacer lo que sus padres decimos no es fácil. Requiere un gran compromiso y una permanente práctica de conciencia y autocontrol.

Una práctica útil puede ser tomarnos un minuto antes de pedir algo a nuestros hijos y preguntarnos sí y cómo pediríamos lo mismo a un amigo.

En este nuevo paradigma los niños no están obligados a satisfacernos. Tienen libertad para elegir y para acceder o no a nuestros pedidos, y lo mejor que podemos hacer es honrar sus elecciones, entender sus limitaciones y sus aspiraciones. Nuestro trabajo es logar comunicarnos con ellos sin dar a entender que contamos con que hagan lo que queremos. Si eligen no complacernos, nuestra alternativa es aceptarlo respetuosamente, o mostrar que entendemos su decisión y discutir la manera de atender a las necesidades de todos, incluyendo la nuestra, encontrando una solución satisfactoria para todos.

Seamos sinceros con nuestros pedidos. No formulemos un pedido como si fuera por el bien de nuestro hijo si en realidad es por el nuestro. Por ejemplo: que su habitación esté limpia es una necesidad nuestra, no del niño. Nosotros queremos "enseñar"; no es nuestro hijo el que quiere "aprender". La enseñanza prematura es como el nacimiento prematuro, implica costos: hace más lento el proceso de aprendizaje y levanta un muro de desconfianza entre nosotros y nuestro hijo. Confiemos en los tiempos de aprendizaje de cada niño, y seamos sinceros al hacer un pedido: "Yo quiero que tu cuarto esté limpio". Incluso si decide no ayudar a limpiar, conocerá nuestro anhelo de limpieza y quizás eventualmente quiera lo mismo para él (o encuentre a alguien con quien vivir que sí lo tenga, lo cual también es una buena solución).

Tengamos en cuenta la inocencia de un niño, y pensemos bien antes de hacer un pedido. Un niño pequeño que entra a la casa con zapatos embarrados, no tiene conciencia de estar causando un problema. Podemos simplemente relatar los hechos: "Tus zapatos están embarrados. Déjame quitártelos", y luego limpiar si es necesario. Cuando nos vea limpiando, quizás quiera ayudar, o no. No importa. Forzarlo o insistir sólo le traerá sensación de fracaso, culpa o resentimiento. Estas sensaciones dolorosas entorpecen el desarrollo del deseo natural de colaborar. Por el contrario, si nuestros hijos nos ven limpiar de buena gana y se sienten bien consigo mismos y con nosotros, y además disfrutan vivir en un lugar limpio y ordenado; es probable que en su momento ellos solos quieran participar.

Si un niño pequeño nos ofrece ayuda, aceptémosela; y no lo critiquemos, ni le mostremos un modo mejor de hacerlo, ni arreglemos lo que hizo mientras está ahí. Podemos invitarlos a ayudar u ofrecerle una escoba, pero no los dirijamos. Dejémosle que sea su elección: si, cómo, cuánto; si sólo mirar, o irse.

Cuando son regañados, en general los niños resultan tan asustados por la intensidad de las emociones y juicios de sus padres, que les es muy difícil comprender realmente el contenido de lo que se les está comunicando. Aunque sólo sea un tono de voz apenas elevado o severo lo que acompaña palabras quizás correctas, o un reproche encubierto en una voz dulce; para ellos es demasiado abrumador como para mantenerse atentos a las palabras. Están embargados por completo por el miedo y el dolor.

Por el contrario, es justamente cuando los niños se sienten amados, respetados y reconocidos, que puedan notar y registrar las necesidades y costumbres de su entorno. Ellos no necesitan aprender a vivir con nosotros. Lo que necesitan es que los respetemos, confiemos en ellos y no entorpezcamos su crecimiento.

Aunque sólo apliquemos la S de S.A.L.V.E., el resto vendrá solo. Una vez que logramos indagar nuestro discurso mental y dejarlo fluir sin acatarlo, podremos estar presentes para nuestros hijos, y ya no para nuestras reacciones.

Ya sea que estemos haciendo un pedido o respondiendo a un disgusto; cuanto antes podamos ubicarnos en el instante presente, mejor lograremos conectarnos con nuestro hijo y saber qué hacer.

Rebobinar

— S.A.L.V.E. sólo funciona si recuerdo hacerlo — dijo un padre, receloso — . Pero justo en ese momento es difícil recordarlo. Lo más probable es que estalle.

Tiene razón. Cambiar hábitos no es fácil, y es probable que caigamos una y otra vez en la misma conducta. Para pasar de "anulador compulsivo" a "validador compulsivo" necesitamos tiempo y práctica. Empecemos registrando nuestras "frases anuladoras" sin pretender cambiarlas. Intentemos no mortificarnos por haber anulado a nuestro hijo o pareja. Si queremos generar amabilidad comencemos siendo amables y pacientes con nosotros mismos. Investiguemos nuestra reacción, aunque sea después del evento. Indaguemos el pensamiento que se apoderó de nosotros. Mirémoslo pasar, y podremos recuperar el instante presente. Evaluemos si es relevante, y podremos clarificar la escena. Apreciemos cómo seríamos sin ese pensamiento, evaluemos si en alguna medida es aplicable a nosotros, y dejémonos conmover por el amor a nuestro hijo y a nosotros mismos.

Si logramos practicarlo una y otra vez, gradualmente aprenderemos a detenernos cada vez antes, y podremos cambiar el rumbo incluso en el medio de una frase. Cuando esto pase, podremos reconocer nuestro desacierto ante nuestro hijo, "rebobinar", y recomenzar el diálogo. Incluso podemos aprovechar éstas respuestas automáticas para jugar a que estamos, por ejemplo, ensayando una escena teatral: "¡Alto! Voy a rehacer esta escena. Rebobinemos".

Con el tiempo, lograremos darnos cuenta a tiempo para dejar sin pronunciarse las palabras anulantes, y centrarnos en nuestro hijo con la mente clara y el corazón abierto. Por ejemplo, uno de los padres que asistió a mis talleres, rebobinó su llegada a casa:

> *Mario llegó a su casa y encontró un gran desparramo de pedazos de cartón y crayones aplastados por todo el suelo. Se quejó del lío y exigió a los niños que limpiaran inmediatamente. La más pequeña, Miranda, rompió en llanto mientas su hermano, León, apelaba:*
> *— ¡Pero papá, estamos jugando!*
> *— ¡Esto no es jugar, esto es romper todo!*
> *Mario siguió gritando hasta que abruptamente se calló y dijo: — ¡Alto! ¡Déjenme rebobinar y rehacer la escena!*
> *Mario caminó teatralmente hacia atrás y salió de la casa. Volvió a entrar con una sonrisa en la boca:*
> *— ¡Hola hijos! ¿Cómo han estado?*

Saludó con un beso y continuó: — Hey, miren esto.
¿Qué están construyendo aquí?
Los niños entusiasmados le contaron de su juego,
y se recuperó la conexión amorosa.

Dominar ese nivel de conciencia toma tiempo y dedicación. Seguramente cada uno de nosotros hemos sido criados en la negación y anulación automáticas. Es parte de nuestra cultura. También hemos aprendido a identificarnos con todas esas ideas que aparecen automáticamente en nuestro pensar. Estamos tan acostumbrados a anular al otro que lo hacemos sin pensarlo, aunque probablemente no represente lo que verdaderamente sentimos o pensamos. No estamos siendo auténticos.

Pero reprocharnos por eso no nos va a ayudar. Estamos en proceso de crecimiento nosotros también, seamos amables con nosotros mismos. Empecemos por proponernos por ejemplo lo siguiente: cuando nos irritemos, no digamos lo primero que nos surge, porque está condenado a anular y herir a alguien. O, si ya hemos gritado o criticado, podemos "rebobinar" apenas nos demos cuenta, incluso si ya descargamos toda nuestra furia en palabras y gestos. Nunca es tarde para despertar de una pesadilla.

Detectar la conversación invalidante en nuestra mente es la base para transformarnos en comunicadores amables, validantes. Es probable que durante meses sólo nos percatemos alguna que otra vez, pero eventualmente podremos desterrar el hábito de perder el control y dejarnos guiar por viejos patrones.

Si tenemos la experiencia de haber aprendido un nuevo idioma, o a tocar un instrumento musical, o cualquier otra habilidad, ya sabemos que alcanzar destreza toma tiempo y dedicación. La práctica no hace a la perfección, hace a la continuidad. Nuestros viejos hábitos tienen años de práctica de ventaja. Hagámosle saber a nuestro hijo: "Soy nuevo en esto. Estoy aprendiendo".

Validar la comunicación no verbal

Todos los días tenemos oportunidades para validar a un niño de mal humor, agresivo, introvertido, reacio a expresar sus sentimientos en palabras.

Carolina contaba en una consulta como había logrado reconectarse con su hijo:

> Carolina notó que su hijo Mateo volvía malhumorado de la escuela, y le dijo: — Me pregunto cómo será para ti. Cuando yo estaba en quinto grado, odiaba a mi maestra y no tenía amigos. Fue un año horrible para mí.
>
> Mateo se interesó un poco, hizo algunas preguntas, y dijo: — Hoy la maestra me regañó y después Nico y Dani se burlaron de mí y no jugaron conmigo en el recreo.
>
> Carolina tuvo la precaución de no preguntar directamente el motivo del regaño, y de no nombrar emociones. Lo que hizo fue revalidar objetivamente la experiencia de su hijo:
>
> — Uy, qué pena.
>
> Mateo vio que su madre lo entendía, entonces continuó: — Odio a la maestra. No le gusta nada de lo que hago.
>
> — ¿Tú te esforzaste pero fuiste regañado de todos modos? — preguntó Carolina.
>
> — Sí. Y cuando me regañan mis compañeros se ríen. Odio la escuela.

Carolina se sentó junto a Mateo y le apoyó la mano en el hombro, cariñosamente. El contacto físico le ayudó a Mateo a conectar con sus propias emociones. Mientras le brotaban las lágrimas, quiso contarle más detalles a su mamá, y otras anécdotas angustiosas de la escuela y también de momentos con su hermana. Todo esto lo alivió mucho. Y madre e hijo se sintieron más cerca y listos para empezar a idear soluciones.

En los meses siguientes los padres de Mateo exploraron la posibilidad de educarlo en casa (Homeschooling). *Mateo eligió terminar ese año en la escuela pero para el año siguiente prefirió dirigir su propio aprendizaje, sin escuela.*

Algunas veces, a los niños les alivia saber que sus padres también experimentaron rechazo, soledad, miedo o fracaso. Un padre me contó que decidió empezar a compartir recuerdos de su infancia con su hijo, quien luego de una semana comenzó a abrirse y comunicarse mucho más.

Los niños siempre están comunicándose, verbal o no verbalmente. Quizás representen sus angustias o miedos en dibujos o juegos imaginarios. O afloren a través de conflictos entre hermanos, enuresis, cambios de humor, agresión, distracción, etc. Algunos niños reaccionan cerrándose emocionalmente, aislándose, o perdiéndose en reflexiones dolorosas ("Nadie quiere jugar conmigo", "Soy torpe", etc.) En estos casos quizás se nos pase inadvertido el hecho de que ellos tienen emociones tan intensas como el hermano que se queja o las manifiesta llorando, gritando o agrediendo.

Tanto el niño que se manifiesta con toda la potencia, como el que se encierra en sí mismo, necesitan expresar sus emociones para no quedarse atrapados en ellas. Cuando quedamos trabados en emociones no expresadas, la mente tiende a sobredimensionar la historia, lo cual puede afectarnos emocionalmente de cara al futuro.

Existen maneras de generar oportunidades para que nuestros hijos puedan desbloquear sensaciones de impotencia u otras angustias. Vamos a desarrollarlas en capítulos venideros. En este capítulo nos enfocamos en maneras de fortalecer la conexión con nuestros hijos, y facilitar la conversación sobre emociones dolorosas.

Comunicación ante eventos traumáticos

Cuando suceden eventos traumáticos (muerte, divorcio, enfermedad, etc.), lo mejor que podemos hacer para ayudar a los niños a sobrellevarlos, es entablar una comunicación abierta y honesta.

Si el único recurso que tiene un niño es encerrarse en su mundo interior, el impacto será aún más doloroso y duradero porque se identificará con el dolor como si este lo definiera. Él necesita que le digamos que lo que siente es normal, que está bien; que estas emociones son parte del proceso de recuperación de un evento traumático. Expresando estas emociones él podrá separarlas de su propia identidad, entonces le será más fácil distinguir entre su verdadera esencia, y el dolor de este difícil momento.

No hay necesidad de resguardar a un niño de un dolor inevitable. Lo que sí es necesario es habilitar la comunicación acerca de lo que siente.

Una madre me contó que planeaba decirle a su hija de tres años que su gatito se había muerto sólo después de haber conseguido otro gato. Después de nuestra sesión, decidió cambiar los planes y darle la noticia a su hija ese mismo día. Se sorprendió de descubrir lo bien que lo tomó su hija, y cómo supo expresar sus sentimientos respecto a la muerte del gato.

Hagámonos tiempo para hablar de nuevas realidades todos los días. Compartamos recuerdos, y mostrémosles a nuestros hijos que llorar, recordar y conversar sobre emociones son maneras saludables de ocuparse de lo traumático. Cuando un niño expresa su angustia a través del juego, el movimiento o el arte; asegurémonos de reconocer y validar esa vía de comunicación. Y recordemos no agregar drama a la expresión del niño. Dejémosle decidir con libertad cuándo está listo para sobreponerse.

Expresar nuestro genuino arrepentimiento ayuda al niño a recuperarse

Los niños, al igual que los adultos, no pueden sentir automática reparación por el simple hecho de que les pidamos disculpas. También tenemos que mostrarles que entendemos exactamente lo que ocurrió, como por ejemplo: "Estabas divertida en la piscina y nos pidieron salir porque cerraban. Tú no querías y yo tuve que obligarte". Una vez que ellos nos cuentan su versión de la historia, preguntémosles cómo les gustaría que nos manejáramos la próxima vez.

A veces los padres nos disculpamos incluso cuando no hay motivos. Decimos: "Perdón, pero no puedes comer ese dulce". El niño puede no entender porqué, si lo consideramos una equivocación o lo lamentamos tanto, directamente no le permitimos comer el dulce y ya. Son mensajes engañosos, que traen confusión. Por el contrario, si somos honestos y auténticos les aportaremos claridad para entender lo que sucede. En lugar de dictaminar qué puede comer y qué no, que puede sonar autoritario y controlador, expliquemos con palabras nuestras lo que preferimos: "No quiero que comas este dulce, porque te daña los dientes". Si somos claros en nuestro mensaje, para el niño es fácil entender o reformular su pedido: "¿Puedo comer otro dulce que no dañe los dientes?".

Queremos admitir acciones o palabras de las que nos arrepentimos, pero si decimos: "Lamento haberte lastimado", nos estamos haciendo cargo de sus emociones. Aunque lamentemos lo que hicimos, y nos demos cuenta de que generamos dolor, debemos otorgarle al niño el derecho de expresar sus emociones con sus propias palabras. Además, si implicamos que fuimos nosotros quienes causamos determinada emoción, estamos insinuando que no está a cargo de sus emociones y reacciones. Así aprende a sentirse víctima y culpar a otros de sus emociones.

Claro que los niños tienen de hecho poco "control" sobre sus reacciones y emociones: el control vendrá con la madurez en años posteriores. Sin embargo todo lo que hacen y sienten proviene de ellos mismos. Cuando les hablamos reconociendo su soberanía emocional, estamos favoreciendo el desarrollo de su resiliencia y libertad de decisión sobre sus reacciones.

Si queremos evitar presuponer las emociones de nuestro hijo, dejémoslo iniciar sus respuestas y reacciones.

Una mamá me contaba lo desconcertada que estaba con la reacción de su hijo ante lo que ella consideraba una desgracia. El papá de su hijo había borrado un archivo en la computadora, y se justificó diciendo: "No estaba identificado". Él sabía que era una historia que estaba escribiendo su hijo, pero le molestó que no lo guardara en su carpeta, y pensó que le daría una lección.

Cuando el niño se encontró con el archivo borrado, se consternó por la actitud de su papá, pero no se enojó. La mamá en cambio se enfureció, y cuestionó a su hijo:
— ¿No desearías que tu padre se disculpara?

El niño estaba tranquilo: — No, no importa. La voy a reescribir, y me va a salir mejor.

— ¿Pero no estás furioso? — insistió la mamá.

— Al principio sí — dijo el niño —, pero me di cuenta de que enojarme no sirve para nada porque no me devuelve mi archivo, así que está todo bien.

Al día siguiente el padre reconoció: — Me equivoqué al borrar el archivo. La próxima vez voy a consultarte antes de borrar algo.

El niño estaba satisfecho.

Si advertimos que nuestras palabras o acciones provocaron angustia en nuestro hijo y queremos arreglarlo, reconozcamos lo que sucedió y averigüemos lo que sintió. Hablemos simple y claro: "Te grité. Me hubiese gustado no hacerlo". Evitemos exagerar las emociones, así él tiene lugar para ser auténtico. Estemos atentos, permitámosle encontrar su propia verdad. Si habla, escuchemos y validemos, pero no dramaticemos. Si no se comunica verbalmente, quizás se exprese en juegos, dibujos, gestos; o simplemente sentándose un rato en nuestro regazo. Cuando termine de hablar, nosotros podremos entonces expresarnos de manera sencilla: "Me siento triste porque quiero que nuestra relación sea respetuosa". Contémosle cómo pensamos mejorar de allí en adelante.

Cuando evitamos hacernos cargo de las emociones de nuestros hijos, tenemos que tener cuidado de no cometer la torpeza de decir frases como: "Lamento que te haya molestado lo que dije". Esta frase puede implicar que no hicimos nada malo y es nuestro hijo el que reaccionó erróneamente. Esto puede resultar en más furia. Limitémonos a describir lo que sucedió y él podrá confiar en nosotros y saber que nos importa lo que sintió, y no sólo deshacer lo que hicimos mal.

Algunas veces sentiremos sinceramente que hicimos lo correcto, y que no tenemos nada de qué arrepentirnos. Sin embargo, la angustia de nuestro hijo es la evidencia de que es necesario hablarlo. Seguramente no nos arrepentimos de arrancarlo de la calle si venía un auto, pero si él se asustó, podemos reinstaurar la confianza entre nosotros reconociendo la violencia del gesto y dando lugar a lo que él quiere decir.

Reparar nuestros errores no significa juzgarnos, no tiene que ver con quién tiene la razón. Si nuestro hijo está dolido, su emoción es real. Si lamentamos nuestras palabras o acciones, nuestros sentimientos también son válidos. Lo que intentamos es generar una conexión mutua, aclarar lo acontecido, reconstruir la confianza.

> *Ian, de cinco años, vino llorando hacia su mamá, Luciana. Dijo que su hermano David, de doce años, había desarmado su autito de Lego. Ian no había logrado rearmarlo, y David se había negado a intentarlo. Luciana regañó a David, y éste se ofendió.*
>
> *Luciana me llamó y me explicó que lo que hizo estuvo bien, y que no es ella la que tendría que disculparse. Cuando logró ponerse en el lugar de David, se dio cuenta de que podría haberse expresado de otra*

manera, y que le gustaría conectar con él y entender su punto de vista.

En la sesión siguiente relató la conversación con David:

LUCIANA: — David, tuve una consulta con Naomi por lo que sucedió ayer, y me di cuenta de que me hubiese gustado dar lugar a tus necesidades. ¿Podrías contarme cómo te sentiste cuando te regañé?

DAVID: — No fue nada.

LUCIANA: — ¿Te pareció injusto que te acusara de egoísta? ¿Te enojó?

DAVID: — Puede ser. Pero ya no importa.

LUCIANA: — Entiendo. Ya es tarde. Pero quiero que sepas que lamento lo que dije y me hubiese gustado haber prestado atención a lo que tú pensabas en ese momento.

DAVID: — Sí. Bueno.

LUCIANA: — Me parece que no crees que de verdad me importa.

DAVID: — No. No creo.

Luciana pensó un momento, luego dijo: — Me apena, porque quiero que sientas que me importa escucharte.

David no dijo nada.

LUCIANA: — ¿Querrías ayudarme a entender cómo te sentiste?

DAVID: — Está bien.

LUCIANA: — Cuando Ian vino llorando hacia mí, ¿te sentiste indignado?

DAVID: — Síiii. Él siempre lloriquea y tú siempre le crees. Él nunca dice lo que hizo él.

LUCIANA: — ¿Entonces te enojó, y hubieses querido que yo investigara lo que había sucedido realmente?

DAVID: — Sí. O que no te entrometieras. Ian había sacado algunas piezas de mi cohete espacial para construir ese automóvil. Le pedí que me las devolviera y le ofrecí reemplazarlas por otros Lego.

LUCIANA: — David, ahora entiendo lo furioso que debes de haber estado cuando me puse del lado de Ian y te acusé sin siquiera saber lo que había sucedido. Me alivia que me hayas contado esto. La próxima vez me limitaré a validar los sentimientos de Ian y permitirles encontrar una solución entre ustedes.

DAVID: — Eso estaría mejor, mamá.

LUCIANA: — Y si ustedes precisan ayuda para encontrar una solución, puedo escuchar a cada uno y tratar de ayudarlos. ¿Tú podrías recordármelo si se me pasa?

DAVID: — Bueno. No me gusta, pero está bien.

LUCIANA: — Intentaré recordarlo yo sola.

Si Luciana sólo se hubiera disculpado por regañarlo, David no le hubiera creído, con todo derecho. Se hubiese enfurecido aún más. "Cree que disculpándose borra lo que hizo. Pero no. Siempre lo defiende a Ian…" etc., alimentando su historia de no ser tan amado como su hermano. En cambio, la conversación que tuvieron acercó a madre e hijo a un lugar de entendimiento común y conexión amorosa.

A veces los padres esperamos una "disculpa" de nuestros hijos y la cuestionamos si no es espontánea o sincera. **Seamos siempre maestros de nosotros mismos y sólo de nosotros mismos,** seamos cada vez más amables, y aprendamos a valorar a nuestros hijos en cada momento de su desarrollo, capacidad, y posibilidad. Si sentimos que un hijo puede estar sintiéndose avergonzado o culpable por algo y no se anima a decirlo, podemos aliviarle la carga mencionando el asunto y diciendo algo como: "¿Te sientes incómodo por lo de las llaves perdidas?". Escuchemos y luego podemos decir: "Voy a encargar otra copia, seguramente ya van a aparecer por ahí.

Yo también pierdo cosas. Nos pasa a todos". Un abrazo o gesto cariñoso pueden aflojar la tensión y resolver la situación.

Cuando la comunicación nos sale mal

Algunas veces pareciera que por más que estemos abiertos a la comunicación y validemos a nuestros hijos, nuestras palabras parecen sólo irritarlos.

Puede ser que estemos cometiendo los típicos errores, que llevan a un hijo a resentirse o preferir aislarse a pesar de nuestro esfuerzo. No podemos encasillarnos en fórmulas rígidas, debemos desarrollar la sensibilidad necesaria para aprender la particularidad de cada niño, y un sentido agudo del respeto y deleite por quien él es momento a momento.

La tendencia humana a transformar cada idea en una herramienta de control necesita ser mantenida a raya permanentemente. Cada intento de comunicación puede terminar en un artilugio de control. Incluso validar puede ser una herramienta de control. Podemos manipular validando. Podemos faltar el respeto usando estas estrategias de comunicación, podemos perjudicar al niño. Por lo general, los niños advierten cuando se intenta manipularlos, incluso si no pueden identificar exactamente qué los incomoda.

Si sentimos que nuestras palabras apartan a nuestros hijos, pero no tenemos registro de cómo sucede, tengamos en cuenta que las personas nos ponemos a la defensiva cuando percibimos que otro procura controlar nuestras emociones o comportamiento. Queremos defender nuestra autonomía.

Resguardemos la dignidad del niño asegurándonos de no tener expectativas de que él sea de algún modo en particular. Hablar amablemente y sin esperar nada a cambio es beneficioso en sí mismo, y así el niño es libre de ser y sentir a su manera. Quizás se enfurezca, o estalle en risas; esté tranquilo o desesperado. Quizás se exprese, quizás no.

Cuando no hay otro objetivo más que conectar con nuestros hijos, y cuando no juzgamos sus elecciones, estamos menos predispuestos a controlarlos o subestimarlos, y más dispuestos a ser auténticos y amables.

El error más común es desacreditar al niño exponiendo sus emociones, en lugar de preguntarle. Si vemos a un niño decaído, decimos: "Debes de sentirte triste porque tu amigo está de vacaciones". Quizás estemos en lo cierto, pero apresurarnos a pronosticar sus sentimientos puede resultarle condescendiente.

En cambio, podemos intentar otro abordaje: "¿Podría preguntarte algo personal?". Si acepta nuestra iniciativa, podemos formular una pregunta basada en nuestra observación: "Hace un rato veo que estás en silencio, deambulando por la casa. ¿Hay algo que te esté haciendo sentir mal? ¿Te gustaría conversarlo conmigo?".

Los niños necesitan poder confiar en que sus pensamientos y emociones son parte de su intimidad, y no tema de conversación familiar abierta. Nosotros podemos asegurarles escucha e intimidad cuando nos cuentan algo, pero hacerlo o no es decisión de ellos.

Si un niño quiere compartir con nosotros su soledad, su tristeza, o algo que le esté sucediendo; lo hará en la medida en que sienta que nos importa genuinamente y que vamos a escucharlo sin juzgar ni dar consejos, validándolo y respetando su privacidad. Si se siente seguro en nuestra presencia, en algún momento va a querer contar qué lo angustia. Podemos mostrarnos disponibles e interesados, diciendo algo como: "Si quieres después de la cena conversamos un ratito".

Si este enfoque es nuevo para nosotros, y nuestro hijo viene desde hace tiempo arreglándoselas solo, o refugiado en su mundo interior; quizás con ayuda de algún terapeuta se pueda intentar sanar el vínculo. Cuando los enojos y dolores no son expresados, el bienestar emocional, físico e intelectual resultan afectados.

Otra manera de intentar acercarnos a un hijo puede ser embarcarnos en un ejercicio constante y diario de indagar nuestros propios pensamientos o emociones no expresados. Escribámoslos si es necesario, y practiquemos la S de S.A.L.V.E. Verifiquemos su validez y relevancia en nuestra vida actual. Registremos cómo nos sentimos y actuamos cuando acatamos ese pensamiento. Imaginémonos en el mismo escenario sin ese pensamiento y veamos qué podemos aprender de nosotros mismos. Cuando al hacer esta indagación nos damos cuenta de algún error que cometimos, podemos elegir disculparnos o repararlo, y recomponer así la confianza de nuestro hijo.

Otro error común es la tendencia que tenemos a creer que nosotros sabemos qué les conviene a nuestros hijos. Necesitamos aprender a confiar completamente en ellos y asumir que si se sienten amados, valiosos, autónomos y libres de expresar sus sentimientos; sabrán cuidarse y comunicar óptimamente sus necesidades.

Si tratamos a los niños como lo haríamos con adultos, sería menos probable que creyéramos que sabemos qué es mejor para ellos. Con una amiga somos amables sin esperar que cambie para nosotros, y no le hablamos con el objetivo subyacente de controlarla.

Tratar a los niños con dignidad, respetando sus limitaciones y alineándonos con sus propósitos, nos hará bien también a nosotros. Podemos escucharlos y al mismo tiempo empoderarlos a actuar libres de constricciones. Si, por ejemplo, una hija tiene miedo ante una entrevista inminente, le será beneficioso expresarse y poder así encararla con libertad. Cuando escuchemos sus temores y dudas, no nos alineemos a ellos. Visualicémosla en la entrevista. Sirvamos de catarsis de sus emociones negativas para ayudarla a moverse a pesar del miedo y no al compás de él, aún si decide no presentarse.

En el proceso de desarrollar nuestra habilidad comunicativa, evitemos la tendencia a juzgar la destreza comunicativa de otros. Quizás nos tentemos de criticar a nuestra pareja, amigo o hijo por no comunicarse "bien". Muchas veces padres y madres tendemos a evaluarnos mutuamente, criticar o quejarnos de falta de amabilidad o calidez; o acusar: "No estás validando", "No expresas una emoción", "Estás juzgando", "Estás negando".

Las palabras acusatorias nos separan de aquellos a quienes amamos. No eduquemos a nadie más que a nosotros mismos. Por otro lado, cuando nuestra pareja, pariente o hijo nos acusa o denigra, expresémonos auténticamente haciéndole saber cómo nos sentimos, o tratando de entender su verdadera emoción debajo del enojo. Por ejemplo, cuando un hijo dice de su hermana: "Es una mentirosa", podemos validar preguntando de la siguiente manera: "¿Te gustaría contar tu versión de lo que pasó?".

Cuando debemos cuestionar una acción inaceptable, en realidad tampoco es necesario juzgar ni acusar. Hablemos en primera persona, desde nosotros personalmente, sin citar grandes frases o declaraciones de lo que está bien o mal. Por ejemplo, si decimos al niño: "Robar está mal", probablemente no favorezcamos un arrepentimiento; sino que sólo produzcamos vergüenza o inadecuación. Si en lugar de eso decimos: "Cuando descubrí que habías tomado golosinas del supermercado sin pagarlas, me entristecí y preocupé", probablemente nuestra vulnerabilidad ayude a que las palabras lleguen mejor, y le inspiren a nuestro hijo predisposición a hablar de los motivos de sus acciones desesperadas.

Muchas personas temen que este enfoque los prive de herramientas para defender e inculcar dogmas morales o religiosos a sus hijos. Yo creo que es al revés. Creo que logramos manifestar mejor nuestros valores si usamos nuestras propias palabras. Cuando acusamos o levantamos banderas de correcto o incorrecto, lo único que logramos con nuestro hijo es perderlo, alienarlo; no podrá escucharnos. Si en lugar de eso nos permitimos ser vulnerables y sólo recurrir a nuestra experiencia personal; nuestro hijo, amiga o pareja no se sentirán intimidados, sino conectados y conmovidos por nuestras palabras.

ॐ

Comprendiendo el comportamiento de los niños

"No hay comportamiento bueno o malo.
La única distinción significativa es entre miedo y amor."

— Gerald Jampolosky

Muchas veces los padres y madres me llaman porque se sienten desconcertados con el comportamiento de sus hijos. Quieren ser amables pero no se sienten capacitados. Muchos incluso dicen saber cómo comunicarse más amablemente, pero reconocen no lograr ponerlo en práctica.

Es nuestro propio discurso mental el que nos impide comprender a nuestros hijos y responder acertadamente. Las acciones de los niños no son buenas o malas: son simplemente expresiones de sus necesidades emocionales o físicas, o parte de su juego inocente. Sin embargo, nuestro discurso rápidamente evalúa lo que hacen los niños, y nuestra reacción no responde a ellos sino a nuestras propias interpretaciones sobre ellos.

Responder a necesidades físicas como dormir, comer o abrigarse parece fácil. Pero las necesidades emocionales son las que nos cuestan más. Cuando nuestros hijos expresan necesidades emocionales o se manifiestan de un modo no acorde a nuestras preferencias; muchas veces nos encuentran confundidos, enojados, desorientados o desesperados. Estas reacciones no son auténticas, porque devienen de pensamientos automáticos y no de conectar directamente con ellos. Nos impiden ver claramente a nuestro hijo, quien él es verdaderamente en ese momento. Son ideas enraizadas en el pasado, que se proyectan al futuro automáticamente, en forma de miedos respecto a la educación de los hijos, o a nuestra imagen de padre o madre. Se saltean el presente.

En otras palabras, muchas veces no comprendemos a un hijo porque estamos prestando más atención al discurso automático de nuestra mente. La mente repite libretos viejos, y nuestro diseño humano nos hace identificarnos con ellos. Acatamos esos libretos aunque no representan quienes realmente somos, ni quienes queremos ser.

La respuesta sabia y amorosa ocurre cuando estamos completamente presentes, y abiertos a lo nuevo. El amor sólo puede experimentarse en tiempo presente. Si pudiéramos estar presentes con nuestros hijos no necesitaríamos ni este, ni otros libros. Es nuestra mente la que complica las cosas. Si, por ejemplo, una niñita arranca un juguete de la mano de su hermana bebé; es la mente de la madre la que dicta que eso es cruel y que está mal. La niña actúa con inocencia, por cuenta propia. Quizás esté jugando, o simplemente deseó el juguete y aún no registra la humanidad del bebé, o sí; pero le divierta su reacción y sienta que se están comunicando a su manera, o necesite nuestra atención.

Cuando reconocemos a nuestro hijo sin interpretarlo o etiquetarlo, podemos responder con naturalidad y armonía. Cuando las acciones de un niño nos fastidian, enojan o duelen;

quizás tengamos el impulso a erradicar ese comportamiento. Pero esto no funciona. Incluso si de alguna manera lo logramos (la manera implicará el uso del miedo, seguramente), algún otro comportamiento lo reemplazará, pues la necesidad que lo impulsaba sigue desatendida. Nuestro hijo es nuestro maestro; cuando rechazamos la lección censurándola, perdemos ambos. Si por el contrario, indagamos las ideas que nos hicieron anularlo, abrimos la oportunidad de desarrollar nuestra libertad emocional y de responder a nuestro hijo en lugar de reaccionar a él.

Tomar conciencia de que nuestro hijo está simplemente expresando una necesidad puede ayudarnos a reorientar nuestro propósito, que ya no va a ser detener su expresión, sino descubrir su necesidad insatisfecha. Cuando detenemos su expresión, estamos también nosotros trabándonos una vez más en heridas viejas, y nos perdemos la oportunidad de comprender a nuestro hijo. Por el contrario, cuando distinguimos nuestra reacción automática y la ponemos en tela de juicio, aprendemos cómo funciona nuestra mente y además podemos ver a nuestro hijo con claridad en el momento presente.

En síntesis, podemos concluir que el mayor obstáculo para nuestra posibilidad de comprender a un niño es creer en nuestro discurso automático, todas las ideas y opiniones que lo forman, y basarnos en ello para responder.

En los capítulos venideros intentaremos aprender a distinguir liderazgo amoroso (centrado en el niño), de reacciones automáticas (centradas en nosotros). Una forma clara de distinguirlas es ver el resultado: liderazgo amoroso lleva a soluciones armoniosas y conexión sincera con nuestro hijo, mientras que las reacciones automáticas provocan furia, pelea, enojo y desconexión.

Muchas veces las acciones de un niño son la efectiva satisfacción de su necesidad, como cuando necesitan corretear por toda la casa, imitar los chillidos de un mono, o transformar el baño en una jungla tropical. Comprender su intención nos facilita ya sea dejarlo hacer, o bien encausar su necesidad de manera que no interfiera con nuestras propias preferencias, o con el bienestar de otros.

Lo que se interpone en el flujo amoroso constante y la comprensión profunda del niño es el discurso incesante de nuestra mente: el miedo a no tener el control, o de que nuestro hijo no se desenvuelva bien, y otras fantasías trágicas y expectativas artificiales.

Una vez que logramos centrarnos en el niño, nos va a ser más fácil responder amorosamente.

Las cinco necesidades emocionales básicas de un niño son:

- **Amor**
- **Libertad de expresión**
- **Autonomía y poder**
- **Seguridad emocional**
- **Autoestima**

Cuando estas necesidades son cubiertas consistentemente, la base emocional del niño es sólida y a partir de ella puede desplegar su potencial y vivenciar autodeterminación y gozo, para con sí mismo y otros. En otras palabras, un niño que se sabe contenido y seguro en el amor de sus padres, y que se siente autónomo, valioso y naturalmente expresivo, va a crecer en conexión consigo mismo y con los demás. Por el contrario, es cuando los niños se sienten inseguros, indefensos o solos, que presentan con mayor recurrencia dificultades en su comportamiento, aprendizaje o emocionalidad.

Los capítulos venideros ofrecen una mirada profunda al comportamiento de adolescentes, niños y bebés; y las maneras en la cuales ellos comunican estas cinco necesidades básicas, además de maneras de responder certeramente.

Capítulo Dos

❧

Amor

No regamos una planta si florece.
La regamos para ayudarla en su florecer

Amar a un niño no es garantía de que él se sienta amado. Cuando un niño no siente que lo amamos, puede sentirse inseguro, incapaz de expresarse o indefenso. Sus alternativas pueden ser recurrir a comportamientos destructivos, o sobreadaptarse reprimiendo su ser auténtico para obtener aprobación.

Algunas de las razones por las cuales un niño puede no experimentar nuestro amor pueden ser que no lo manifestamos de una manera perceptible para él, o que sienta que un hermano es más amado, o que el amor está condicionado a un determinado comportamiento de su parte.

No regamos una planta si florece; la regamos para ayudarla en su florecer. Del mismo modo, un niño necesita sentirse seguro de nuestro amor para poder desarrollarse. Por el contrario, si el "amor" (la atención, el cariño, la presencia) es usado para controlar al niño, eventualmente dudará de él. Por ejemplo, si nuestro padre era cariñoso con nosotros sólo si traíamos buenas calificaciones o nos comportábamos de determinada manera, en alguna medida nos habremos preguntado si realmente nos amaba. Un hijo no vino a ser evaluado y luego recompensado con amor. Cada ser humano nace valioso y merecedor de amor. El amor es sólo amor si es incondicional.

A veces los padres confundimos amar a un niño con dejarlo hacer lo que le plazca. Pero esto es imposible de lograr. Nadie hace lo que quiere todo el tiempo. Por ejemplo, cuando manejamos no podemos hacer todo lo que queremos. Muchas veces quisiéramos avanzar y sin embargo el tránsito está detenido.

La consideración por las necesidades de los otros limita nuestra libertad al mismo tiempo que la protege. Esto no tiene nada que ver con amor. Dar la vuelta al mundo para complacer cada aspiración de un niño puede privarlo de su natural oportunidad de desplegar su resiliencia. El niño llega a un mundo concreto, en una sociedad específica, en una familia determinada. Él quiere encajar y formar parte de su tejido social. Tratémoslo como igual, pero seamos considerados con sus limitaciones. Quizás no tenga la habilidad de esperar, apurarse o compartir aún. Pero tampoco es su necesidad romper cosas, jugar con determinado juguete o tironearnos del pelo. Amarlo, entonces, es satisfacer sus necesidades con consideración; y empoderarlo con empatía cuando la vida no provee lo que él deseaba.

Otro aspecto del amar a los hijos es aceptar el modo personal en que cada uno de ellos nos manifiesta su amor. Ellos necesitan que sus manifestaciones de cariño sean recibidas, aunque a veces nos sean inconvenientes. Puede ser que nos irrite si un hijo "desordena" nuestro escritorio, pero quizás él estaba intentando ordenarlo (a su manera) como muestra de cariño.

El amor debe ser incondicional en ambos sentidos, tanto cuando se da como cuando se recibe. Si un niño siente la necesidad permanente de "estar a la altura" para ser amado, o si necesita considerar cuidadosamente cada una de sus manifestaciones, es probable que se vuelva ansioso y dude de su propio valor. De hecho, tal esfuerzo por ser amado se transforma en una cadena de complacencia de expectativas ajenas, lo cual nunca puede satisfacerlo porque está condenado a sentirse no valioso si no complace o no prueba su valor permanentemente. En esto radica la fuente de la baja autoestima: nos sentimos inseguros cuando tememos que nuestro desempeño no consiga la aceptación que tanto añoramos. Si un hijo tiende constantemente a la sobreexigencia, esto puede estar evidenciando una dinámica de no sentirse amado si no "está a la altura".

No es que nuestros padres no nos hayan amado, no necesariamente. Para muchos de ellos, la libertad de manifestar amor incondicional estaba vedada por normas culturales y dolores irresueltos de sus propias infancias. La mayoría de ellos no se sintieron amados incondicionalmente, aunque sus propios padres los hayan amado a su manera. De cara a sus hijos, ellos no lograron reinventarse para dar lo que no obtuvieron. Y esto ha sucedido de generación en generación. De hecho, la mayoría hemos crecido temiendo que si no cumplíamos las expectativas de nuestros padres, no nos amarían. Un temor que seguramente no queremos pasar a nuestros hijos.

Les propongo dejarnos inspirar por las palabras de Mary Haskell en su carta de amor a Kahlil Gibran: *"Nada en lo que te conviertas va a desilusionarme. No tengo preconcepciones. Sólo quiero descubrirte. No puedes desilusionarme".* [1]

Cuando un niño no duda de nuestro amor y admiración por él, su plenitud es la base sobre la cual encarará sus iniciativas. Logrará actuar en auténtico beneficio propio, libre de preocupación por obtener nuestra aprobación; y cuando alguna vez desee complacernos, lo hará con algo que satisfaga un deseo nuestro (no el suyo propio de aprobación o reconocimiento); no va a colaborar o ser considerado para ganar nuestro amor, sino porque nos ama.

Para asegurarnos de que nuestro hijo se siente amado, tenemos que evitar usar el amor como moneda de cambio para dar o retener según sus comportamientos o logros. El amor es el contexto en el que sostenemos a un hijo para que él pueda ser él mismo. Sus elecciones o comportamiento no afectan ese contexto, y las soluciones ante las dificultades deben ser creadas dentro del mismo.

Amar a un hijo es ver su magnificencia, ver lo valioso de su punto de vista. Esto no significa que amamos el lío que armó o cómo agredió a su hermana; pero cuando nos encontramos ante estas situaciones desde el amor, en el aquí y ahora (no en el discurso de nuestra mente), lo que vemos es su necesidad, y podemos decir: "Oh, qué divertido, desparramar los garbanzos por toda la mesa", o "Veo cómo te enojaste con tu hermana. ¿Quisieras contarme cómo te sientes?" (mientras suavemente lo alejamos de ella y lo asistimos a encontrar alguna solución concreta a su dilema). Amamos sus elecciones y su conducta simplemente porque lo amamos a él. Y esto nos ayuda a sintonizar con su ser y ofrecer soluciones. Aquietar nuestra mente y ubicarnos en el instante presente nos ayudará a acceder a nuestra sabiduría, a nuestro amor. Observemos el discurso de nuestra mente, cuestionémoslo (Capítulo Uno), y luego volvamos al presente, donde está nuestro hijo.

El amor no es una recompensa

Muchas veces los padres nos sentimos perplejos ante la idea de manifestar amor hacia un niño que está actuando agresivamente. Sin embargo, probablemente sea el momento en que más lo necesita. Muchas veces la agresión de un niño es un pedido desesperado de ayuda. Y nuestro amor es la mejor respuesta a su sufrimiento. Él no tiene control aún sobre sus emociones (igual que cuando un adulto grita o insulta). Cuando respondemos con amor, no es que él percibirá nuestro cariño como recompensa. Lo que sucederá es que se sentirá aliviado porque es comprendido y cuidado, y esto le ayudará a superar su angustia. De esta manera, le estamos ofreciendo herramientas de amabilidad y armonía para la relación. Cuando un niño se siente seguro en el amor de sus padres, difícilmente se inclinará a lastimar a otros.

Amamos a nuestro hijo, no a sus logros o comportamiento. Si estamos irritados, todo lo que tenemos que hacer es "aplicar" amor, y nos sentiremos encantados con él (incluso si debemos rechazar su demanda). Para hacerlo, tenemos que indagar nuestro pensamiento (S de S.A.L.V.E.), así podemos ubicarnos en el instante presente. Lo que pensamos no es quienes somos. Viene y va sin que tengamos demasiado control sobre ello. No constituye la verdad: si hubiéramos nacido en cualquier otro lugar, tendríamos otro pensamiento. Corroboremos si estas ideas acentúan o empobrecen nuestro amor. Más adelante en este capítulo encontraremos ejemplos de pensamientos que obstaculizan el amor.

Sabemos que amamos a nuestro hijo. Por lo tanto, si nuestras palabras o acciones no son sensibles o amorosas, no estamos siendo auténticos. Cuando encontramos soluciones dentro del contexto del amor, éstas son pacíficas, honran la dignidad y necesidades de los involucrados. La vieja creencia del "amor duro" es nada menos que otro de los discursos que justifican dañar a un niño. Con la excepción de aquellas contadísimas ocasiones donde la integridad física de un niño está en riesgo concreto, y por ello tenemos que intervenir por la fuerza (arrebatarlos de la calle, por ejemplo), el amor no es dañino, es amoroso.

Si hubiéramos sido amados incondicionalmente cuando niños, no necesitaríamos orientación sobre cómo amar a nuestros hijos. No tendríamos otra alternativa a mano que no fuera amarlos totalmente con total independencia de lo que hagan. Nuestra historia personal de miedo y dolor es la que obstaculiza nuestra capacidad de amar.

Nuestra vivencia de escasez es una de las razones por las que nos cuesta dar. Quizás tememos que nuestro hijo vaya a aprovecharse de nosotros, o dominarnos de alguna manera. Quizás entregarnos por completo nos hace sentir vulnerables. Lo mismo puede haberles pasado a nuestros padres para con nosotros (más adelante veremos como superar este y otros obstáculos para amar). Sin embargo, un niño está mejor dando nuestro amor por sentado. Esta saludable presunción configura la base de su desarrollo hacia una adultez íntegra, de amor y consideración. En lugar de desperdiciar su energía procurando nuestra aprobación, él la invertirá en su propio camino de madurez.

Cómo se sienten amados los niños

Si queremos que el amor hacia nuestros hijos fluya, y ellos lo sientan y registren, podemos tener en cuenta las siguientes ideas básicas:

Necesidades satisfechas

Cuando un niño se siente seguro de poder expresarse, de poder conducir su vida, y de que sus necesidades serán satisfechas, su vivencia será de ser amado y valorado.

Entonces, la primera manera de asegurarnos de que nuestro hijo se sienta amado es confiando en él y satisfaciendo las necesidades en sus propios términos.

Las necesidades insatisfechas se traducen en sensación de no ser merecedor de amor, y conllevan sufrimiento emocional.

Un niño puede expresar sus necesidades con pedidos directos; un recién nacido, llorando o con su cuerpo; un bebé las expresará con acciones o palabras. Satisfagamos las necesidades de nuestros hijos ágilmente, disponiéndonos a interrumpir lo que estemos haciendo. Digamos "Sí" rápidamente y tomemos inmediata acción abastecedora. Los platos sucios pueden esperar; su alma, no. La charla telefónica puede posponerse; el amor, no. Un adorno roto puede reemplazarse; un corazón roto, no.

Un desorden puede arreglarse y un daño repararse; pero el sentirse amado depende para nuestro hijo de saberse más importante que objetos y horarios.

Responder prontamente a necesidades no quiere decir que nunca un hijo pueda esperar a que terminemos de hacer algo. A medida que crezca, y se sienta seguro de nuestro amor, gradualmente será capaz de dar más lugar a alguna necesidad nuestra o de otros. Confiemos en su maduración así puede desarrollarse genuinamente. Dejemos que salga de él, que le sea una iniciativa espontánea. Así sabremos que no lo hace para obtener nuestra aprobación.

No esperemos prematuramente consideración por nuestras necesidades, porque será percibido como una exigencia latente, entrampándonos de vuelta en amor condicional y manipulación. De hecho, en nuestra sociedad los niños están absolutamente asediados de expectativas de complacer a los adultos, lo cual daña su autoestima y confianza.

Protejamos la espontaneidad del niño en relación a nosotros. Así, él podrá ser cortés por amor, cuando así le surja. Si en lugar de un deseo auténtico, la cortesía es motivada por necesidad de aprobación, lo que quedará en él será resentimiento e inseguridad; lo cual entorpece el natural desarrollo del deseo genuino de cortesía hacia otros.

Quizás compartamos la creencia común de que altas exigencias promueven resultados elevados. De hecho, los estándares establecidos por un maestro con quien el niño libremente haya elegido formarse en alguna disciplina, pueden ciertamente acompañar e incentivar su vocación a la excelencia. Un maestro y un estudiante son pares, pero no pares en cuanto a su formación. El estudiante convoca la orientación de un maestro, lo contrata o acuerda con él, para que éste lo asista a fijar expectativas que lo ayuden a exponenciar su aspiración de aprender.

Tales expectativas no tienen cabida en la relación amorosa entre padres e hijos (o en cualquier relación amorosa en general), ya que dañan tanto la relación en sí como el desarrollo natural del talento que estamos promoviendo. No hemos sido convocados por nuestros hijos para dirigir sus vidas. Por el contrario, nos hemos brindado voluntariamente para responder a sus necesidades y nutrir su crecimiento con amor.

Pretender que un niño madure según nuestra expectativa, contradice el amarlo tal cual es, porque su valor está entonces medido por nuestros criterios y pautas. En cambio, amar a un hijo es estar complacidos con su propio ritmo de maduración, y que él se sienta libre de ser quien es a cada paso del camino, libre del temor de no ser querido o valorado si no cumple las expectativas.

Permanezcamos presentes en el amor a nuestro hijo. En lugar de esperar que se comporte respetuosamente, respetémoslo nosotros. En lugar de pretender que sea paciente y considerado, seámoslo nosotros con él. Con el tiempo seguramente emulará estas cualidades porque nos ama y sigue nuestro ejemplo. Esto no significa que nunca podamos pedirle ninguna colaboración, pero tratemos de entender qué está dentro de sus posibilidades. Podemos pedirle alguna vez que haga silencio, que espere, que nos alcance algo, pero respetemos su decisión si nos contesta que no. En su momento aprenderá a honrar las preferencias de otros tanto como las suyas.

Como dijimos antes, amor y receptividad no significan dar al niño licencia para dañar o libertad para hacer lo que quiera (lo cual nadie tiene). Significa que nosotros somos los responsables de proveerlo y honrarlo, para que pueda crecer a su propio ritmo.

Despojarnos de nuestra visión respecto de cómo debe comportarse y desarrollarse un niño puede ser difícil.

Cuando un bebé nace, automáticamente imaginamos que va a ser "bueno", "independiente", y que va a colmar nuestras expectativas de bondad y éxito. En nuestra cultura, muy prontamente se vislumbra el protocolo de expectativas respecto a los niños: que colaboren en las tareas de la casa a cierta edad, que digan "por favor" y "gracias" a otra, que saluden a los visitantes, que sean responsables, que sean limpios, que se queden callados o quietos… Es probable que incluso nos hayamos sentido orgullosos o avergonzados por el comportamiento de nuestros hijos, especialmente en público. ¿Está a la altura mi hijo? ¿Soy una buena madre?

En una consulta telefónica, Clara, mamá de Miranda, me contó lo avergonzada que se había sentido de su hija. Y luego de indagar sus pensamientos, pudo sentir adoración por ella tal cual es:

> *Miranda había sido una bebita dulce, fácil, sonriente y dispuesta a ir a todos lados y estarse calladita.*
> *— Estaba segura de que iba a convertirse en una niña brillante y cooperativa. Ahora tiene siete años, y desde sus tres más o menos, casi no puedo llevarla a ningún lado por lo avergonzada que me siento. Empuja y tironea todo el tiempo. Ahora mandonea a los otros*

niños, y deja todo desordenado. Cuando llega a casa, parece un tornado arrasando con todo.

Para ayudar a Clara a indagar los pensamientos que le obstruían la visión de su hija, le dije: — Detállame cuáles son tus expectativas respecto a ella.

— Quiero que registre el lío que está haciendo, lo arregle, y sepa jugar con otros niños de igual a igual, sin dirigirlos — dijo Clara.

— ¿Tú crees que ella puede ser la niña que quieres que sea? — pregunté. (Esta es la instancia donde ella investiga si su pensamiento es relevante o valido).

Clara suspiró: — No. En este momento ella no es así.

Me quedé en silencio y Clara permaneció indagándose un momento para sí misma.

— Adoro a Miranda. Pero supongo que amo la idea que tengo de cómo quisiera que fuera, no quien realmente es — Clara rompió en llanto. — Quiero amarla tal cual es y no me sale.

— El obstáculo es tu propio discurso mental. ¿Podrías imaginar tu vida con Miranda sin la expectativa de que ella sea ordenada y se relacione de igual a igual en sus juegos con otros niños?

— Sí. Claro. Si yo la amo con todo el corazón. La amaría sin complejos.

— ¿Qué es lo que temes perder si simplemente disfrutaras como ella es ahora?

— La gente pensaría que soy mala madre porque no la puedo controlar — (Este es un pensamiento doloroso que Clara descubrió). — Ay, qué horrible. La privo de una vida social para proteger mi imagen. Qué feo — Clara lloraba.

— Sí. ¿Puedes ver cómo tus expectativas respecto a ella podrían ser en realidad lecciones para ti, y qué bueno estaría si tú misma tomaras tus instrucciones para con ella? — le dije, asistiéndola en la aplicación de S.A.L.V.E.

— No lo sé. Quiero que ella ordene sus líos. Quizás sea yo la que tengo que ordenar mis pensamientos respecto a ella. Y también tengo varias cosas concretas que necesito ordenar.

— ¿Y respecto a tu deseo de que ella juegue de igual a igual con otros niños?

— Ah, por supuesto. Me encantaría no dirigirla todo el tiempo, tratarla yo de igual a igual. No me sale.

— Y... — dije yo — ponerte de igual a igual con otros padres. No necesitas ser mejor que nadie, ni tener como hija a un perfecto angelito.

— Sí, puedo reconocerme ahí — dijo Clara ya riendo —. Es todo un rollo mío. Algunas veces logro dejarla ser como quiere ser. Cada vez que vamos a la plaza, es tan activa y alegre. Le encanta también hacer acrobacias, y ama pintar con acuarelas y jugar con masas, puede hacerlo por horas. Y hornear cosas, ¡lo adora! Pero... ¿qué hay con lo de andar dirigiendo a todo el mundo?

— Sí. ¿Qué hay con eso? — pregunté —. ¿Es útil o relevante tu idea de que ella no debería dirigir a otros?

— No. Ella es directiva. Si yo no creyera que está mal, la admiraría por su liderazgo y potencia. Quizás me asuste su modo porque yo soy tan tímida.

— O sea que Miranda toma las riendas. Se hace responsable del grupo. Siempre hacen falta líderes. Tienes una gran maestra en ella.

Al final de nuestra charla, Miranda y su papá (el marido de Clara), llegaban a buscarla. Clara saltó de su asiento a abrazar a Miranda, emocionada.

— No sabes cuánto te amo, Miranda. Te amo porque tú eres tú.

En las semanas siguientes Clara observó el liderazgo de su hija, y organizó momentos para que ella pudiera crear líos "seguros". También generó oportunidades para hacer acrobacias, nadar, correr, y varias otras maneras de canalizar su exuberancia.

— Pensé que me iba a ser difícil — dijo Clara —. Pero no sólo me encanta cómo es Miranda, sino que muchos de los problemas se resolvieron solos. Ahora hasta quiere limpiar sola luego de pintar, y decidió que no le gusta jugar con masas si están secas y sucias, así que las guarda luego de usarlas. Está feliz consigo misma y también conmigo.

— Hace pocos días, un día que visitó a sus primas, cuando el tío dijo que había que guardar todos los juguetes, Miranda organizó a sus primas con directivas claras; y lo hicieron rápida y pacíficamente gracias a su liderazgo.

Clara no necesitó renunciar a los valores que venía transmitiendo a su hija. Al contrario, los amplió incluyendo otros nuevos, como el valor de fluir al ritmo de otro. Miranda aprenderá a incluir las preferencias de otros, porque su propia autonomía es respetada. Los niños quieren integrarse bien en la sociedad a la que pertenecen. Asimilan el valor del amor y la consideración gracias a haberlos vivenciado primero. Confiemos en nuestro hijo. Él nos hará saber cuándo está listo para incluir alguna de nuestras necesidades, y lo hará intermitentemente en el proceso de desarrollar la colaboración.

Cariño físico

Si en nuestra infancia recibimos muchos abrazos, besos y mimos, naturalmente tenderemos a ser cariñosos. Pero si nuestros padres no fueron suficientemente cariñosos, probablemente tendremos que hacer el ejercicio conciente de poder dar y recibir cariño físico. Los niños necesitan todo tipo de demostraciones afectivas cada día; y esto incluye expresiones físicas de amor: besos de buenas noches, abrazos, acurrucarnos en el sillón, cargarlos en brazos, etc. Todas ellas pueden nutrir el alma, siempre y cuando nos sea evidente que nuestros niños las aceptan y disfrutan. A muchos niños no les gustan los besos, pero "ronronean" cuando nos acurrucamos con ellos.

Si nuestro hijo rechaza el cariño físico, tendremos que encontrar algún modo de contacto físico que disfrute. Algunos niños evitan besos y abrazos. Muchas veces estos niños son los más necesitados de contacto, pero se sienten demasiado vulnerables y sensibles para abrirse a él. Si nuestro hijo manifiesta incomodidad en el contacto, ofrezcamos cariño físico de manera menos directa: garabatearle con los dedos en la espalda, contacto visual, una palmada ocasional suave en el hombro, leer un libro juntitos, o algún otro juego físico. También podemos dormir con él o acompañarlo mientras se queda dormido. El colecho puede prevenir y curar muchas dolencias emocionales en humanos de todas las edades. No dudemos en seguir nuestro genial instinto mamífero de acurrucarnos para dormir con nuestros hijos.

Seamos cariñosos incluso con nuestros hijos adolescentes. Ellos también lo necesitan, pero quizás no quieran pedirlo. Los varones generalmente no reciben suficiente cariño físico en la adolescencia. No le temamos a su tamaño o a su conducta indiferente. Él necesita atención. No lo toquemos en frente a sus amigos, o en público. Pero abracémoslo, démosle besos, hagámosle masajes, o dejémosle apoyarse en nuestro hombro para ver una película o leer juntos.

Los niños que tienden a manifestar su angustia siendo agresivos, suelen ser los que más rechazan el contacto físico de sus padres. Esto podría ser consecuencia de que se sienten culpables o desmerecedores, o quizás tengan un temperamento hipersensible. Claro que el cariño físico puede ayudarlos a sentirse seguros en nuestro amor, y suavizar su agresividad. Otra posibilidad es que se trate de niños que son muy sensibles físicamente, y les cueste regular la intensidad del contacto para evitar cosquilleos. Tal vez prefieran sólo frotaditas en la espalda por un tiempo.

Aprovechemos oportunidades como el baño o la hora de dormir para ser suaves cuando tocamos sus cuerpos. También les será beneficioso presenciar el cariño físico entre sus padres, y observar maneras en que ellos se tocan con ternura.

Algunos niños desarrollan aversión al contacto si están siendo tocados de un modo que no quieren. Respetar el cuerpo de un niño es crucial. El abuelo puede pensar que es importante que le dé un beso al despedirse, pero si un niño no quiere un beso, su dignidad debe respetarse. El cariño físico debe fluir en los términos y condiciones del niño.

Los padres no tenemos "derecho" sobre los cuerpos de nuestros hijos. Exigir un abrazo, beso, tomarlos en brazos sin acordarlo… no son afecto porque avasallan su cuerpo. Mientras disfrutamos del contacto, estemos atentos a satisfacer sus necesidades sin excedernos; no las nuestras. Nuestro respeto por el cuerpo de nuestros hijos es también la mejor manera de protegerlos de otras conductas físicas incorrectas con que se pueda encontrar.

Cuando honramos y respetamos el cuerpo de un niño, estamos mostrando afecto físico. Afecto en forma de conocer y respetar sus preferencias. Este afecto promueve autoestima, sentimientos positivos, inteligencia física, y ayuda al desarrollo de un cuerpo sano y hábil. También disminuye el enojo y las emociones violentas. Y acrecienta la cercanía y el cariño, por supuesto.

Presencia y Atención

Aunque rara vez lo digan, muchas veces los niños se preguntan si son lo suficientemente importantes como para que nosotros pasemos con ellos el tiempo que necesitan. Es probable que no sientan la conexión afectiva si sólo les ofrecemos atención parcial. Muchas veces nos piden que los miremos cuando nos están hablando, y si por un instante miramos para otro lado, nos giran la cara hacia ellos con las manos. Y recomienzan la historia. Si jugamos con nuestro hijo pero al mismo tiempo miramos el teléfono móvil, o leemos, o miramos la TV; él no obtiene su dosis de amor. Tampoco la obtiene si la atención es compartida con un hermano. Incluso si es su propio amigo con quien comparte nuestra atención, el tiempo personal enfocado en él no se satisface.

Algunos padres tememos "malcriar" a los niños si los dejamos ser el centro de atención. Pero atención focalizada no es lo mismo que girar el mundo alrededor del niño. Atención focalizada tiene que ver con el vínculo amoroso, como lo que hacemos con nuestras parejas o amistades. ¿Se imaginan una amistad o romance sin tiempo compartido entre ambos? Los humanos desplegamos nuestro potencial intelectual y emocional dentro de estos vínculos de intimidad.

Si además de la familia, quisiéramos expandir el círculo social de un hijo hacia la idea de tribu o familia extendida, somos nosotros los que vamos a tener que proveer esa comunidad. Nuestro hijo va a relacionarse con muchos individuos, y crear fuertes vínculos con algunos de ellos. Pero su capacidad de autopercepción seguirá dependiendo fundamentalmente del vínculo íntimo diario con nosotros.

Para asegurarnos de que los niños se sientan amados, brindémosles atención focalizada ininterrumpida cara a cara, cada vez que nos disponemos tiempo exclusivo para ellos, y dejémonos guiar por sus intereses en ese tiempo. Ellos necesitan percibirse como importantes en nuestro mundo, y ver que estamos dispuestos a suspender nuestra lectura, tareas domésticas, trámites, llamados o visitas de amigos para estar con ellos. Si tenemos más de un hijo vamos a necesitar planificar. Si tenemos un único hijo, y somos su principal compañía durante gran parte del día, dedicarles atención focalizada no sólo es manifestar nuestro amor, sino también satisfacer su necesidad humana básica de intimidad. De hecho, si nosotros somos la principal compañía de nuestro hijo y nos rehusamos a prestarle atención focalizada, perjudicamos su autoestima y su confianza. Brindar atención es el mejor pronunciamiento de amor cuando es focalizada y cara a cara.

Los adolescentes, igual que los bebés y niños, necesitan atención individualizada. Ellos oscilan entre demostrar que no nos necesitan más, y constatar si pueden contar con nosotros. Respetemos la necesidad de nuestros adolescentes de diseñar sus vidas autónomamente, pero no fallemos en estar ahí para ellos. Sumerjámonos en sus conversaciones con interés auténtico, aprendamos acerca de sus vidas, sus pensamientos, sus sentimientos; ofrezcamos apoyo, colaboración, y dejémosles percibir consistentemente nuestra dicha de compartir la vida con ellos.

Fundamentalmente escuchemos todo lo que tienen para decir y pongamos toda nuestra atención en lo que sea que quieren mostrarnos o compartir con nosotros. Es importante para ellos que los veamos como realmente son, y que mostremos que eso nos gusta.

Una vez que sientan su necesidad de atención parental satisfecha, los niños quizás puedan estar contentos acompañándonos mientras cocinamos, pagamos las cuentas o tocamos nuestro instrumento musical. Cuando su necesidad de atención está cubierta, incluso los niños pequeños pueden gradualmente prescindir de ella por períodos cortos de vez en cuando. Dejemos que su desarrollo se nos evidencie solo. No lo tratemos de generar ni lo estemos esperando.

A Luz se le hacía difícil atender a su invitada Sandra mientras su pequeña hija Alma la requería, insatisfecha.

Luz me llamó esa noche, desesperada, contándome que no había visto a Sandra por años y necesitaba que su hija la dejara disfrutar de su visita. En nuestra charla, Luz identificó que sus ideas: "Mi invitada y yo tendríamos que poder conversar sin interrupciones" y "Mi invitada, Sandra, necesita mi atención indivisa todo el tiempo", eran la causa de su angustia.

Luego de la sesión Luz hizo nuevos planes. Al día siguiente, en lugar de repetirle todo el día a Alma que esperara, le pidió a Sandra que la esperara, o la acompañara mientras le dedicaba a su hija unas horas de atención individualizada.

Sandra formó parte de una hermosa mañana, porque Alma quiso que ambas la miraran bailar, cantar y saltar. Después de unas horas Alma, satisfecha, quiso jugar sola. Estaba tan contenta que Luz y Sandra pudieron conversar el resto de la mañana casi sin interrupciones. A la tarde, el papá de Alma la llevó un rato a caminar dándoles otra media hora de charla privada antes de la cena.

Es la satisfacción de una necesidad, no su privación o cuestionamiento, lo que permite que el niño se sobreponga a ella. El primer día, cuando las necesidades de Alma no fueron atendidas, el día terminó con Alma molesta y nadie contento. En cambio, cuando se dio lugar a su necesidad de atención, ella se contentó y la dinámica del día fluyó. Esto también se replica a largo plazo: cuanto más aceptamos y atendemos la dependencia de un niño pequeño, más independiente podrá ser cuando crezca y cuando se convierta en adulto.

Ofrezcamos tanto atención individualizada como experiencias compartidas. Si sólo brindamos atención individual, estamos privando a nuestro hijo de la oportunidad de crearse a sí mismo como individuo y relacionarse de manera independiente. Nuestro hijo nos dará pistas claras de su necesidad: ya sea de atención, o de espacio para desenvolverse solo.

Compartir tiempo puede incluir hacer nuestro trabajo acompañados por nuestro hijo. Así, él participa de una parte de nuestra vida que elegimos compartir. Evitemos prolongar la experiencia más de lo que a él le interese, así le es positiva. Si queremos que nos acompañe en alguna actividad que elijamos, asegurémonos de que elija libremente si prefiere sólo mirarnos o participar de alguna manera. La habilidad de cooperar y participar en actividades y proyectos de otros se desarrollará gradualmente en tanto él haya tenido experiencias buenas al respecto, sepa que se le priorizará la atención cuando lo necesite, y también cuando la actividad involucre algún interés personal del niño.

El niño no sentirá la conexión amorosa si usamos el tiempo de atención individual para tratar de que él haga lo que nosotros pensamos que le conviene. En estos casos lo más probable es que se sienta un vehículo de la satisfacción de nuestras propias necesidades, y quizás tenga el impulso de complacernos. Pero también se sentirá manipulado e incómodo. Si, por el contrario, lo seguimos a él, ambos experimentaremos el vínculo amoroso, y además acompañaremos su habilidad de iniciar actividades y explorar sus intereses.

Maxi no parecía tan contento consigo mismo como antes, y su mamá Lorena se dio cuenta de que desde hacía un tiempo Maxi rechazaba sus demostraciones afectivas, especialmente las verbales. De hecho, no le gustaba que ella le dijera nada amoroso.

Lorena decidió prestar mucha atención a los modos en los que Maxi sí se sentía amado. Descubrió que a Maxi le encantaba que ella lo escuchara durante horas hablar de sus dinosaurios de madera, que eran el centro de su vida en ese momento. Una mañana fue una revelación para Lorena ver el gesto de dolido de Maxi cuando su hermana mayor desvalorizó su interés en los dinosaurios.

Cuando Lorena brindó atención exclusiva a Maxi, y lo escuchó en todo su entusiasmo detallar la apariencia, estabilidad y medidas de sus criaturas de madera, su rostro se iluminó. Para inundarse en amor materno Maxi necesitaba que ella se interesara atentamente en las cosas importantes para él. Lorena procuró seguir

así cada mañana. A medida que Maxi se sintió seguro
del amor de mamá, fueron reapareciendo en él su exu-
berancia natural y su capacidad de disfrute.

Algunas veces creemos que estamos abiertos a lo que
propone nuestro hijo, pero en realidad tratamos de incorporar
alguna pequeña enseñanza o directiva. Esto también resta
atención al niño, como un pequeño de cinco años le enseñó a
su mamá en mi taller familiar vacacional:

> *Diego estaba aprendiendo a andar en bicicleta. Le*
> *pidió a su mamá que se sentara afuera para mirarlo.*
> *Mientras lo miraba lidiar dificultosamente con su equi-*
> *librio, su mamá le sugirió cómo colocar el pie.*
> *Diego se detuvo, la miró y le dijo: — Te pedí que me*
> *miraras, no que me enseñaras.*

Prestar atención es la base del amor. Implica la aceptación
total del niño, seguir su dirección y aprender a responder a sus
maneras de conectar.

Amor a medida

Lo que un niño necesita es exclusivamente determinado por
él. Cuando le digamos: "Te amo", él sentirá la conexión amorosa
en **su** medida propia, no en la **nuestra**. Si le gusta mucho
jugar afuera, amarlo será proveer un lugar seguro y promover
experiencias al aire libre para compartir con él. Si nuestro
adolescente quiere estar con amigos y vestirse desprolijamente,
amarlo será posibilitar sus encuentros sociales. Si nuestro bebé
está encantado trepando todo en su entorno, nuestra acción
amorosa será facilitar sus oportunidades de trepar; si le gusta

pegarse a nuestro cuerpo, será una tarde acurrucados en el sofá o un paseo en brazos.

Cuando despejamos nuestras expectativas personales, tenemos mejores probabilidades de percibir la realidad de nuestro hijo y registrar su modo particular de recibir amor. Él se sentirá seguro cuando actuemos en consonancia con su propio registro de sentirse amado. La frase "Te amo" es tantas veces usada automática o superficialmente para expresar amor; mientras que una manifestación auténtica de amor tendría que surgir de una interacción concreta en el presente. Cada niño tiene su manera particular de ser mimado: contarle un cuento, ser cargado en brazos, ser escuchado. Podemos decirle cuánto disfrutamos estar con él, cuánto valoramos este momento compartido, cuánto nos enriquecemos teniendo la oportunidad de conocerlo mejor. Muchas veces, nuestras expresiones afectuosas no transmiten tanto amor como sí lo hace atender sus necesidades en los tiempos y formas de cada hijo. Del mismo modo, amar a un hijo no quieren decir hacerle muchos regalos, o trabajar horas extra para comprarle ropa de moda. Aunque nosotros sintamos que lo estamos haciendo por amor, nuestros hijos generalmente no perciben amor a través de este tipo de gestos. Al contrario, es más probable que ellos estén extrañando nuestra presencia amorosa mientras nosotros estamos muy ocupados trabajando o haciendo compras. También puede ser que perciban nuestros regalos como un intento de conformarlos sin prestarles verdadera presencia. Los regalos transmiten mejor el amor cuando implican un registro verdadero de los intereses del niño, y cuando son ofrecidos como expresión auténtica de aprecio y cercanía.

Prestemos especial atención a acciones que puedan contradecir nuestras manifestaciones de amor. Por ejemplo, un niño que percibe el amor fundamentalmente a través de contacto y abrazos, puede confundirse si le decimos "Te Amo" pero sólo abrazamos al bebé. La mejor manera de asegurarnos de que nuestro hijo absorbe nuestro amor es expresarlo en **su** manera particular de recibirlo, con acciones que valoran su ser y muestran nuestro sincero disfrute por su existencia.

Centrarnos en los niños

Algunos padres creemos que si nos centramos consistentemente en el niño podemos estar obstaculizando su desarrollo social; y nos gustaría que nuestros hijos se reconozcan como parte de una comunidad, no como su centro. Creemos que esa comunidad, tribu, o familia extendida, es el modelo que le permite al niño sentirse parte de algo mayor que sí mismos. Sin embargo, idealizar esa noción de comunidad nos enceguece respecto a lo que realmente está disponible para nuestros hijos en el momento social y cultural vigente.

La familia nuclear no es una tribu, y no ofrece una experiencia comunal completa, aunque sí un sentido de pertenencia. En una familia, ese sentido de pertenencia y de saberse un futuro miembro contribuidor, surge de la importancia dada a cada miembro como individuo y de la posibilidad de relacionarse mutuamente. La vida diaria no necesita girar alrededor del niño para que él reciba atención exclusiva, y no es el niño el único que la recibirá, pues él se reconocerá como parte de una familia donde nos ocupamos de las necesidades de todos y cada uno. Todos somos igualmente importantes. Brindar atención es como alimentar y cuidar; es la respuesta a una necesidad humana. El niño entiende su propia valía viendo cómo lo valoramos nosotros, ofreciéndole tiempo y cuidados. También aprende su valor y el de los demás, viendo cómo nos cuidamos mutuamente y a nosotros mismos.

Muchos padres ansiamos ofrecer a nuestros hijos una vida en comunidad similar a la de una tribu, porque creemos que crecer en cercanía a otros niños y adultos satisface ampliamente una necesidad de compañerismo y cooperativismo. Si compartimos esta creencia, no dudemos en materializarla para nuestra familia uniéndonos a una comunidad existente o iniciando una convivencia con otro grupo familiar. Pero no olvidemos que los niños van a seguir necesitando nuestra atención exclusiva. Quizás un poco menos, pero no podrán prescindir de ella.

En una familia nuclear, por lo general un niño cuenta sólo con mamá y/o papá, quizás algún hermano. No hay nadie más con quien jugar o compartir un sentido de pertenencia. Jugar solo no es la solución; aunque mientras el niño lo disfrute, está bien. No temamos ofrecer el sentido de pertenencia y actividades típicas de una familia chica moderna. La atención exclusiva es la respuesta amorosa para un niño que cuenta con nosotros como principal compañero de juegos. Prestar atención focalizada no necesariamente contradice el sentido de comunidad, mientras exista equilibrio y el niño vea cómo se atienden las necesidades de cada miembro de la familia.

Debemos abrazar el presente y encontrar en él las cualidades que nos mejoran como personas. Si amamos lo que es, los otros valores se acomodan bien solos, independientemente de la estructura social que habitemos. Una persona que ha crecido en una familia nuclear, con atención exclusiva; será diferente a la que crece dentro de una tribu. Se le activarán diferentes cualidades y potencialidades. Pero leer un libro a un niño o aceptar su iniciativa para hacer algo, no lo convierte en un monstruo egocéntrico, sino que le permite desarrollar su modo individual de pensar. El niño crece para pertenecer a nuestra sociedad, la cual valora tanto la individualidad como la contribución personal para el bien común. No hay un único sistema correcto de sociedad; solo diferentes maneras de organizarnos como humanos, todas valiosas y celebrables.

El temor a girar en torno al niño es similar a otros temores de "malcriar" a los hijos con amor, mimos, generosidad o amabilidad. No es lógico privarnos de amar a nuestros hijos por miedo a malcriarlos. Si está solo con mamá, y su necesidad de vínculo es desatendida, lo único que aprende un niño es a descuidar a otros y a sentirse desvalorado.

Otro de los supuestos de la vida comunal que muchos padres quisiéramos emular es la costumbre de que los bebés y niños presencien y compartan las actividades de los adultos; y con el tiempo participen y las incorporen a sus vidas. Pero acá también; la vida moderna cambió. El tipo de actividades que puede presenciar un niño en su casa, por lo general actividades sedentarias de un adulto solo frente a la computadora, escritorio o mesada; muchas veces carecen de interés para el niño, no le son estimulantes. Algunas de las habilidades básicas que quiere aprender un niño requieren interacción personal, mientras otras no pertenecen siquiera al campo de lo doméstico.

En la familia nuclear un niño pequeño está condicionado a requerir atención exclusiva, lo cual no es ni bueno ni malo, sino simplemente la realidad actual. Al crecer en una familia nuclear, los niños tienen el potencial de convertirse en innovadores o pensadores independientes como Einstein, Edison o Mozart. Se convierten en adultos caritativos por haber recibido generosidad, amabilidad y amor; y devienen creativos por haberse nutrido su camino personal.

Un niño acepta con entusiasmo cualquier cultura en la que le toca nacer. El diseño natural humano es muy adaptable a desarrollarse óptimamente en diferentes entornos. Si queremos transmitir paz interior y amor a la vida, nosotros también tenemos que acoger la realidad tal como es en lugar de añorar un modo diferente de vida. Atendamos las necesidades de nuestros hijos como se presentan en esta sociedad, y celebremos las cualidades que ella fomenta. La felicidad es el resultado de elegir lo que se es. Si aceptáramos y valoráramos lo que legamos a nuestros hijos, aliviaríamos nuestras ansiedades dejando que nuestro amor fluya libremente.

Necesidades de los niños y necesidades nuestras

Si creemos que estamos haciendo todo lo que necesita nuestro hijo, y aún así él parece dudar de nuestro amor, consideremos la posibilidad de que estemos dirigiendo su vida incluso si no nos damos cuenta. Cuando dirigimos la vida de nuestro hijo, él puede sentirse un instrumento para la satisfacción de nuestras necesidades. Es muy común confundir nuestras necesidades con el hecho de cuidar de un hijo, proyectando en él lo que en realidad son necesidades nuestras.

La abuela María estaba de visita por el verano. Sus dos nietos (de ocho y cuatro años) estaban disfrutando cada día espontáneamente, sin planes concretos. A la abuela esto la inquietaba un poco, y empezó a sugerir maneras de organizarles los días. Le preocupaba que los niños se estuvieran perjudicando por la falta de rutinas. Estaba muy interesada en este punto, y le insistía a su hijo Gabriel que debía imponer horarios y pautas.

Al principio Gabriel lo tomó a la ligera, pero cuando su madre insistió mucho, quiso hacer algo al respecto. Usando la fórmula S.A.L.V.E. se tomó un minuto para separar su propia reacción (S) de lo que su madre decía, observando su discurso mental al respecto.

El discurso que observó decía: "Ella está equivocada. Yo tengo razón. Los niños están muy bien así. Ella me cuestiona como padre". Gabriel se dio cuenta de que esos pensamientos no podían ser comprobados, y que tampoco le eran útiles ni para su mamá ni para él mismo. También se dio cuenta de que él a su vez estaba ansiando la aprobación de su madre con respecto al modo de criar a sus niños. Entonces, se sonrió, y estuvo listo para prestar atención (A) a su mamá. Pensó que en su momento ella había sido criada con muchas rutinas, y entendió lo incómodo que podía ser para ella relajarse en las vacaciones y lo impredecible de las actividades de los niños.

Después de lograr escuchar (L) a su mamá y validar (V) su percepción, Gabriel pensó si había alguna manera de agregar algo de estructura a los días sin forzar a los niños a hacer nada que no quisieran. En los días siguientes, empoderó (E) a su mamá al ofrecerle oportunidades de planificar algunas actividades en la casa. La invitó a ayudar a cocinar, y cada día propuso algún paseo o actividad que acompasara prediciblemente el transcurrir del día. Después de varios días así, la abuela dijo: "Creo que estaba en lo cierto. Estos últimos días

*en que los niños tuvieron más rutina estuvieron mucho
más felices".*

Tal como le pasaba a la mamá de Gabriel, muchas veces
los adultos estamos convencidos de que sabemos lo que les
conviene a nuestros hijos, o nietos en este caso; y sin embargo
en realidad seguramente se trata de alguna necesidad nuestra.
Nuestras emociones y discursos mentales son potentes,
y pueden impedirnos ver la realidad de nuestro hijo. Si
imponemos nuestra visión sobre su vida, él dudará de nuestro
amor. Es fácil reconocer este tipo de dinámicas: si estamos
irritados con nuestro hijo y nuestro impulso es forzarlo a hacer lo
que creemos correcto, por ejemplo. La palabra "debería" es una
alerta, ya que muchas veces forma parte de nuestros reclamos
en estas ocasiones: "Debería ordenar su habitación", "Debería
terminar el plato de comida", "No debería interrumpir cuando
hablo" , "Se debería cortar el pelo", y tantas otras. Todas estas
expectativas representan lo que **nosotros** necesitamos que ellos
hagan en nuestro "libreto", del que los hicimos protagonistas
sin consultarles. Tiene poco que ver con lo que les conviene
a ellos. Si queremos saber qué les conviene a nuestros hijos,
escuchémoslos.

Tomemos tiempo para autoindagarnos (S de S.A.L.V.E.), y
distinguir nuestras necesidades de las de nuestros hijos. Cuando
esté claro de quién es la necesidad en juego, seamos sinceros
al discutirla. Podemos decir: "Necesito que tu habitación esté
ordenada". Podemos pedir colaboración, y si nuestro hijo es
verdaderamente libre de elegir, muy probablemente nos diga
que no muchas veces hasta que alguna vez acceda a hacerlo.
Si elige consistentemente no ayudar con nuestra necesidad,

podemos ordenar nosotros, o dejar la habitación desordenada, o construir un acuerdo mutuo que nos entusiasme a ambos. Una oportunidad de ser creativos en la búsqueda de soluciones.

También podemos aprovechar para revisar nuestra honestidad para con nosotros mismos. En este ejemplo, la verdadera idea detrás del pensamiento puede ser: o que pensemos que los niños deben tener su habitación ordenada en general, o que nos preocupe no ser buenos padres por no tener nuestros hijos el impulso de ordenar, o una opinión respecto a que los hogares son lugares donde debe reinar el orden, por ejemplo. Si examinamos la relevancia y veracidad de estas ideas, quizás podamos hacer las paces con el desorden de nuestro hijo o disfrutar ordenando nosotros ya que es para nuestra propia satisfacción.

Nuestros hijos sentirán la conexión amorosa cuando seamos francos con ellos respecto a nuestras necesidades y evitemos manipularlos o enseñarles cómo se debe ser. Valoremos sus elecciones y comuniquemos las nuestras. De hecho, amar a los hijos tiene que ver con estar maravillados con lo que son, celebrando sus particularidades y sus decisiones. Esto quiere decir que no hay lugar para expectativas que obstaculicen el deleite de celebrar a nuestro hijo. En palabras de Leo Buscaglia: "El amor no dirige, porque sabe que apartar a una persona de su camino es darle un destino que nunca será el correcto. Uno debe estar libre de ir en su propia dirección". [2]

Las confusiones entre nuestras necesidades y las de nuestros hijos muchas veces se dan en el área de la educación. Cuando deseamos apoyarlos en sus iniciativas e intereses espontáneos, muchas veces nos sentimos involucrados en su éxito, y se torna difuso hasta dónde estamos actuando por amor a ellos: "¿Lo apoyamos en su decisión de abandonar a su equipo; o amarlo significa estimularlo a que no se desanime ante los obstáculos y sea fiel a su iniciativa?".

¿Qué es lo que un niño necesita de sus padres ante este tipo de encrucijadas? No hay certezas en la vida como padres (ni en la vida en general). Cada niño, y cada situación, son únicos. Intentemos encarar las dudas desde el amor a nuestro hijo, y preguntémonos: "¿Es su deseo o el mío?". Y si es nuestro, revisemos honestamente su validez en la realidad.

Por ejemplo, si nuestro hijo oculta la verdad y decimos que está mintiendo, el pensamiento subyacente es que "él no debería mentir". Ese pensamiento obstaculiza el amor a nuestro hijo. Si él mintió, entonces significa que tuvo que mentir, y nuestro trabajo en tal caso es descubrir porqué teme contarnos la verdad. Así podemos reconstruir la confianza entre nosotros, y lograr que él pueda sentirse seguro para hablar con nosotros de cualquier cosa, pase lo que pase.

Si un niño tiene un objetivo y necesita nuestro apoyo para ayudarlo a enfrentar los desafíos con los que se encontrará, amar quizás implique respaldar su compromiso, y no su miedo pasajero o su impulso a renunciar.

Decidir cuál es el caso puede ser difícil, porque cada niño es un individuo y cada vínculo es único. Es por ello que mantener la confianza intacta entre ambos es crucial, pues nos da mejores probabilidades de encontrar la mejor alternativa y distinguir **nuestros** deseos de los de **nuestro hijo** con sólo escucharlo y validar sus temores. Cuando haya expresado sus sentimientos y sido escuchado, es más probable que pueda clarificar su aspiración, y sepa cómo proceder.

Estos son algunos ejemplos:

> *Matías, de dieciséis años y educado en su casa (homeschooled), les dijo a sus padres que estaba listo para dejar su hogar y buscar nuevas experiencias en el mundo. Dijo que ya no estaba feliz en casa. Después de discutir detalladamente sus necesidades precisas, su papá, Pablo, se lanzó a buscar alternativas: buscó en internet, hizo muchas consultas y llamadas para tratar de encontrar una alternativa segura y productiva para su hijo. Encontró una oportunidad de viajar por Europa obteniendo puntaje para la universidad, otra de hacer un tour semestral con un grupo de estudios, una escuela pupila alternativa muy interesante, y un par de otras oportunidades.*
>
> *Pablo le presentó todo este material a su hijo y le dijo: — ¿Por qué no revisas estos sitios y catálogos, y luego conversamos de tus dudas o lo que vayas seleccionando? También podemos buscar otras alternativas, por supuesto.*
>
> *Matías recibió toda la pila de información sin entusiasmo. No hizo nada con ella. Pasaron dos semanas, y Matías parecía contento y renovado.*
>
> *— ¿Y, pensaste algo de tu proyecto? — preguntó su papá finalmente.*
>
> *— No, nada… — dijo — . Me gustaría quedarme en casa por ahora. Estoy entusiasmado con mi vida aquí y mis amigos.*

Al fluir con la necesidad expresada por su hijo, el papá de Matías manifestó confianza y apoyo. Esto le dio a Matías claridad y libertad para elegir. Este nivel de confianza y receptividad facilita la posibilidad de elegir en niños pequeños también.

Iris, de cuatro años, estaba jugando con la arena en la plaza cuando empezó a tirar arena y llorar: — Me quería quedar con mi abuela.

Su abuela vive en otra ciudad. Iris y su familia acababan de regresar de una visita de varios días allá. Los últimos días Iris había estado extrañando su casa, así que decidieron volver antes para complacerla.

— Quería quedarme con la abuela — lloraba Iris.

— Bueno — dijo mamá — , aquí tengo mi celular. ¿Quisieras que comprara pasajes de avión para que volvamos ahora mismo? — preguntó con el celular en la mano. Iris la miró pensativa y se quedó en silencio un momento. Entonces dijo: — No. No compres. Me quiero quedar aquí.

Iris volvió a su juego con la arena y enseguida estaba encantada nuevamente.

¿Y si Iris hubiera dicho que sí? Aunque no es muy probable, su mamá podría entonces haber discutido con Iris los detalles, así juntas podían pensar si el viaje era una verdadera posibilidad. No es que la mamá de Iris tendría que haber jugado a que compraba los pasajes con el teléfono, podría haber simplemente validado: "Entiendo que quieres volver a la casa de la abuela". Así y todo, los niños pequeños por lo general responden muy bien a la libertad de elección; y en este caso la inminencia de la compra de pasajes le facilitó a Iris claridad sobre el supuesto.

Hay otras situaciones que requieren brindar un apoyo más difícil. Un niño puede haber elegido espontáneamente un objetivo, y aún así querer abandonarlo en cuanto aparece algún temor u obstáculo. ¿Qué apoyamos en esas ocasiones?: ¿Su sensación de temor o incomodidad (diciéndole: "Seguro, no hay problema en que abandones las clases de buceo")? ¿O su motivación original? Y en cualquier caso, ¿cómo lo hacemos?

En una consulta, una madre compartió conmigo una experiencia que ilustra esta situación:

> *Violeta había elegido tomar clases de ballet y le había ido muy bien. En pocos años ya era la primera bailarina de su escuela. Sin embargo, cuando su instructora le sugirió que se presentara en una audición para la compañía de ballet juvenil, Violeta dijo que no le interesaba para nada. Hasta mencionó dejar la danza definitivamente. Empezó a faltar a algunas prácticas y parecía desmotivada.*
>
> *—No sé si lo que está en juego es una decisión libre de cambiar de rumbo, o se trata de miedo al fracaso —me decía su mamá, Eugenia—. ¿Querrá realmente dejar el ballet, o estará necesitando reafirmación y contar conmigo para que la ayude a despejar sus dudas e inseguridad?*
>
> *—¿Conversaron acerca de sus pensamientos y temores? —pregunté.*
>
> *—Sí. Ella admite que está asustada, pero también dice que ya no le importa el ballet y que no le gusta la idea de estar en la compañía juvenil.*
>
> *—¿Le manifestaste tu confianza en su decisión? ¿Te dio la impresión de que estaba en paz con no presentarse a la audición y con la idea de abandonar la danza? —pregunté.*
>
> *—Le dije que era su decisión. No se decidió en el momento pero tampoco canceló la audición. Está en duda. Yo realmente creo que ella quiere estar en la compañía pero está asustada.*
>
> *Le propuse a Eugenia que escuchara los pensamientos y sentimientos de Violeta y los reconociera, no como verdades reveladas, sino como discurso mental. Esto*

puede ayudarla a distinguir su verdadero ser de su voz automática interior.

— Solo si ella puede reponerse y actuar a pesar de sus temores va a saber claramente cuál es su genuina aspiración — afirmé —. Si toma una decisión basada en su miedo, no será una decisión libre, sino dictada por el miedo. Es probable que luego lo lamente, incluso se termine arrepintiendo, si se da cuenta de que no representaba su deseo verdadero.

— ¿Y si representa un deseo verdadero de abandonar la danza? — se preguntaba Eugenia.

— Una vez que Violeta haya expresado todas sus sensaciones, va a poder tomar una decisión independientemente del miedo. Ella sabe lo que quiere. Si quiere bailar va a elegirlo a pesar del miedo. Si no, va a abandonar y estar tranquila con su decisión.

Eugenia escuchó a Violeta. Todas sus emociones, sus temores, sus pensamientos. No dio consejos ni propuso acciones, solo escuchó y validó. También le dijo que ella creía que Violeta tenía muy buenas probabilidades de ser aceptada si decidía presentarse. Y que la danza era algo que sólo pertenecía a Violeta. Y que ella la amaba independientemente de su decisión o del resultado de la audición.

Violeta se presentó a la audición por decisión propia, aunque se la pasó diciendo que no quería, y que odiaba el ballet, y que ojalá la rechazaran.

Violeta fue aceptada en la compañía juvenil y le dieron un papel de reparto en la primera producción. Ella disfrutó cada minuto y no paraba de hablar de su experiencia mientras se esforzaba por parecer desinteresada ante sus padres.

Algunas veces las personas, de cualquier edad, demostramos desinterés en algo que en verdad nos interesa. Quizás es para distanciarnos, o para preservarnos en caso de que fracasemos.

No necesitamos apoyar los temores, simplemente escucharlos. Al escuchar los sentimientos y dudas de una persona la estaremos apoyando a permanecer íntegra y tomar sus decisiones no desde un lugar de miedo, sino desde su potencialidad basada en su autoconocimiento.

Cuando un hijo duda de nuestro amor

Los niños forman sus sentimientos a partir fundamentalmente de cómo son tratados según su perspectiva, en la que ellos son centro y causa de todo lo que sucede a su alrededor. Entonces, cuando un hijo nos pide compañía y le decimos: "Ahora no puedo, hijito, estoy ocupada", es probable que lo invada la tristeza. Si le preguntamos si está triste y nos dice: "No hay problema", guiémonos por su expresión facial y corporal, no por sus palabras: ¿Se le esfumó la sonrisa? ¿Quedó silencioso, o serio? ¿Está aparentando estar bien, o reconocemos otros signos de dolor, o miedo de perder nuestra aprobación?

Cuando un hijo no está seguro de ser amado, el rechazo más pequeño puede desanimarlo por completo. Puede pensar: "Ya sabía que ella no me ama. Yo no merezco amor". Por el contrario, cuando los hijos se sienten seguros en nuestro amor, y están más crecidos, pueden lidiar con alguna demora ocasional de atención, porque no les reedita dolores pasados.

Cuando ocasionamos en nuestros hijos demasiadas experiencias de "no amor", ellos pueden perder su resiliencia emocional. Cuando las frases del estilo de "Ella no me ama" o "No soy suficientemente importante" se asientan en la mente de un niño, él interpretará todo lo que hagamos en concordancia con su profecía. Es decir, resignificará todo lo que hagamos o digamos dentro de esa explicación lógica que él se organizó.

No podemos controlar los pensamientos de nuestros hijos, pero podemos aprender a estar atentos a la manera en que suelen interpretar nuestras acciones. Así, cuando tengamos que posponer atención a un hijo pequeño mientras damos el pecho a su hermanita, busquemos en sus ojos qué conclusiones puede estar sacando. ¿Estará pensando "No me quiere" o "No soy importante"?

Muchas personas acarreamos durante nuestra vida adulta la inseguridad originaria de haber experimentado repetidamente en nuestra infancia la negación sistemática de nuestras necesidades por parte de nuestros padres, aunque haya sido sin intención. Incluso si muchas de estas experiencias son inevitables, cuando somos concientes de lo que nuestro hijo puede estar sintiendo, podemos validar su vivencia y empoderarlo para que transforme su conclusión: en lugar de "No me ama", quizás pueda decirse algo como: "Detesto tener que esperar a mamá cuando está dando el pecho. Pero sé que a ella le encanta jugar conmigo. Cuando la bebé se duerma vamos a poder jugar juntos, ¡qué bueno!".

Un bebé nos hará saber con llanto si siente miedo cuando lo ponemos a dormir en una cuna, lejos de nuestro sonido, olor y calor. Puede ser que también se sienta solo y asustado si no es cargado en brazos todo lo que necesita. Si el miedo o prejuicios sobre la crianza nos impiden abrazar a nuestro bebé y dormir juntos todo lo que quiera, él puede dudar de nuestro amor y de su propio valor.

Un niño pequeño puede temer que no lo queramos cuando abrazamos a su hermano bebé. Puede sentirse rechazado cada vez que le decimos que detenga lo que está haciendo, cuando hablamos por teléfono ignorándolo, cuando usamos palabras acusatorias, o cuando esperamos de él algo que no puede cumplir.

Un niño mayor puede dudar nuestro amor cuando nuestras expectativas respecto a él no le son propias, cuando no tenemos tiempo para él, cuando protegemos a un hermano menor, cuando lo criticamos, o incluso cuando lo halagamos. Puede sonar raro que un niño elogiado por un logro dude de nuestro amor, pero él puede inferir que no seríamos tan "cariñosos" si él no nos hubiera complacido o impresionado.

Muchas veces al día el mensaje que damos a nuestros hijos es: no eres tan importante como esto otro (teléfono, visitante, tareas domésticas, cena, etc.). Tengo otras prioridades.

Nuestras manifestaciones de amor no siempre compensan los insultos del día. Y nuestro amor, por profundo que sea, puede ser difuso para un niño que ya llegó a la conclusión contraria, basándose en su experiencia.

Un niño no puede sentirse amado si se siente desamparado, intimidado, reprimido, o duda de la valoración de sus padres. Quizás actúe de acuerdo a nuestras expectativas porque asume que amor significa lograr complacer y obtener aprobación. Pero no hay manera de que un niño se sienta amado mientras no se sienta habilitado para expresarse cabal y auténticamente. Es por esto que el control (tanto mediante amenazas y castigos como mediante halagos y recompensas), y el miedo que este genera, obstaculizan la posibilidad de conectarse a través del amor.

Cuando un niño duda del amor de sus padres, puede fácilmente caer en la desesperación, que se muestra en forma de inseguridades y comportamiento reactivo. Esto a su vez puede provocar enojo en sus padres, lo cual daña al niño. Y así él confirma que no es bueno y que sus padres no lo aman, lo cual produce más desamparo.

Para no caer en este círculo vicioso debemos ver más allá de las reacciones de nuestros hijos, ver todo el dolor no expresado que las desencadena. Cuanto más destructivo sea su comportamiento, mayor es su necesidad de amor y reafirmación.

Otras manifestaciones de duda del amor parental pueden ser: infelicidad, desánimo, problemas de habla o aprendizaje, enuresis, tics nerviosos, problemas para dormir, agresividad, problemas de alimentación, nerviosismo, irritabilidad, etc.

Cuando un niño se siente seguro del amor de sus padres, no necesita de estas manifestaciones: se siente confiado y dedica su tiempo a perseguir sus pasiones.

Volver a amar incondicionalmente

Si hemos tenido que complacer e impresionar a nuestros padres para ganar su amor, quizás ahora nos cueste amar incondicionalmente. Entonces, cuando el comportamiento de nuestros hijos nos irrita o enoja, nuestro dolor pasado puede bloquear nuestro instinto amoroso y nuestra capacidad de ver sus necesidades subyacentes. Se puede romper este círculo vicioso generacional y permitir fluir al amor. Cuando no podemos separar nuestra reacción emocional de la necesidad de nuestro hijo, es probable que bloqueemos el amor y defendamos nuestro "derecho" a regañarlo, rechazarlo o ignorarlo. En otras palabras, regañar al niño, y creer que él es quien causa nuestro enojo, es simplemente nuestro mecanismo de defensa para evitar encontrarnos con nuestras propias emociones. Es nuestra mente en acción, que pone en escena el libreto de nuestro pasado en el cual no somos plenamente concientes ni estamos a cargo de la situación.

Escribamos los pensamientos que alimentan nuestras emociones e impulsos, e indaguémoslos con la propuesta del S.A.L.V.E.

En este proceso de crecimiento personal, advirtamos que los mecanismos de defensa que entorpecen el camino tienen su raíz en el miedo.

En los próximos párrafos vamos a tratar algunos de los más frecuentes pensamientos que obstaculizan al amor, y pensar maneras de entenderlos y liberarnos de ellos.

Animarnos a no controlar

Muchos padres tememos perder el control sobre las cosas, o que se aprovechen de nosotros ("nos tomen el tiempo"), o que nuestros hijos no aprendan de "límites" o de consideración por el otro.

Si nos dejamos llevar por estos temores, usamos el amor como una recompensa. Nuestros hijos cumplen por miedo a perder nuestra aprobación. Este es una de las formas en que el miedo pasa de padres a hijos.

Liberarnos de estos temores implica una decisión, y un trabajo conciente sobre uno mismo que puede llevar años. Comienza con identificar a qué le tememos, y aceptar a ese temor en el presente, así no tenemos que ocultarlo controlando al otro, o ausentándonos de las necesidades de nuestro hijo.

Luego podemos someter el pensamiento que produce el temor a un chequeo de "honestidad brutal": ¿De verdad nuestro hijo nunca va a aprender a colaborar? ¿Realmente creemos que nunca va a dejar los pañales, o aprender buenos modales? ¿Sinceramente pensamos que no va a aprender a leer nunca si no lo estimulamos ahora?

Una vez que entendamos que nuestros pensamientos no son la realidad, podemos proceder independientemente de ellos, y responder a la manifestación de nuestro hijo en el aquí y ahora.

El temor de que nuestros hijos tomen ventaja de nosotros es muy común.

El siguiente caso se dio en uno de los talleres familiares en nuestro hogar:

> Pedro, de tres años, comía huevos revueltos junto a su mamá. Después de un par de bocados, dejó la cuchara y dijo: —Mami, dame tú.
> Andrea dudó. Pedro ya comía solo desde hacía tiempo. Se sintió incómoda y dijo:
> —Tú puedes comer solo. Ya tienes tres años.
> —Pero mami, quiero que me des tú.
> Andrea le extendió su mano y le dijo: —Toma mi mano, úsala para alimentarte.
> Ella quería que Pedro participara de su propuesta, pero Pedro se negó.

Cuando lo charlamos esa tarde, Andrea reconocía su miedo a ser controlada y manipulada por su hijo.

— Si no te preocupara eso, ¿hubieras accedido a alimentarlo tú? — pregunté.

— Claro — respondió Andrea, sonriendo —. Y lo hubiese disfrutado. Pedro se hubiera reído y hubiéramos compartido un momento de felicidad.

Al darse cuenta de que fue su propio pensamiento, y no Pedro, lo que causó su temor, Andrea recuperó su poder. Esto estaba en sus manos, no las de su hijo.

Esa noche Pedro le pidió a su mamá que le pusiera el piyama y que lo cargara en brazos para dormir. Ella accedió. Mientras él se quedaba dormido, Andrea se emocionó hasta las lágrimas. Luego comentaba: — Por lo general Pedro tarda mucho en dormirse. Esta vez fue diferente, tan dulce y en paz.

Andrea luego explicaba como solía dudar de responder los pedidos de cuidados de Pedro: — Es un niño tan intransigente. No quiero que crezca reclamando, o se acostumbre a que yo esté siempre para servirlo.

— ¿A qué te refieres con intransigente? — pregunté.

— No se deja convencer... — Andrea comenzó a responder y enseguida se detuvo.

— Ah, claro — continuó —, ¿es decir que la intransigente soy yo?

— Bueno, ¿quién es?

— Yo soy la que rechazo sus propuestas y lo llamo intransigente a él.

Andrea se rió, entendiendo que lo que veía en su hijo era en realidad un aprendizaje que necesitaba para ella misma. Quería dejar de ser intransigente con su hijo.

Después de nuestra charla, Andrea decidió ser receptiva a los pedidos de Pedro, y registrar su discurso mental lleno de temores sin acatarlo. A los pocos días, Andrea contó que Pedro se "transformó" en un niño considerado y alegre, y que ambos estaban *disfrutando de muchos mimos y amor. Dijo: — Es increíble, yo dudo de responder a los pedidos de amor de mi hijo, pero al mismo tiempo muchas veces temo también poner un límite o detenerlo de romper algo o desordenar mis cosas. No logro imponerme cuando él actúa agresivamente, y luego me frustro y enojo con él.*

— ¿Cuál es el miedo? — pregunté.

— No lo sé.

— ¿Qué puede pasar?

— Que él no me haga caso y yo me sienta vencida e indefensa.

— ¿De verdad crees que él no hará caso?

— No, no creo. Creo que es un miedo propio mío.

— Sí.

— Miedo a no ser merecedora de amor.

Andrea se detuvo y miró por la ventana. Con sus ojos húmedos dijo: — Cuando era niña estaba convencida de que mi mamá no me quería porque yo no era suficientemente buena. Yo sentía que no merecía que me quisieran. Ahora, tengo miedo de dar amor a mi hijo y no me atrevo a pedirle cosas tampoco.

Cuando advertimos que estamos retaceando nuestro amor, o no atreviéndonos a dar indicaciones contundentes, podemos preguntarnos: ¿Qué temo que pase? Dejemos a nuestra voz interior expresarse en papel, e indaguemos los pensamientos que nos alejan de nuestros hijos. Cuestionemos, investiguemos, dudemos de esos pensamientos. Con el tiempo y la práctica, nuestra mente va a aprender a tomar estas viejas reacciones como material para ser investigado, no como pautas para accionar en el presente. Así lograremos más fácilmente tanto amar con libertad a nuestros hijos como amarnos y reafirmarnos nosotros.

Cuando retaceamos el amor a causa de nuestros miedos, nuestros hijos pueden sentirse heridos y actuar con desesperación. Entonces quizás pensemos que su comportamiento es la prueba de que nuestros temores eran fundados, y entonces decidamos retacear aún más amor. Cuando esto sucede, detengámonos y comprendamos que su comportamiento sólo prueba que ellos están asustados también. Es el miedo a perder nuestra aprobación lo que los lleva a actos agresivos o desesperados. No ser aprobados es para ellos lo mismo que no ser valorados ni amados. Por el contrario, es la seguridad del amor de los padres la que nos ayuda a convertirnos en personas pacíficas y consideradas.

Igual que con el aire, sólo notamos nuestra necesidad de amor cuando nos falta. Cuando es abundante, lo damos por hecho y florecemos. Comprender que los miedos son sólo pensamientos, no son realidad, nos permite actuar sin su influencia. Esto nos permite empaparnos de todo el amor que recibimos, y transmitirlo a otros con la misma facilidad.

Animarnos a guiar

Muchos padres logramos amar incondicionalmente a nuestros hijos. Algunos de nosotros trastabillamos sólo en lo que respecta a guiarlos.

Los niños sienten fácilmente el amor cuando cuentan con la guía clara de sus padres.

Yoko estaba fuera de sí cuando me llamó. Dijo que no podía llevar a su hijo de nueve años a sus actividades porque su hermano menor, que tenía siete años, se negaba a dejar la casa, o dejarla ir a ella y quedarse con su papá.

— Una vez que nos vamos se queda bien. De hecho está alegre. Pero no puedo hacerlo más así. No me puedo ir. Si lo intento, Leo se enoja tanto que rompe cosas, se encierra en el baño y se tira al suelo de la bronca.

— ¿Qué te sucede con tu idea de irte? — pregunté.

— Puedo irme, pero me dan mucho miedo las rabietas de Leo.

— ¿Y crees que él se beneficia cuando logra evitar que te vayas?

— No, creo que no — respondió Yoko — . No entiendo qué quiere.

— ¿Y qué es lo que tú quieres, Yoko?

— Las necesidades de los niños son incompatibles, yo no sé qué quiero yo.

— Sí — dije — . Y esa es la razón por la cual él está confundido como tú e intentando con toda su fuerza traer claridad a su vida.

— ¿O sea que él sólo refleja mí inhabilidad para decidir qué hacer?

— Sí.

Yoko se sintió aliviada cuando terminamos la sesión.

— ¿Cómo les fue? — pregunté en la siguiente sesión.

— Le anticipé a Leo que no íbamos a salir mucho así él podía contar con quedarse en casa mucho tiempo. Y también que cuando su hermano tuviera algún compromiso, nos íbamos a ir; y él podía venir con nosotros o quedarse con papá o la niñera.

— El decidió venir con nosotros. No hubo problema. Yo no podía creerlo. Hasta eligió un juguete para llevarse y estaba sentado en el auto antes que yo.

Cuando tenemos claro qué hacer y el niño puede contar con nuestra guía, él puede refugiarse en nuestra solidez y ser libre de explorar y crecer. No tiene que esforzarse para saber qué esperar. Los niños pueden adaptarse mejor a diferentes estilos de crianza cuando conocen la cultura de su familia, el amor es constante, se sienten seguros para expresarse y saben con qué contar. De hecho, dentro de un contexto de amor y respeto cualquier niño puede devenir un adulto pleno, independientemente de las condiciones económicas o las diferentes culturas.

Marcos y Ariel son dos jóvenes a quienes tuve el privilegio de hospedar en mi casa. Marcos se quedó unos días por un programa de intercambio estudiantil, y Ariel durante un verano, como un huésped itinerante de homeschooling. *Ambos permanecieron en contacto con nosotros a través de los años.*

Marcos tenía quince años cuando nos visitó. Había crecido en una familia indígena americana, en un entorno estricto. Era seguro, responsable, amoroso y expresivo. Irradiaba belleza interior y fortaleza emocional. Valoraba su familia y le apasionaba enseñarnos de su cultura y tradiciones. Nos contó cuán diferente se había encontrado respecto a sus compañeros en la escuela. No sólo reconocía esas diferencias sino que las exponía orgulloso. Apreciaba el legado de sus padres. Las reglas estrictas de comportamiento de su hogar se cumplían sistemáticamente, dentro de un marco constante de amor.

Ariel, por el contrario, venía de un hogar de libertad e igualdad. Me conmovió profundamente su habilidad de conectar con el otro y mostrarse vulnerable. Su sentido del humor desarticulaba toda tensión sin menospreciar a nadie. Al igual que Marcos, Ariel también se sentía diferente a sus pares. Sentía que ser inmune a la presión del entorno era su gran fortaleza. Le enorgullecía sentirse dueño de sí mismo. Nos explicaba: "No me preocupa lo que otros piensen de mí. Sólo me preocupa estar en paz conmigo mismo".

Estos jóvenes tienen el aplomo que resulta de la claridad.

Establezcamos un contexto de convivencia claro para nuestros hijos así no tienen que desperdiciar energía intentando temerosamente pronosticar situaciones, o tratando de descifrar reglas; y en cambio pueden disfrutar y aprovechar la vida al máximo.

El miedo de pronunciarnos como padres obstaculiza nuestro amor.

Ser claro respecto a cómo opera una familia significa que si un niño tiene autonomía, y acceso con plenos derechos a todo lo que ofrece su cultura; también necesita claridad respecto a cómo mantenerse seguro, cómo obtener nuestro consejo, cómo respetar las libertades de otros, y con qué contar cuando se siente perdido. Si, por otro lado, un niño se cría con libertades individuales pero dentro de un estilo de vida familiar determinado, con limitada diversidad cultural, necesitará orientación respecto al sistema de toma de decisiones familiar, cómo opera su entorno social, quién se encarga de qué, y cómo abrirse camino autónomamente dentro de su entorno.

Cualquiera sea el contexto cultural que instauremos en nuestra familia, seamos claros respecto a él, y así nuestros hijos podrán desenvolverse con confianza dentro del mismo. Hagamos un esfuerzo también para distinguir entre nuestros mecanismos de defensa y nuestra habilidad auténtica de amar. Un niño puede sobreponerse a muchas de nuestras falencias como padres en tanto seamos abiertos y honestos.

Liberarnos del temor a la escasez

Uno de los mayores miedos que tenemos es el miedo a no tener suficiente amor, u otras cosas o circunstancias que representan amor. Esto es el resultado de haber recibido migajas de amor plagado de condiciones cuando éramos niños, y también porque en nuestra cultura tenemos la concepción de que el bien se recibe bajo condiciones. Un niño en nuestra sociedad está expuesto a ver innumerables intercambios de bienes y servicios, y no mucho de dar por el hecho de dar en sí mismo. Esto origina tensión en las relaciones entre las personas: "¿Mi bondad me será retribuida?" "¿Qué gano con esto?". Sin embargo, la bondad siempre es retribuida porque dar es la retribución.

Si cuando niños no hemos recibido suficiente atención, afecto u otras expresiones de amor, probablemente percibamos al amor como algo por lo que hay que esforzarse. Volviendo a la analogía del aire: si el amor fue dado a condición, es muy probable que estuviéramos constantemente "dando bocanadas" para obtener algo de amor. Esta experiencia puede haber bloqueado nuestra habilidad para desprendernos de defensas y del miedo a no obtener lo que necesitamos para vivir. Y también obstruye la capacidad de dar y recibir. El miedo puede constituir un dictado mental tan poderoso, que puede resultarnos muy difícil permanecer en el instante presente con nuestro hijo. Sin embargo, volver una y otra vez al aquí y ahora con nuestro hijo es la mejor manera de liberarnos de la tiranía de ese libreto obsoleto respecto a la escasez. Observemos lo que dice nuestra mente, cuestionemos su validez, y exploremos quién seríamos sin esa creencia particular. Luego chequeemos si esa lección que tenemos para nuestro hijo nos beneficiaria en cambio a nosotros. Cuando lo veamos claramente, volquemos la atención a nuestro hijo (S y A de S.A.L.V.E.).

No hay manera de estar más cerca de Dios, o de lo transcendente, que amando. La vida pone en nuestras manos la enorme responsabilidad de criar a un ser humano hasta su madurez.

Nos toca hacerlo sin transformarlo en una obra nuestra, lo cual opacaría la magia de su propio ser. Tratemos a nuestro hijo con veneración y no necesitaremos ningún otro manual.

El amor fluye infinitamente en abundancia, siempre y cuando no entorpezcamos su camino. Intentar controlar su fluir es como cerrar la puerta y decidir cuánto le toca al próximo en la fila. Dejar que el amor fluya implica dejarlo manifestarse completamente. Cuando nuestra entrega hacia un hijo es mayor que todos nuestros temores, podremos crecer por sobre nuestras limitaciones y dedicarnos a florecer.

Amar comienza por uno

Para habilitar el flujo de amor hacia un hijo, es necesario amarnos y valorarnos a nosotros mismos. Cuando nos amamos, a los demás se les hace más fácil amarnos, y aumenta aún más el flujo de amor hacia nuestro hijo. Dar es sólo un hecho consumado cuando alguien está recibiendo.

Eso significa que recibir también es un acto de amor.

La vivencia de nuestra infancia de escasez y de amor a condición, nos ha dejado a muchos adultos incapaces de dejar al amor fluir en ambos sentidos. Quizás nos sintamos necesitados y por ende nos sea difícil dar amor, o rechacemos las manifestaciones de amor porque nos incomodan o resultan dolorosas, o sintamos profundamente que no las merecemos. En estos casos, muchas veces los adultos invertimos mucho tiempo y dinero buscando sustitutos del amor en forma de comida, objetos materiales, entretenimiento, fama o tantas otras estrategias reconfortantes. Si nos sentimos inseguros o dudamos de nuestra valía, como padres tenderemos a ser vacilantes en nuestra tarea de guiar a un hijo.

Sanar y cerrar nuestra puerta al pasado es una decisión que también les debemos a nuestros hijos. Usemos la técnica propuesta en este libro para indagarnos e iluminarnos respecto a las trampas de nuestra mente, y así poder reivindicarnos. Usemos otros caminos: terapias, talleres de grupo, libros, práctica artística, yoga o cualquier propuesta que nos atraiga y pueda ayudarnos a reconstruir nuestra autoestima y recuperar nuestra capacidad de habitar nuestro aquí y ahora y fluir con lo que la vida nos presenta. Reavivar la llama de nuestro amor incondicional nos permitirá sentirnos libres para dar amor a otros y por añadidura, sentir al mismo tiempo que nos estamos nutriendo nosotros.

Convertirnos en padres implica un salto cuántico que va desde procurarnos felicidad a través de la gratificación propia, a procurarnos felicidad a través del hecho de gratificar a un otro. Es el proceso de aprender a superar las resistencias (los desafíos, las limitaciones) y aceptar todo lo que la vida nos presenta. Cuando más seguros estemos de nuestro valor, menos necesitaremos enfocarnos en nosotros en detrimento de las elecciones de nuestros hijos. Sentirnos seguros de nuestro propio valor, y no preocuparnos por recibir amor de otros nos hace libres para amar a nuestros hijos y disfrutar de la contribución que nos toca hacer a sus vidas. Además, liberarnos de la necesidad de ser valiosos agradando a otros nos asegura que en momentos difíciles, en público o en la casa de la abuela; será el amor a nuestro hijo lo que oriente nuestras acciones, y no nuestra preocupación por la mirada ajena.

A pesar de que convivir con niños nos exige madurar y superar la etapa de dedicar nuestra vida a concretar principalmente nuestros deseos, nuestra propia satisfacción también es importante. Mientras nutrimos y apoyamos el desarrollo de otro ser humano en el despliegue de sus sueños, nuestras aspiraciones se van alimentando de maneras directas o indirectas. Pero sus sueños no son nuestros: son de ellos. Y no es nuestra tarea concretizarlos. Al acompañar el camino de nuestros hijos, nuestro crecimiento personal se acentúa de muchas maneras impredecibles, que entonces sí formarán parte de nuestro propio camino.

Una madre me contaba cómo la maternidad se convirtió en su carrera vocacional:

> *Dorotea, mamá de un niño pequeño y una bebé, me llamó porque estaba angustiada por sentir que su carrera profesional se estaba desvaneciendo. Hacía tiempo que tampoco tocaba el violín, ni bailaba, ni actuaba. Había decidido comprometerse a tiempo completo a las necesidades de sus hijos, y su vida giraba en torno a las lactancias en tándem, el colecho, y ocuparse de sus hijos sin niñeras ni guarderías. Tenía también la ambición de educarlos en casa* (homeschooling).
>
> *Cuando me llamó salía sola de su casa sólo una vez a la semana para ir a una clase de danza.*

Muchas veces nos escondemos detrás de nuestras necesidades históricas como modo de evitar habitar nuestro presente. Invité a Dorotea a indagar la verdad acerca de lo que sentía que necesitaba para ella en este momento.

— Quiero disfrutar a mis hijos — dijo —, pero también extraño quien solía ser antes de ser mamá.

— ¿Disfrutarías más a tus hijos si no extrañaras quien solías ser? — pregunté.

— Sí, eso sería un alivio — dijo rápidamente Dorotea —. Pensar que me estoy perdiendo algo duele. ¿Pero cómo puedo saber que no me estoy perdiendo nada?

Le propuse a Dorotea que intentara fluir en el presente y explorar lo que la apasiona ahora en lugar de apegarse a lamentar lo que ya no tiene.

La semana siguiente, Dorotea me contó que había empezado a cantar mientras hacía otras cosas con la bebé cargada en el portabebé.

Unos años más tarde Dorotea tomaba lecciones de canto y formaba parte de un coro. Dijo que nunca había disfrutado tanto de la música. Su segunda hija había mostrado interés en los musicales, y terminaron ambas en el escenario cantando, bailando y actuando juntas.

Cuando destaqué su logro, Dorotea agregó: — Lo mejor es que yo he madurado como sólo la maternidad puede hacernos madurar. No sólo estoy encantada con esta etapa de mi vida, sino que siento que desarrollé una habilidad de confiar en la vida, en cómo se nos presenta; y de apreciar el momento presente, lo cual enriquece también mi matrimonio y todas mis relaciones y vivencias.

Otra historia similar:

Un padre que decidió dejar su trabajo de años para criar a su hijo me contó que cuando el dinero se

*terminó, decidió emprender un negocio propio desde
su casa porque quería seguir dedicándose a su hijo.
Su actividad como programador informático no había
dejado de prosperar cuando hablamos la última vez, y
me dijo que su trabajo ahora era mucho más interesante
que el anterior, y además su hijo se había convertido en
un experto programador con sólo trece años.*

Cuando nos sentimos tristes por lo que dejamos atrás,
es sólo porque estamos atascados en el pasado. El presente
es constante cambio, y por ende "perfecto" si estamos
concientes en el aquí y ahora. Nuevas posibilidades aparecen
permanentemente, pero cuando la mente queda aferrada al
pasado, nos perdemos la oportunidad de registrar y disfrutar lo
que la vida propone. Ir hacia lo desconocido es la naturaleza de
estar vivo. El temor de soltar el pasado entorpece la posibilidad
de disfrutar plenamente a nuestros hijos en el presente. Una
vez que tenemos hijos, la vida no vuelve a ser la misma: va a
ser dinámica, rica y en constante cambio. Mientras logremos
fluir con ella y celebrar el cambio, podremos disfrutar una de
las mejores aventuras imaginables para los seres humanos.

El desafío es cuidarnos y atendernos sin por eso ponernos
en el centro. Algunas de nuestras necesidades pueden ser
atendidas conjuntamente con las de nuestros hijos, con la
atención puesta en ellos. Al mismo tiempo, nuestra habilidad
de disfrutar cuidando a otro y dando amor está directamente
relacionada con cuidarnos y atendernos a nosotros mismos. Lo
hacemos por nosotros, por nuestro disfrute. Para revitalizar
nuestro deleite de ser padres, podemos tomarnos un tiempo
personal o con amigos. Aunque sólo sean diez minutos por
día, esto a veces ayuda a disfrutar en lugar de irritarnos con

las necesidades permanentes de nuestros hijos. Pero más importante aún es registrar qué nos estamos diciendo que causa esa impaciencia o irritación. Descubramos cuales de nuestros pensamientos nos causan malestares y cuales nos ayudan a amar y convivir mejor con nuestros hijos.

La dicha viene de estar en el momento presente. Si le leemos un libro a nuestro hijo mientras desearíamos estar haciendo el jardín, nos privamos a ambos de mucho del disfrute. Es un pensamiento nuestro el que nos aleja de la dicha del momento. En tal caso llevemos a nuestro hijo al jardín con nosotros primero, u optemos por el libro y dejemos de pensar en el jardín por un rato.

Atesoremos el momento: dejémonos empapar en el amor y el sobrecogimiento que sentimos por nuestro hijo. Si nuestra mente está en el jardín, nos lo perdemos.

Madres y padres me suelen relatar cómo algún día sufren cuidando a sus hijos, y al día siguiente, haciendo lo mismo, lo disfrutan inmensamente. La diferencia está en elegir hacer lo que estamos haciendo. En otras palabras, podemos estar con nuestro hijo y estar molestos (añorando estar en otro lugar), o estar con nuestro hijo y estar felices. Si detectamos los pensamientos que nos alejan del presente, los escribimos, e indagamos cómo nos afectan; podemos ayudarnos a nosotros mismos a permanecer en el momento presente.

Claro que la mayoría de nosotros nos convertimos en padres y madres sin tener todas las habilidades que se necesitan. Vamos aprendiendo "en el camino" (nos hacemos camino al andar), y esto es a su vez parte del encanto. No nos perdamos la aventura tratando de moldear un niño a nuestras limitaciones particulares. Por el contrario: vivir con niños nos representa una gran oportunidad de romper todos nuestros moldes mientras aprendemos a amar mejor.

En una sesión telefónica, Gloria compartió conmigo la decisión que tomó en ese sentido:

> *Luna, de ocho años, tenía la costumbre de estar permanentemente repitiendo palabras y frases, saltando y charloteando alegremente. Gloria no lo toleraba, y se la pasaba aplacándola.*
>
> *Le pregunté a Gloria qué siente exactamente cuando tiene el impulso de aquietar a su hija.*
>
> *— Me siento irritada e impaciente. Quiero silencio. Quiero que me dejen en paz.*
>
> *Gloria estaba convencida de que su preferencia era legítima, y que su hija debía aprender a serenarse por el bien de mamá. Quería que yo le enseñara mejores maneras de controlar a su hija.*
>
> *— Lo que hace Luna te irrita. ¿Estás segura de que lo que quieres es limitarla a ella? —pregunté—, ¿o preferirías liberarte de tu irritabilidad y tener la posibilidad de escuchar y disfrutar a tu hija?*
>
> *— Por supuesto que quisiera la libertad. En este momento no tengo ningún control sobre mi impulso a aplacarla. No tengo elección. Mi voz interior me fuerza a pararla. No funciona. Ella se ofende conmigo y yo me siento culpable y desconectada a ella —explicó Gloria.*
>
> *— Cuando acatas tu voz interior y reprimes a Luna, ¿qué logras evitar? —pregunté—. Si ella continuara hablando, ¿cómo te sentirías?*
>
> *La voz de Gloria se quebraba: —No sé qué es. Sólo sé que estoy llorando.*
>
> *— Sí —dije yo—. Conéctate con la tristeza.*
>
> *— Mi mamá siempre me quería lejos. Se quería deshacer de mí —recordó Gloria—. Yo sentía que era*

una molestia para ella. Y ahora soy igual a ella. Siento lo mismo hacia Luna. No quiero ser mamá. Pero quiero. La amo.

— ¿Quieres ser mamá?

— Sí. Pero al mismo tiempo quiero irme corriendo.

— ¿Te da miedo de sentir la soledad de tu infancia de nuevo?

Gloria respondió: — Sí. Y el dolor del rechazo de mamá. Nunca me había dado cuenta de que estaba reprimiendo a Luna para evitar mi propio dolor. Ahora tengo que elegir entre crecer o seguir limitando a mi hija — se rió — . En definitiva, la fuerzo a ajustarse a mis necesidades y a absorber mis limitaciones. Sí, claro que me encantaría disfrutar del parloteo de Luna y superar ese dolor viejo.

— Más adelante puedes explorar el dolor generado por la idea del rechazo de mamá — sugerí — . Tú no rechazas verdaderamente a Luna, y probablemente tu madre tampoco te haya rechazado verdaderamente a ti. Por ahora, de todos modos, enfoquémonos en los pensamientos dolorosos respecto a Luna.

— Cuando tu discurso interior dice: "No lo soporto, hay que detenerla", tómate un minuto para registrarlo; escríbelo en un papel si es necesario, y léelo. ¿Sinceramente quieres callar el parloteo de tu hija?

— No. Quiero que sea libre.

— ¿Puedes imaginarte cómo te sentirías en esa circunstancia si el pensamiento de que no lo toleras no apareciera?

— No lo sé. Nunca la vi ser de esa manera sin yo tener este pensamiento.

— Imagínate que logras silenciarla. Tu hija se ajusta a tu pedido y queda silenciosa. ¿Cómo te sentirías?

— Oh, ¡por favor! ¡Horrible! Entiendo. Entonces, sin la idea de que es intolerable, puedo celebrar que ella sea auténtica; libre, alegre, vital, expresiva.

> — *Cuando tú eres libre respecto a tus pensamientos,*
> *ella es libre también.*
> — *Sí, es así. Sin esos pensamientos, yo simplemente*
> *la amo.*
> — *¿Puedes entonces ver tu expectativa de que "ella*
> *no debería parlotear", aplicable a ti misma?*
> — *¡Ah, claro! Yo sería más feliz si detuviera mi*
> *propio parloteo mental. Guau. ¡Sí! Luna está mostrán-*
> *dose tal como es y yo la amo.*

Cada vez que nuestras limitaciones nos juegan en contra del amor y la generosidad, tenemos la oportunidad de liberarnos. ¿Podemos amarnos lo suficiente como para escaparnos de la prisión de nuestras emociones? Del mismo modo en que apoyamos a un hijo a actuar a pesar de sus miedos, también podemos hacerlo con nosotros mismos. Cuando elegimos amar por sobre nuestras historias de sufrimiento, nuestros hijos aprenderán a hacer lo mismo, con nuestro ejemplo.

Expandir nuestra tolerancia no significa sacrificarnos y descuidar siempre nuestras necesidades por nuestro hijo. Significa que aprendemos a distinguir entre necesidades y discurso mental obsoleto.

Cada vez que sintamos necesidad de controlar, o de escapar; registremos esos impulsos compasivamente, pero no les permitamos dictaminar nuestras acciones. Un terapeuta o amigo puede ayudarnos a indagar la vigencia de nuestros pensamientos. Cuando un niño nos ve sucumbir a nuestras limitaciones emocionales, lo que aprende es debilidad y miedo; nada relacionado a la autoestima. Mientras se ajusta a nuestras limitaciones emocionales, aprenderá a temerle a las emociones tanto propias como ajenas. Un niño puede ser considerado, amable y generoso si se siente bien tratado y nos observa haciéndonos cargo de nuestra vida.

La posibilidad de vincularnos amorosamente tampoco depende de que alguien nos "dé" amor a nosotros. La existencia de alguna relación adulta enriquecedora en nuestra vida es una bendición, pero no un requisito. Lo importante es nuestra relación con nosotros mismos. Sentirnos satisfechos emocionalmente va de la mano de estar en el aquí y ahora, y saber valorarnos. Y esto a su vez nos posibilita valorar a nuestro hijo exactamente como es y aprovechar al máximo el verlo crecer.

Amarnos a nosotros mismos también nos ayudará a ahorrarles a nuestros hijos la pesada carga de abastecernos de amor. Un hijo no vino a este mundo a darnos amor, o gratitud, o cumplir nuestros sueños y aspiraciones. Claro que su existencia va a enriquecer la nuestra de maneras abundantes e impredecibles; y va a resignificar nuestra vida y llenarnos de amor. Pero no podemos construir nuestro vínculo con un hijo sobre semejante expectativa. Si advertimos que tenemos algún plan para la vida de nuestros hijos, es porque estamos persiguiendo una necesidad propia, no de ellos.

Algunos padres confundimos prestar atención y cuidados a los hijos, con usar sus vidas para cumplir nuestros propios sueños. Centrarnos en las necesidades de otro significa proveerle lo que necesite para desplegar sus inquietudes e iniciativas. No significa usar su camino para nuestras aspiraciones. Cuando sirvamos a nuestro hijo guiémonos por sus necesidades, no las nuestras; y cuando nos encarguemos de nosotros mismos hagámoslo independientemente de nuestro rol paterno.

Sumarnos al camino de un hijo puede ser una experiencia increíblemente feliz precisamente por eso: no se trata de nosotros. Si nos entregamos a la aventura podemos habitar el presente, libres de nuestros ruidos mentales. Estar libres de un programa propio nos da la oportunidad de estar abiertos a una aventura extraordinaria a desplegarse, como cuando viajamos a un lugar al que nunca antes fuimos. De hecho lo es. Es acompañar a otro ser a un territorio desconocido, y a la vez la forma en que la vida nos propone ayudarnos a volver al presente.

Dejar de complacer a nuestros padres

Si, como la mayoría de las personas, hemos sido condicionados a procurar aprobación, puede ser que nos encontremos automáticamente repitiendo métodos de crianza que responden a las expectativas de nuestros padres u otros. En este sentido, trabajar sobre nuestra propia autoestima, solos o con acompañamiento profesional, puede ayudarnos a atender mejor a nuestros hijos en lugar de a nuestra imagen o reputación ante nuestros padres. Amar a un hijo implica no subordinar sus necesidades a la imagen que damos como padres.

En uno de mis talleres, una madre compartió su experiencia respecto a este punto:

> *Felipe tenía cuatro años y usaba pañales. Sus padres confiaban en su evolución y no querían que se lo presionara al respecto.*
>
> *Cuando su tía Lila vino de visita, se manifestó consternada y empezó a hablarle a Felipe del uso del baño, intentando estimularlo. Una mañana le*

dijo: — Te llevo a dar un paseo por el parque si vas
al baño ahora y no te pones el pañal para ir.
Felipe se alejó y no quiso ir con su tía.
— Vamos, tú puedes hacerlo. Nos vamos a divertir,
te compro una golosina en el camino.
La tía Lila insistía acercándose a él. A pesar de estar
en desacuerdo con la manipulación de la tía, la mamá
de Felipe, Marta, se acercó a ellos y dijo:
— Felipe, puedes intentarlo si quieres. No hay
problema. Quizás es una buena oportunidad para
probar salir sin pañales y de paso te diviertes un rato.
Felipe quedó inmóvil. Al no estar su propia mamá
de su lado, se sintió confundido y desamparado.
— ¿Vamos? — dijo la tía.
Felipe miró de nuevo a su mamá, buscando apoyo.
Luego se fue a su habitación llorando.

La inseguridad de Marta la llevó a ir en contra de la necesidad de su hijo. Hasta los más seguros o atentos de nosotros caemos en la trampa de intentar complacer a nuestra familia extendida o incluso a extraños. La idea no es sentirnos culpables, sino estar atentos y registrarlo; así sacrificamos nuestras prioridades la menor cantidad de veces posible. Marta se dio cuenta, y cambió el rumbo de su intervención:

Felipe salió llorando de su habitación y fue hacia su
mamá agresivo, intentando golpearla.
— ¡Oh, no! No nos pegamos entre nosotros — dijo la
tía Lila, pero esta vez Marta le hizo un gesto para que no
siguiera y le preguntó a Felipe: — ¿Estás enojado porque
necesitas tomar tus propias decisiones sin presiones?
— ¡Sí! — dijo Felipe. Dejó de pegarle a su mamá y
se tiró al suelo.

> — ¿Te hubiese gustado elegir con libertad? — preguntó Marta acariciándolo suavemente.
>
> Felipe dejó de patalear y dijo: — ¡Sí! Tú no me quieres más. ¡Te odio, mamá!
>
> — Cuando la tía Lila te invitó a pasear a condición de que no llevaras pañal te hubiese gustado que yo le dijera que no te insistiera con ese tema, ¿no es así?
>
> — Sí. Tú eres MI mamá, no la de ella — Felipe aún sollozaba.
>
> — Tienes razón, Felipe. Y tú puedes usar los pañales todo lo que quieras. Le voy a decir a la tía que las decisiones sobre tu cuerpo las tomas tú.
>
> Marta se dirigió a Lila y le dijo: — Felipe es el que decide sobre su cuerpo.
>
> — Bueno, está bien — dijo la tía Lila —, vamos a pasear igual y te compro la golosina.
>
> — No quiero ir — declaró Felipe.
>
> Entonces entre los tres hicieron otro plan para la tarde.

Amar a un hijo implica estar de su lado sin importar cómo nos ven los otros. Como padres nuestro trabajo es defender la dignidad y el bienestar de nuestros hijos. Al elegir respetarlos por sobre todo quizás hasta estemos dando un ejemplo a otros padres o personas presentes, a abrirse a nuevas posibilidades que los inspiren.

Amar consistentemente

Es muy común escuchar que los padres tenemos que ser consecuentes con nuestras respuestas a los niños. En el intento de ser consecuentes algunas veces hacemos cosas que hieren a nuestros hijos o les generan enojo o desilusión. Y aunque esto nos genere dudas respecto a nuestro proceder, persistimos porque tememos confundirlos si cambiamos de opinión o estrategia.

Sin embargo, la única consistencia que importa es el amor.

Si nuestras acciones no son consistentes con el amor, nuestro hijo no sólo se siente confundido, sino también herido y desorientado. En ese momento no estamos siendo consecuentes con nuestro amor incondicional.

Cambiemos las reglas, no el amor. El amor tiene que ser la única guía consistente de nuestras acciones. Preguntémonos: ¿Mi hijo se siente amado por mí con este proceder? ¿Permito a mi amor por él aparecer cuando lo regaño, reprimo, presiono... para que limpie su habitación, coma su comida, haga su tarea? Y si nuestro hijo obedece y limpia su habitación sintiéndose resentido o desvalorizado... ¿Valió la pena? Si él hace su tarea y obtiene buenas calificaciones, pero se siente inseguro en nuestro amor o mirada... ¿Vale la pena su éxito académico?

¿Hay algo más importante que amar a otro ser humano de manera tal que no le quepan dudas?

"La ventana"
de Bruce Linton

Preparándome para ir a trabajar
a dar una clase
ordenaba los apuntes en mi bolso,
cuando la pelota atravesó
la ventana.
Y los vidrios volaron,
millones de cuchillitos
cubriendo la sala.
En ese momento
mi rabia se hinchaba,

mi frustración de nunca
tener la casa ordenada,
el gasto del vidrio
a ser reemplazado,
estar varios días
tapando el agujero
con cartón en la ventana,
y cómo limpiar
todo este vidrio.
Todo ese enojo
y aún no sabía
que iba a llegar tarde a mi clase.

Entonces escuché
pasitos de cuatro años
subiendo la escalera.
Tu brazo chiquito
abriendo la puerta
tus ojos buscarme
húmedos, asustados.

Ahí cambió mi historia.

Te tomé en mis brazos
"¿Estás asustado?
Es sólo una ventana
la arreglaremos,
que no estés lastimado
eso es lo importante.
Es sólo vidrio
Tu eres mi hijo.
Te amo.
Vamos por la escoba." [3]

Muchas veces me preguntan: *¿Tan sensibles son los niños que tenemos que "caminar sobre huevos" para preservar su bienestar emocional?*

No, sólo tenemos que caminar con amor. Los niños son capaces de sobreponerse a muchas dificultades y desafíos mientras den nuestro amor por sentado y puedan manifestarse completa y libremente.

Cuando pueden caminar sobre la alfombra de amor que les extendemos bajo sus pies, ellos serán resilientes e ingeniosos.

Notas: Capítulo Dos

1. *Beloved Prophet: The Love Letters of Kahlil Gibran and Mary Haskell, and Her Private Journal* (Knopf, 1972)
2. Leo Buscaglia, *Love: What Life is All About* (Ballantine Books, reedición 1996)
3. Dr. Bruce Linton "The Window", un poema de *"Wife, son, Daughter: A Father's Poems"* (Fathers Forum Press, Berkeley, CA, 1995;ISBN0964944138; con permiso)

Capítulo Tres

⚘

Libre expresión

Los estallidos emocionales de nuestro hijo

La capacidad de llorar con lágrimas, reírnos y expresar sentimientos y pensamientos es intrínsecamente humana. Expresando lo que sentimos y pensamos logramos mantener nuestro bienestar emocional y alivianarnos para poder seguir adelante. A pesar de que algunas personas tienen la capacidad de silenciar sus expresiones y proceder con sus vidas, la mayoría de nosotros vivimos como si fuéramos nuestra mente, y por ende necesitamos herramientas para tramitar sus reacciones y heridas. Manifestar lo que pensamos y sentimos es también la manera de crear vínculos con las personas que amamos. Los niños se manifiestan continuamente, no sólo para velar por su bienestar emocional, sino también como parte de su desarrollo social e intelectual.

Limitar a un niño en la manifestación de sus emociones no detiene sus emociones, sólo su manifestación. Cuando un niño se encuentra imposibilitado de manifestarse cabalmente, sus emociones se acumulan hasta provocarle un estado de angustia. Esto eventualmente desemboca en expresiones agresivas, depresión, tics nerviosos, obsesiones, dificultades de aprendizaje o de sueño, y tantos otros; tanto en el aspecto físico como en el comportamiento o desarrollo.

La mayoría de los padres y madres apoyamos, incentivamos y disfrutamos en nuestros hijos las manifestaciones de alegría, creatividad y disfrute. Sin embargo, cuando un niño despliega dolor, enojo, celos, soledad, aburrimiento, decepción, tristeza, etc., nuestro impulso es reprimir el flujo saludable de emociones, obstaculizando el desarrollo del niño e interfiriendo con su bienestar emocional. La tendencia a buscar maneras de "solucionar" la situación, puede distraernos de comprender la necesidad de nuestro hijo de manifestar sus emociones y así aliviarse. Muchas veces eventos menores como un raspón en la rodilla, una visita que se cancela, una burla de alguien, o una desilusión; no requieren "solución", incluso si nuestro niño reacciona muy fuertemente, con enojo o llanto. Aunque como padres tenemos que tratar de evitar exagerar o agregar más intensidad a la manifestación del niño, sí es importante que acompañemos, escuchemos, validemos, y lo dejemos expresarse. Eventualmente, su vivencia será la de sentirse capaz de transitar sus emociones.

Cuando un niño ha sido escuchado consistentemente, su capacidad de recuperarse de heridas emocionales cotidianas es eminentemente rápida y eficaz. Quizás le alcance con muy poca expresión, o quizás necesite desplegar una rabieta rotunda. En cualquiera de los casos, cuando un niño se sabe habilitado para expresarse libremente ante padres o adultos atentos y amorosos, le será fácil salir de su enojo o llanto para saltar hacia su próximo juego u ocupación. El aspecto mental aún no tiene tanto poder cuando somos niños, como cuando nos convertimos en adultos. Los niños en seguida pasan a otra cosa, siempre y cuando no anclemos sus emociones reprimiéndolas o invadiéndolas con las nuestras.

Cuando un niño persiste manifestando su angustia a pesar de que lo escuchamos y comprendemos, podemos asumir que el suceso presente ha evocado algún otro dolor del pasado, que en su momento no fue atendido o procesado. Ahora se siente seguro en nuestra presencia y aprovecha para desagotar toda esa angustia. Entonces llorará o se enojara más intensamente y nuestro acompañamiento ayudará a su proceso de sanación. Veremos ejemplos de esta dinámica en páginas venideras.

Evitemos sembrar sentimientos en la mente de nuestros hijos. Esperemos a que ellos mismos evalúen sus reacciones a lo que pasa. No les son de ayuda frases apresuradas como: "¡Oh, no, qué doloroso!" o "Debes de estar muy triste por eso", sin darles el tiempo necesario para que ellos perciban sus emociones y formen su reacción. Es probable que un hijo se identifique con lo que decimos, y a partir de allí reaccione según nuestra interpretación sin recurrir a su registro propio. Confiemos en la capacidad de nuestro hijo. Si necesita expresar sus emociones, lo hará; si no lo necesita, no. No es de nuestra incumbencia intervenir en la génesis de sus manifestaciones. De esa manera, sea lo que sea que exprese o deje de expresar, será auténtico. No le enseñemos a ofenderse si naturalmente tiene la capacidad de dejarlo pasar y proceder con su vida. Por el contrario, si llora o quiere compartir su emoción, validémosla sin dramatizar al respecto. Por lo general a los niños les es suficiente manifestar poco; y es nuestro intento de reprimirlos o nuestra dramatización lo que prolonga el proceso.

Como consejera escucho muchas historias acerca de la rápida recuperación de los niños. En el ejemplo de Oli en la piscina, en el Capítulo Uno, se mostraba su rápida recuperación. Ella se sintió lista para aceptar el presente en cuanto su mamá la escuchó y validó lo que sentía. Cuando los padres proyectamos nuestras propias preocupaciones en los niños, ellos reflejan esas emociones en sí mismos, cayendo en el drama. Cuando aprendemos a permitir que las rabietas o las tristezas de nuestros hijos fluyan con libertad, muchas veces nos asombra la habilidad que tienen para sobreponerse.

> *Tamara me preguntó cómo podía lidiar con la rabia recurrente de su hija Sol.*
>
> *— Si se le cae la torre, llora; si se le aplasta el plátano, chilla. Todo parece irritarla muchísimo.*
>
> *Le pregunté entonces cómo reaccionaba **ella** ante estos eventos.*
>
> *— Intento arreglar todo rápidamente. Reemplazo el plátano, rearmo la torre, o encuentro la manera de compensarla — dijo Tamara.*
>
> *— ¿Es todo de verdad tan irritante para tu hija?*
>
> *— Pareciera que sí — respondió Tamara.*
>
> *— Sí. Tú la percibes como imposibilitada de transitar esas situaciones porque crees en tu idea de que es demasiado para ella. Pero, ¿puedes estar segura de que ella no puede manejarlo y quiere que seas tú quien arregle todo?*
>
> *— No.*
>
> *— Entonces, cuando te apresuras a ayudarla, pensando que ella no puede manejarlo, ¿qué es lo que **tú** sientes?*

— *Ah, entiendo* — *dijo riéndose.* **Yo** *me siento incapaz de manejar su frustración. Yo soy la que encuentra todo tan irritante. Todo lo que le sucede a ella me afecta muchísimo. Entro en pánico. Yo arreglo todo por mí, no por ella.*

Una vez que Tamara entendió que su reacción era causada por ella misma, no por su hija, pudo ver que no era su hija la que necesitaba ayuda. Pudo entender que Sol tenía que experimentar la caída de la torre para comprobar su propia fortaleza ante lo que sucede; que puede llorar ante un paseo cancelado o un plátano aplastado, y si mamá no se comporta como si fuera demasiado para Sol, ella podrá transitarlo tranquilamente y saberse capaz de sentir, expresarse y proceder con su vida.

Interrumpir la rabia de Sol fue probablemente la razón por la cual ella se ha sentido desesperada y ha explotado ante cualquier pequeño percance. Sol aprovechó cualquier razón, aunque sea algo insignificante, para manifestar sus emociones. Cuando fue "rescatada" se sintió inútil, su propósito había sido desbaratado. Vivenciarse atravesando sus desafíos la hará sentirse poderosa.

La semana siguiente, Tamara tuvo una revelación: me contó que un día Sol estaba pintando un dibujo y se le volcó el frasco de agua sobre su trabajo, arruinándolo. Sol gritó y Tamara levantó todo y estaba a punto de consolarla para detener su rabia. Entonces recordó dirigir su atención a Sol, y en lugar de rescatarla de su dificultad, Tamara decidió escuchar y validar.

— *¡Este era el mejor dibujo de mi vida!* — gritó Sol, y se tiró al sofá pataleando.

— *Quieres que tu pintura se seque* — dijo Tamara sentándose junto a Sol.

— *Sí. Quiero que quede como antes. Estaba a punto de terminarla.*

— ¿Te preocupa no poder hacer otra tan linda como esta? — preguntó Tamara.

— No puedo hacer otra tan linda como esta.

Sol pasó de gritar a sollozar y Tamara le ofreció sus brazos. Sol se resistió, pero siguió sollozando y de a poco se fue acercando a su mamá.

Lloró algunos minutos más y luego se quedó en silencio. Tamara no dijo nada, se quedó atenta a Sol, pendiente de ella.

— Me di cuenta de que Sol estaba pensando, y parecía tranquila — me contó Tamara.

Después de un ratito de contemplación Sol se incorporó y se fue a jugar con su muñeca. Más tarde se puso a pintar de nuevo y estuvo encantada con su pintura.

Tamara hizo un gran movimiento desde tratar de modificar la realidad para Sol hacia apoyar su habilidad para afrontarla. Ella acompañó y validó la vivencia de Sol en lugar de alejarla de ella, o en lugar de negar las emociones de su hija con frases como: "Oh, no es nada, puedes hacer otra pintura". Pudo escuchar y validar la preocupación que manifestaba Sol.

Para que una emoción sea válida no es necesario que provenga de un hecho concreto y real. No fue evitar su emoción lo que empoderó a Sol para crear otras pinturas, sino lograr hacer las paces con su pérdida. Cuando tuvo libertad de manifestar sus emociones, pudo proseguir con su vida relajadamente. Experimentamos felicidad cuando aceptamos la realidad, no cuando nos resistimos a ella o esperamos ser rescatados. Los niños aprenden la satisfacción de poder elegir dentro de lo que es la realidad.

Al niño que experimenta la paz de nuestra presencia le será natural comprender que atravesar emociones intensas es parte de la experiencia humana. Al sentirse cómodo en sus propias emociones desarrolla un profundo sentido de paz interior, sabiendo que no necesita temer a los desafíos y las emociones que vendrán con ellos. Aprende a permitir que estas vivencias lo atraviesen completamente y le enseñen a resolver situaciones difíciles de manera responsable y competente. Es después de la tormenta que puede actuar con claridad y eficacia.

Posteriormente un niño quizás hasta pueda reconocerse mucho más poderoso y capaz de lo que pensaba sobre sí mismo. Así le sucedió a Lucas, de doce años:

> *Lucas estaba en nuestro hogar, en un taller familiar recreativo. Él y yo habíamos conversado recientemente acerca de la mente, y cómo los pensamientos aparecen y los obedecemos, y terminamos haciendo cosas que no queremos hacer.*
>
> *Lucas y su hermano menor, Tomi, estaban sentados a la mesa de la cocina. De repente ambos corrieron hasta el área del piano y empezaron a gritarse y forcejar para sentarse en el banquito del piano.*
>
> *— ¡Dije que iba a tocar yo. Me toca a mí. Cuando me escuchaste anunciarlo te viniste corriendo para quitarme el lugar! — dijo Tomi.*
>
> *— ¡Yo iba a tocar antes de que tú lo dijeras! — respondió Lucas.*
>
> *— ¡No! ¡Tú viniste corriendo cuando yo lo dije! ¡Tú estabas aún comiendo!*
>
> *— Yo tuve la idea primero, así que vine al piano mientras tú hablabas.*
>
> *De repente Lucas se puso de pie y dejó libre el piano. Caminando hacia el otro salón me miró al pasar. Me sonrió y dijo: — Me pillé. Eso fue un tonto impulso automático de molestar a Tomi. En realidad no me interesaba tocar el piano.*

Animarnos a sentir

Cuando atendemos a un niño llorando o rabioso, puede ser que nos sintamos incómodos o incluso entremos en pánico. Quizás sintamos que su sufrimiento es mayor de lo que puede tolerar. Esta percepción, sin embargo, tiene que ver con nuestra propia incomodidad personal. Esto significa que el impulso de apresurarnos a distraerlo de su dolor o frustración, o compensarlo por una desilusión, o minimizar la importancia de su angustia, es una respuesta a nuestra propia ansiedad, no la del niño. No va a colaborar con su resiliencia emocional o capacidad para afrontar y solucionar dificultades.

Él tendrá que experimentar tormentas emocionales si su destino es dominarlas.

Cuando sentimos el impulso de mitigar cada manifestación de emociones desagradables por parte de los niños, preguntémonos cuál es nuestra motivación. Quizás pretendamos que estén siempre alegres, porque el dolor nos es muy incómodo y entendemos que a ellos también. Si la "escena" sucede en público, puede ser que nuestra preocupación sea quedar bien ante los demás. O necesitemos detener la manifestación porque estamos apurados o necesitamos recuperar la tranquilidad perdida por lo desconcertante del exabrupto.

Sin embargo, cuando evitamos que nuestros hijos expresen su dolor, ellos lo sepultan, sintiéndose solos y desconcertados. Al mismo tiempo, nos perdemos la oportunidad de conectar profundamente con ellos y comprender las causas de su sufrimiento. Lo que ellos aprenden es a escaparse de sus emociones y ocultarlas de los demás, mientras internalizan la creencia de que son muy débiles para transitar cualquier desasosiego.

En definitiva, muchos de nosotros enseñamos a nuestros hijos, incluso con las mejores de las intenciones, que las emociones dolorosas son temibles y deben ser reprimidas.

Algunos padres dicen que no tienen ningún problema con las manifestaciones emocionales de sus hijos y que no les cuesta permitirles que se enojen todo lo que quieran. Esto no es lo que yo propongo. Ser indiferentes e ignorar los pronunciamientos de nuestros hijos no es lo mismo que ofrecerles atención amorosa. Si podemos mantenernos inconmovibles ante expresiones apasionadas de los niños, es más probable que estemos emocionalmente reprimidos, no presentes con ellos. De cara al niño, el resultado es el mismo que si lo reprimiéramos, porque nuestra indiferencia le indica que las emociones no deben ser manifestadas.

Para comprender más cabalmente cuán ineficaz es distraer a los niños de sus padecimientos emocionales, imaginémonos que nos acabamos de enterar de que nuestra madre se está muriendo, o de que nuestra pareja nos pidió el divorcio. Desesperados, vamos a visitar a nuestra amiga, necesitados de hablar, llorar, enojarnos, en un ambiente amable. Apenas empezamos a compartir nuestras novedades ella empieza a darnos consejos o proponernos distracciones: "Vamos al cine, así no piensas en eso por un rato". ¿No nos hubiese gustado más que nuestra amiga nos escuchara atentamente, ignorara el teléfono por un rato, y se pudiera concentrar en nosotros? Un niño es una persona con las mismas necesidades.

Si, cuando niños, fuimos "rescatados" consistentemente de nuestros padecimientos emocionales con reproches, distracciones o compensaciones, o si manifestarnos nos traía problemas, probablemente nos resulte incómodo acompañar a un hijo irritado o dolido. Así y todo, si nos proponemos escuchar y acompañar la tristeza o el enojo de nuestro hijo, mientras registramos nuestras propias emociones o pensamientos, podemos recuperar de a poco nuestra habilidad de experimentar toda la gama de emociones en lugar de escaparnos de ellas. Así podremos luego indagar los pensamientos que alimentan esas emociones, y empezar a entender el funcionamiento de nuestra mente. Entender la causa (los pensamientos) y el efecto (emociones y reacciones), nos aportará perspicacia sobre nosotros mismos y claridad respecto a los escenarios de nuestra vida. Podremos recuperar nuestra capacidad de sentir, sin temores; sabiendo que nuestras ansiedades son la puerta de entrada a nuestro desarrollo personal.

Las personas les tememos a las expresiones de dolor precisamente porque nos las han reprimido. Esta negación las transformó en una fantasía aún más potente y temible, y como consecuencia, la mayoría de los adultos nos las hemos tomado demasiado en serio. Por el contrario, cuando los niños tienen habilitada la manifestación de su emociones, las aceptan como parte de la experiencia humana. Si no les "enseñamos" que manifestar dolor es un problema, ellos asumen, con razón, que estas experiencias son parte de la vida; que las emociones no son de temer, incorrectas o vergonzantes, ni nada para escandalizarse. Cuando son manifestadas, las emociones van y vienen. Entonces uno puede tomar decisiones coherentes que no estén basadas en miedos o en evitar el dolor a cualquier precio.

Veamos algunas estrategias que usamos los padres para detener las manifestaciones de nuestros hijos, y posibles maneras de evitar usarlas:

Negación

La **negación** es el método principal que usamos para sofocar las manifestaciones emocionales de los niños (o adultos, incluyendo las nuestras propias). La usamos muy habitualmente, simplemente porque la aprendimos muy bien desde pequeños, pues era utilizada continuamente con nosotros.

Algunas veces la negación se emplea a través de silencio o indiferencia, otras a través de racionalización o distracciones.

Cuando Lena tenía tres años, por ejemplo, le tenía miedo a los hombres con barba o pelo largo, miedo que inicialmente su mamá descartó.

> *Un día, Lena viajaba en su asiento en el automóvil, cuando su papá se detuvo para conversar con un conocido de pelo largo y bigotes abundantes; cuya cara ocupaba todo el marco de la ventanilla. Lena permaneció en silencio un rato, y luego preguntó ansiosa: — ¿Podemos irnos ya?*
>
> *Su mamá automáticamente le dijo que el señor era "amable".*
>
> *— ¡No, no es amable! — Lena respondió segura. Claramente, ella necesitaba expresar su incomodidad y no quería que su mamá se lo negara.*
>
> *— ¡Ah, ya veo! — dijo su mamá, advirtiendo su torpeza —. No te gusta el señor.*

— No — dijo Lena —. Quiero que nos vayamos.
Cuando se despidieron del hombre, Lena dijo: — No
es que me asuste ese señor. Es que no me gusta.

Lena pudo indagar su sensación porque ésta no fue descartada o rechazada. Este autoconocimiento probablemente la ayudará a sobreponerse al nerviosismo ante hombres barbudos.

Conocer y tener presentes nuestras frases típicas de negación, puede ayudarnos a darnos cuenta antes de decirlas.

Aquí hay algunos ejemplos de lenguaje negador y que rechaza las emociones del otro:

- "No fue nada"
- "Ya pasó"
- "¿Cuál es el problema con eso?"
- "No es para tanto"
- "No es el fin del mundo"
- "No es nada. Estás bien"
- "No pasa nada"
- "Todo está bien. No hay problema"

Los niños suelen sentirse perplejos, u ofendidos, por este tipo de comentarios; porque las palabras contradicen lo que ellos sienten. Para un niño que siente miedo o dolor, algo **sí** sucedió; no **todo** está bien; y lo que siente le resulta **importante**. En lugar de negación podemos usar validación, que acepta lo que el niño siente, y además nos permite hacernos de información útil.

Si un niño llora luego de una caída, podemos cargarlo en brazos y preguntarle: "¿Duele el raspón?" o "¿Tienes miedo de que no se cure?". Si asiente, podemos darle seguridad: "Sé que duele mucho ahora. Va a mejorar pronto". Atender su rodilla raspada es necesario; detener su llanto o grito, no. Nuestra tarea es proporcionarle información relevante y lograr escuchar su expresión emocional (L de S.A.L.V.E.). Podemos decirle que su emoción es válida, y que puede llorar lo que necesite. El empoderamiento (E de S.A.L.V.E.) surge de nuestra actitud positiva: escucharlo sin involucrarnos en su drama. El drama es la historia que un niño se cuenta a sí mismo: "No voy a poder volver a caminar". No queremos dar vuelo a esa historia mental. Cuando escuchamos y validamos sus temores con un tono de voz tranquilo, y ofrecemos información relevante, él siente nuestra confianza en su habilidad de sobreponerse.

Algunas veces la negación va encubierta en comentarios desenfadados que le roban al niño su derecho legítimo a sentir y a confiar en su voz interior. Cuando una niña dice: "Puajj, no quiero comer esto", y nuestra respuesta es: "¡Pero está rico!", estamos desvalorizando su percepción. Si el primer golpe de vista de un niño de seis años a la comida servida le provoca deseos de no comerla, o pide un plátano en lugar de la comida; él está tomando una decisión que requiere nuestro respeto. Si un adolescente nos dice que el abrigo que le compramos no está de moda, su opinión no debe ser negada por convicción. Cuando nuestro hijo pequeño está en lo alto del tobogán de la plaza, con expresión de terror, nuestras palabras: "No tengas miedo. Puedes lanzarte tranquilo" contradicen sus percepciones y emociones. De hecho, su sistema de evaluación de riesgos y la confianza en sus criterios se están desarrollando ahí mismo en ese tobogán, cuando él evalúa la situación y llega a una decisión por su cuenta. Si queremos empoderarlo, sólo relajémonos y seamos testigos confiando en sus percepciones. Si nos comparte sus temores, mostrémosle interés y que comprendemos lo que siente: "Entiendo que estás asustado y no sabes aún si quieres lanzarte o no. No tenemos apuro. Tómate tu tiempo. Es una decisión personal tuya". A partir de ahí estemos atentos para acompañarlo si nos extiende su mano buscando la nuestra, prefiere que le demos espacio y miremos para otro lado, o lo bajemos en brazos del tobogán.

Aquí hay algunas frases típicas que desvalorizan la elección de un niño. Nuevamente, tenerlas presente puede ser el primer paso hacia eliminarlas de nuestro vocabulario:

- "Vamos, intenta y verás"
- "¿Por qué no intentas esta vez aunque sea?"
- "Prueba ésta. Es mejor"
- "No quieres esta porquería, no?"
- "Ya tuviste suficiente tiempo de jugar"
  (cuando quiere seguir jugando)
- "Estás cansada"
- "Debes de estar hambriento ya"
  (cuando no quiere comer)
- "Pero si te encanta jugar con Ale"
  (cuando empuja o aleja a su amigo)
- "Puedes hacerlo"
- "No tengas miedo" o "No te enojes" o "No tengas vergüenza"
- "No llores"
- "Vas a tener frío así" (cuando se saca el abrigo)

Incluso cuando un niño opta por algo potencialmente peligroso a lo que no podemos hacer lugar, es importante reconocer y valorar las emociones que lo han motivado. Por ejemplo, cuando nuestra hija corre detrás del gato hacia una calle muy transitada, y la sujetamos gritando, le podemos preguntar: "¿Te preocupaba que se escapara Pompón?". Es igualmente importante reconocer la emoción que puede haber causado nuestra intervención repentina: "¿Te asustaste por mi grito y mi movimiento brusco?". Luego de su respuesta, podemos abrazarla y compartir nuestra experiencia propia: "Me asusté tanto viéndote correr hacia la calle. Qué alivio sentí cuando te tuve sujeta en mis brazos".

Los padres solemos regañar a un niño que tomó un riesgo peligroso. Desplegando nuestro enojo, aspiramos a asegurarnos de que nuestro hijo no vuelva a hacerlo. Sin embargo, el miedo al enojo de los padres es la razón equivocada para evitar el riesgo, y además, no es efectiva ni duradera. Queremos que a nuestros hijos les importe su seguridad, y que comprendan lo que eso implica y lo procuren por beneficio propio. Ellos se conmoverán por nuestros sentimientos, y nuestra confianza en ellos les resultará inspiradora.

En una sesión con una familia, me contaron la reacción de Cristina ante una acción riesgosa de su hija y cómo luego logró conectarse con ella expresando su vulnerabilidad:

> *Juliana, de dos años, estaba ansiosa por mirar el fuego en la casa de su tío. Nunca antes había visto un hogar a leña y su papá le había explicado por qué debía mantenerse alejada. Desde una distancia segura, Juliana miraba a su tío apilando las maderas y el*

papel, y encendiendo el fuego. Cuando terminó, todos se sentaron a la mesa.

Nadie advirtió cuando Juliana se deslizó de su silla y fue hacia el fuego con un papel de diario en las manos. De repente, Cristina, gritó: "¡Juliana NO!", y corrió a agarrarla justo antes de que Juliana se agachara sobre el fuego con el papel.

Juliana estalló en llanto. Cristina estaba a punto de reprochar a Juliana por no hacer caso a las instrucciones de su papá, pero los gemidos de su hija le dieron tiempo para reconsiderar su reacción. En lugar de manifestar enojo hacia su hija, dijo: — Me asusté tanto al verte junto al fuego con papel en tu mano, tuve miedo de que te quemaras.

— ¡Papel a fuego! —protestó Juliana. No parecía asustada por el movimiento abrupto de su mamá, sino molesta porque su emprendimiento fue frustrado.

Cristina validó: — Entiendo, justo cuando estabas por llevar papel al fuego, yo me interpuse. ¿Querías ver al fuego crecer?

Cristina la acompaño de la mano hacia el hogar, y Juliana dijo:

— Mami, tú papel a fuego.

Cristina arrugó el papel y lo apoyo suavemente sobre el fuego. Le dijo a Juliana que de ahora en adelante no se acercara al fuego, y pidiera a papá o mamá ayuda, si quería hacerlo crecer poniéndole papel.

Cada vez que sea posible otorguémosles a nuestros hijos la libertad de tomar sus propias decisiones. Y cuando debamos restringírsela, hagámoslo con respeto y amabilidad y justifiquemos nuestras razones. Incluso si el pedido o preferencia de nuestro hijo es inaceptable para nosotros, en tanto sea inocuo, contengamos nuestro impulso de dirigirlo. Apliquemos S.A.L.V.E.: Separemos nuestra reacción personal de lo que le está sucediendo a nuestro hijo e indaguemos la relevancia de nuestro discurso mental; volquemos la atención a nuestro hijo, logremos escucharlo, validemos, empoderemos; y ofrezcamos información útil.

Nuestros hijos tienen derecho a transitar sus propias "pruebas y errores", y vivir las emociones que éstas generan. Por ejemplo, una niña de tres años quizás deba descubrir sola que no logra empujar nuestra maleta, o un niño de once años quizás deba explorar por su cuenta si puede o no conseguir un trabajo en el supermercado, o al menos verificar nuestro pronóstico. Si cuando comprueba que no puede, se siente desilusionado, escuchemos y validemos (ahorrémosles y ahorrémonos el "Te lo dije").

Cuando un niño llega a conclusiones por sus propios medios, aprende a afrontar la desilusión de la cual es causa, no víctima. Ya no es cuestión de culpar a alguien o sentir resentimiento. Él es responsable de lo que le sucede, y comprende por experiencia propia qué funciona y qué no. Si además cuenta con nuestra atención amorosa ante la cual manifestar las emociones que surgieron, estas experiencias sirven como valiosos peldaños hacia su confianza propia y preparación para la vida.

Distracción

La **distracción** es otra estrategia para evitar o negar las emociones. Ofrecer golosinas o una actividad divertida a un niño irritado le dice que debe escaparse de sus emociones. Una rodilla raspada o un juguete perdido pueden evocar dolor o tristeza. El dolor no desaparece comiendo golosinas o mirando algo encantador por la ventana. Cuando es distraído, el mensaje que internaliza nuestro hijo es: "Mamá no quiere que manifieste mi dolor. No debería sentir o expresar dolor. Lo que debo hacer es ocuparme rápidamente en otra cosa. Debo evitar cualquier malestar emocional y no tomar riesgos porque las caídas son algo muy malo". Esto no causa felicidad, sino debilidad y temerosidad. Distrayendo lo que hacemos es transmitir al niño la idea de que la realidad es mala y debe ser combatida; el mensaje subyacente es "algo anda mal". Sin embargo, a mi entender la felicidad reside en el aprender a convivir con la realidad, y resolver problemas no por temor a lo que pueda pasar, sino en la libertad de hacer la vida más rica.

La distracción permanente de las emociones en un niño también puede llegar a ser una de las causas del ulterior uso de drogas o abuso de calmantes, o la tendencia a la búsqueda de alivios inmediatos y pasajeros. Puede generar adultos fácilmente abrumables por tener poca tolerancia a la dificultad. Entonces, la necesidad de evitar las frustraciones los restringe de desplegar vidas plenas y vibrantes.

Los niños desarrollan resiliencia ante la dificultad o el dolor cuando los perciben como parte de la vida. Por ese motivo, cuando los padres sentimos la necesidad de interrumpir, arreglar, distraer o dar consejos; podemos detenernos e indagar qué nos motiva. Muchas veces descubriremos que si bien pensábamos que nos motivaba hacer lo mejor posible para nuestros hijos, en realidad descubrimos que ellos estarán mejor sin nuestra intervención.

Indiferencia

La **indiferencia** es fingir que no advertimos la expresión indeseada de un niño, con la expectativa de que se le pase. Con esto, los padres anhelamos que si no prestamos atención a la manifestación, o no le damos lugar; con el tiempo ésta se desvanecerá. Pero la cuestión sigue siendo: ¿Por qué queremos que las emociones y sus manifestaciones se desvanezcan? En definitiva, lo que queremos es vivir la vida intensamente; la humanidad invierte mucho tiempo y recursos en evocar emociones fuertes sin los cuales nos sentimos apáticos o aburridos. Además, las emociones de nuestros niños provocan las nuestras, ofreciéndonos la oportunidad de crecer y cultivarnos: nos conocemos mejor (S de S.A.L.V.E.), y ganamos claridad que también nos sirve para ayudar mejor a nuestros hijos.

Si nos pillamos usando la indiferencia para con nuestros hijos tengámonos paciencia y compasión; pero al mismo tiempo, detengamos nuestro recorrido por carriles viejos construidos por otros. Por desgracia, un niño cuyas emociones dolorosas son ignoradas, efectivamente irá atenuándolas hasta dejar de manifestarse, o incluso dejar de sentirlas, tornándose emocionalmente indiferente, y con poca posibilidad de conectar afectivamente. O, con un poco más de suerte, va a intensificar su intento de manifestarse buscando otras maneras de convocar nuestra atención. Además de esto, cuando los padres usamos la indiferencia, la necesidad del niño permanece insatisfecha, lo cual conlleva más tensiones y muchas otras posibles repercusiones de comportamiento o sintomáticas.

Los estallidos emocionales de nuestros hijos requieren de nuestra respuesta y nuestra atención a favor de satisfacer sus necesidades (que no necesariamente sea aquello que está pidiendo en ese momento, como veremos luego).

Miedo

Inducir **miedo** es una de las más comunes estrategias para aplacar las manifestaciones emocionales de los niños. La negación, la indiferencia o la distracción por sí solas alcanzan para inhibir las manifestaciones de un niño; porque él entiende que cuando es emocional, no obtiene la aprobación que necesita. Si su rabia, frustración o llanto son respondidos con reproches, desvalorizaciones o castigos, lo más probable es que su miedo se transforme en inseguridad y sometimiento, o en furia o agresión.

Brindar libertad emocional a un niño quiere decir amarlo cuando sufre por la muerte de su gato, cuando se llena de ira por un juguete roto, o cuando tiene una rabieta por no poder decidir qué ropa ponerse. Cuando apreciamos su capacidad de sentir y luego dejarlo pasar, él tomará ese proceso con naturalidad. Indaguemos y sanemos nuestros propios miedos o emociones para que nuestros hijos puedan sentirse seguros manifestando cuanto necesiten en nuestra presencia. Así podrán desarrollar coraje para permitirse sentir y la capacidad de sobreponerse a ello.

Algunas personas pueden sentir y dejar pasar emociones dolorosas sin manifestarlas, sobreponiéndose fácilmente. Esto no es lo mismo que reprimir emociones. Reprimirlas implica enterrar el dolor. Dejarlo pasar significa que la persona no tiene gran apego a sus pensamientos y las emociones que éstos originan. Si somos de las personas que podemos sobreponernos fácilmente a las emociones sin necesidad de manifestarlas, tengamos en cuenta que la mayoría de las personas, y especialmente los niños, no pueden sobreponerse sin primero expresarse, idealmente contando con atención validante. En estos casos, nuestro aplomo puede ayudar a nuestro hijo a percibir sus propias emociones como pasajeras y parte del devenir de la vida.

Respetar las emociones no significa regodearse en ellas. Por el contrario, cuando podemos manifestarlas, pasan y nos dejan libertad para actuar certeramente. Vivir plenamente en el presente disipa el dolor y nos permite pasar al próximo instante con claridad.

Llorar

Los humanos venimos dotados con un gran ventaja emocional: podemos lidiar con emociones intensas, y para eso contamos con la habilidad de llorar. Los niños usan esta ventaja con naturalidad, y los adultos debemos aprender a apoyar esta herramienta de sanación en ellos. Acudir al llanto de un bebé es lo que le enseña que tiene poder sobre su propia vida, que puede confiar en nosotros, y que él es importante. A medida que el bebé va creciendo, puede incorporar sonidos, gestos y palabras para comunicarse, además del llanto.

A muchos padres nos cuesta mucho identificar las expresiones emocionales en nuestros bebés. La mayoría de las veces, el llanto de un bebé anuncia necesidades insatisfechas, que hay que atender. Pero también hay veces donde la necesidad en sí es llorar.

En una de mis charlas de crianza, surgió el tema del llanto del bebé. Teresa estaba frustrada por el llanto sin consuelo de su bebé.

—Hago de todo para calmarlo: le doy pecho, lo balanceo en brazos, le canto, pongo a correr el agua, lo baño… Pero cuando está anocheciendo llora y grita con toda su fuerza y nada lo calma.

Luego de la charla, Teresa decidió intentar validar las emociones de su bebé.

— Primero intenté todo lo que habitualmente intento para calmarlo, desde el pecho hasta ir a pasear por el barrio. Luego me senté con él en brazos y cesé todos mis intentos de calmarlo.

— Me autoindagué y me di cuenta de que yo era la que necesitaba calmarme, porque me había convencido de que si mi bebé llora es porque soy una mala mamá y algo anda mal.

— Cuando corta el llanto unos segundos, yo tengo la esperanza de que haya parado de llorar. Pero luego por lo general vuelve a hacer un largo gemido, y sigue llorando. Esta vez, cuando se detuvo la primera vez, le dije "Sí, yo sé, yo sé". No lo mecí. No le di ninguna indicación de que esperara que él parara de llorar. Y él siguió. Cada vez que hacía un silencio yo le decía algo validante.

— ¿Su llanto se iba reduciendo? — preguntó otra mamá (ella estaba aún buscando maneras de detener el llanto del bebé).

— No — dijo Teresa —. Al contrario, cuando dejé de necesitar que él estuviera contento, lloró más de lo habitual, aprovechando mi aprobación a pleno. Pero cuando paró de llorar, en lugar de quedar exhausto, estuvo despierto, alerta, y contento. Más tarde cuando

sí se fue a dormir, no lloró como solía hacerlo, y se despertó solo una vez durante la noche, no las cinco o siete que por lo general se despierta.

Valentín siguió llorando en los brazos amorosos de su mamá cada anochecer durante semanas. Después los llantos fueron suavizándose hasta desaparecer.

Es imperativo responder a las señales de un bebé, a sus manifestaciones. El llanto es su medio de comunicación por definición. Una vez que todas sus necesidades básicas están cubiertas, y si no hay molestias físicas o alguna enfermedad que lo explique, y aún si el bebé no necesita nada, debemos responder a su necesidad de llorar. Quizás esté llorando porque aún no entendemos qué es lo que necesita, pero aún así, si no tenemos idea, él siente esa frustración que también le ocasiona llanto. Es posible imaginarnos lo que siente, pero tengamos en cuenta que lo que imaginemos será siempre una proyección de nuestra propia percepción. ¿Está llorando por lo indefenso que implica ser un bebé? ¿Extraña la comodidad del vientre materno? ¿Quisiera hablarnos y no sabe hacerlo? Quizás esté recordando la gran cara que se inclinó sobre él hace un rato en la calle y lo asustó, o tantas otras posibilidades…

Cuando no entendemos qué necesita el bebé, al menos debemos validar su elección de sentir lo que siente, hacerle saber que su impulso de llorar está bien, y que mientras llora estaremos a su lado, ofreciendo nuestro amor, afecto y comprensión. Siempre carguemos en brazos al bebé mientras llora. Nuestra inhabilidad de descubrir el motivo de su llanto no modifica su necesidad de estar en brazos todo el tiempo, **especialmente** cuando está sufriendo. El bebé depende de su posibilidad de hacerse entender por nosotros, y convocarnos a actuar de parte de él, en su beneficio, o prestarle toda la atención que él necesita. Cuanto más rápidamente logre convocar nuestro cuidado, más fácilmente va a encontrar modos más suaves de comunicarse. ¿Por qué tener un ataque si con un pequeño gesto o palabra alcanza para que atendamos su necesidad?

Cuando un bebé está consistentemente pegado al cuerpo de la mamá, es menos probable que llore por necesidades físicas básicas. Dará señales sutiles que nosotros ya conoceremos y podremos responder y ocuparnos inmediatamente. Entonces, no necesitará gritar o llorar para comunicarse. Los bebés que son cargados en portabebés o brazos la mayoría del tiempo, y que duermen junto a nuestros cuerpos, rara vez llegan a llorar para avisarnos que necesitan algo. Si un bebé en estas condiciones llora, y no está enfermo o lastimado, lo más probable es que lo que necesita es justamente llorar.

Cuando van creciendo, los niños gradualmente usan más palabras en lugar de gestos o llantos. Sin embargo, seguirán usando las lágrimas y el llanto para expresar dolor físico o emocional por el resto de la vida. Los adultos muchas veces podemos expresar nuestro dolor simplemente con palabras. Los niños recurren al llanto natural y eficientemente.

Con el crecimiento de nuestro hijo, iremos entendiendo mejor y más rápidamente qué le duele o angustia, y podremos validar sus sentimientos con mayor precisión. Por ejemplo, si nuestro hijo llora porque su plan se frustró, podremos decirle: "Esperaste tanto el momento de ir al parque y ahora empezó a llover". Carguémoslo en brazos o abracémoslo mientras llora hasta que cesa y nos muestra que está listo para el próximo momento. Si nos aleja o rechaza, quedémonos cerca, atentos, y disponibles. Algunas veces los padres me dicen que quieren que sus hijos sean felices todo el tiempo, que nunca tengan necesidad de llorar. Sin embargo, nuestro esfuerzo en esa dirección puede negar una necesidad tan básica como amor, alimento y oxígeno. Como un río al que lo embalsan, las lágrimas buscarán otra salida a través de agresión, tics nerviosos, trastornos de sueño o alimentación, o cualquier otra dificultad. El llanto es parte de la vida, y aceptarlo nos beneficiará más que reprimirlo. La gente plena no es la que fluye en una vida sin dolor, sino la que puede atravesar el dolor y enriquecerse de la experiencia.

El ejemplo que sigue ilustra el poder curativo de las lágrimas incluso para síntomas graves.

Toni, de siete años, empezó a pegarle a su hermana mayor casi a diario. Sus padres relataron que además de la agresión, su estado de ánimo, que hasta entonces había sido alegre, estaba últimamente impaciente y enojado. Ellos intentaron garantizar más atención a Toni, y apaciguar la agresión con límites y regaños. Entonces, Toni dejó de golpear tanto, pero empezó a mordisquearse las mangas, y a guiñar sus ojos incontrolablemente.

Cuando les pregunté a los padres de Toni si manifiesta tristeza o miedo en su llanto, ellos cayeron en la cuenta de que Toni hacía mucho tiempo que no lloraba con lágrimas. En la siguiente sesión, la hermana de Toni, Cata, contó: "El mejor amigo de Toni le hizo burla cuando él lloró".

—¿Qué hace Toni cuando se siente dolido? —le pregunté a Cata.

Cata pensó un momento y luego dijo: —Ah, él guiña los ojos para contener las lágrimas.

Entonces jugué al juego "Verdad o Consecuencia" con Toni. Cuando le tocó a él el turno de Verdad, le pregunté: —¿Alguna vez te sientes triste cuando no salen las cosas como te gustaría?

Respondió que sí, como corresponde al juego de Verdad.

—¿Y tratas de contener las lágrimas para que nadie lo note? —agregué.

—Sí —dijo asintiendo con la cabeza.

—Entiendo —dije—. ¿Sabes que contener las lágrimas es como no ir al baño si lo necesitas?

Toni se quedó pensando sobre esta sorprendente revelación.

—¿De verdad? —me dijo mirándome con sus grandes ojos marrones.

—¿Qué pasa si no vamos al baño? —preguntó, y enseguida se respondió a sí mismo:

—No se puede.

—Claro —dije—. No se puede. Nuestro cuerpo se enfermaría.

—¿Entonces si contengo las lágrimas me voy a enfermar?

—No —le dije (aunque podría pasar)—. No se pueden contener. Lo que pasa es que tus emociones buscan otra manera de manifestarse.

—¿Cómo hacen?

—¿Cómo hacen para manifestarse de otra manera? ¿Qué cosa haces que no puedas controlar?

—Ah, ¿cómo enojarme y parpadear?

—Sí. Esa es una de tus maneras.

—Uff. A partir de ahora voy a llorar si lo necesito. Es mejor. Odio parpadear así.

Los padres de Toni contaron que al día siguiente Toni se decepcionó con un regalo que recibió, y tras ser validado por su mamá, lloró en sus brazos durante unos quince minutos. El parpadeo no apareció esta vez. Los padres de Toni encontraron maneras de dar lugar a su necesidad de expresión física, anotándolo en una clase de karate, que a Toni le encantó. El mordisqueo duró un poco más, pero eventualmente también desapareció. Aunque Toni tiende a expresar su rabia con el cuerpo, esto se fue suavizando con el tiempo. La validación y confianza de sus padres le ayudaron a permitirse sentir y poder mostrarse vulnerable. Ahora es más fácil conectarse con él, y para él manifestarse y llorar cuando lo necesita.

Los síntomas de los niños, sean nuevos o viejos, pueden aparecer cada vez que ellos reprimen sus lágrimas o emociones. Si los conocemos bien, podremos entender sus gestos y señales, y asegurarles la posibilidad de ventilar todo lo acumulado.

Si bien nuestra aspiración es evitar la acumulación de emociones reprimidas, algunas veces sólo vemos lo que sucedió cuando ya se nos fue de las manos. Es parte de nuestra limitación humana, y nuestros niños conviven con ella cada día. Entonces, cuando advertimos que hace tiempo estamos ciegos a una necesidad de nuestro hijo, sepamos que muchas veces es el curso habitual de las cosas; y procedamos confiadamente hacia el próximo paso para atender esa necesidad y soltar su tristeza, y también la nuestra propia.

Angustia de separación y necesidad de llorar

Hay veces en que la noción de aliviar el dolor a través del llanto puede llevarse demasiado lejos. Una vez una amiga me preguntó porqué llevaba conmigo a mi hijo pequeño a una charla, y le respondí que si lo dejaba en casa, se sentiría asustado o desesperado (además de que tomaba pecho). Mi amiga opinaba que yo debería irme de todos modos, ya que su papá podría quedarse con él, validar sus emociones, y él podría llorar y aliviar así dolores pasados.

Mi hijo no tenía dolores pasados sin llorar, y yo no iba a fabricarle la experiencia. Así que llevé a mi hijo conmigo a la charla, y a otros compromisos mientras él lo necesitó. Cuando estuvo listo para dejarme ir, no hubo lágrimas. Él inició el proceso de separación, y estuvo tranquilo estando sin mí. Si confiamos en que todas las expresiones emocionales de nuestros hijos representan necesidades reales y urgentes de cercanía y seguridad, podremos simplemente atender a esas necesidades. Incluso si sabemos de algún dolor pasado que necesite sanar, como sugirió mi amiga, no tiene sentido fabricar oportunidades para que un niño llore. Si los niños se sienten seguros para poder expresarse, ellos encontrarán la manera de soltar dolores pasados, como veremos en un ejemplo en éste Capítulo.

Cuando no nos queda otra alternativa que dejar a nuestro hijo (por estar hospitalizadas o alguna otra tragedia similar); sólo entonces, organizamos compañía, apoyo y atención a sus temores y lágrimas. Validamos y empoderamos a nuestro hijo ante las circunstancias de la vida. Pero no fabricamos esos eventos. Es decir: una cosa es validar el llanto de nuestro hijo, otra cosa es provocarlo. Cuando no podemos evitar separarnos de nuestro hijo, nuestra tarea no es distraerlo de sus emociones, sino validar su experiencia, incluso su llanto, así puede registrar el valor de su vivencia.

Del mismo modo, si a nuestro regreso nos encontramos con un niño furioso, no intentemos detener su manifestación de furia o aplacarlo compensándolo con algún agasajo. Validémoslo, mostrémosle que nos importa y expresemos cuánto lo extrañamos y cuánto lo amamos con un simple abrazo o nuestra escucha dedicada. Nuestro hijo se recuperará de la angustia de la separación llorando, o manifestando sus miedos y frustraciones ante nuestra atención amorosa y validante. Nuestro apoyo inquebrantable le transmitirá que él es perfectamente capaz de atravesar esta experiencia.

Rabietas: ¿Llorar por una necesidad o necesidad de llorar?

Un niño que tiene una rabieta se siente desamparado y necesitado de autonomía y sensación de dignidad. Necesita sentirse capaz de dirigir su vida en sus propios términos. Algunas veces, una rabieta requiere nuestra atención específica ante un tema en particular; otras, el niño necesita liberar emociones intensas acerca de lo que no puede cambiar, y lo que necesita es nuestra atención amorosa. Cuando su modo de sanar es a través de la furia, y nosotros ofrecemos calmarlo y convencerlo de desenojarse, estamos desbaratando su proceso de sanación; pero cuando lo dominamos, estamos provocando la rabieta.

Cuando doblegamos a nuestro hijo, causándole su furia, indaguemos nuestros pensamientos y busquemos en nuestro corazón quién queremos ser para él en ese momento. Como madres o padres amorosos y amables que somos no queremos controlar o agraviar a un hijo. Es nuestra mente la que dicta las acciones o palabras equivocadas. Pensamientos como: "Ella debería salir del juego cuando le digo". ¿De verdad creemos eso? Cuando nosotros estamos pasándola súper bien, ¿obedeceríamos a alguien que nos quiere alejar de eso? ¿O seguiríamos nuestro instinto? ¿Nos vamos nosotros de una fiesta apenas nuestro hijo nos dice que se está aburriendo, o nuestra pareja nos propone irnos? Entonces, ¿son estos pensamientos amables y honestos? En realidad es nuestra propia rabieta, que es expresada por nuestro hijo. Nuestra necesidad de controlar todo es descontrolada, o quizás estemos debatiéndonos entre impresionar a alguien o responder a nuestro hijo. Preguntémonos: ¿Cómo seríamos en la misma situación con nuestro hijo si no tuviéramos estos pensamientos? Imaginémonos en la misma situación libres del libreto de nuestra mente, y observemos en nuestra mente cómo lo trataríamos.

Las rabietas no son inevitables, prevenirlas empieza desde que nuestro hijo nace, cuidándolo, con una actitud pro "sí", mientras es bebé y luego cuando crece también. Sostengamos al bebé en brazos permanentemente, y desarrollará habilidades comunicativas suaves. Los portabebés y el colecho permiten al bebé expresar sus necesidades sin necesidad de gritar o llorar, y sin llegar a sentirse frustrados. Entonces podrá distinguir entre pedir algo tranquilo y llorar expresando emociones. Luego, cuando incorpore el lenguaje, seguramente podrá usar palabras en lugar de rabietas para comunicar sus necesidades. Cuando un niño sabe que sus palabras suscitan la respuesta de sus padres, como lo hicieron sus gestos suaves siendo bebé, no tiene motivación para gritar por ayuda o atención. Entonces, si un niño hace rabietas, lo más probable es que necesite nuestra atención, o nuestros cuidados porque algo le está sucediendo.

La confusión empieza cuando nuestro hijo hace una rabieta porque su comunicación previa, más suave, no produjo la necesaria conexión con nosotros. Esto no es motivo para sentirnos culpables o inadecuados como padres. A casi todos los niños les sucede alguna vez, a pesar de nuestra intención de responder a los pedidos y de ser amables.

Si la furia de nuestro hijo ante alguna circunstancia inevitable nos genera angustia, quizás nos apresuremos a querer consolarlo, torcer las circunstancias, compensarlo, o incluso hacer cosas ilógicas para detener la rabieta. De este modo no estamos escuchando su mensaje, y estamos frustrando su proceso de sanación. Este tipo de respuesta gradualmente enseña a nuestro hijo a usar rabietas y lágrimas para obtener algo en lugar de para aliviar sus emociones. Nadie es culpable de este malentendido. Es parte de la condición humana que tanto padres como hijos nos tropecemos con las estrategias de nuestra mente mientras intentamos hacer lo mejor. Los padres suelen sentir que sus hijos los "manipulan". Pero en realidad ellos están simplemente actuando de acuerdo con lo que les fue enseñado "sin querer".

Para evitar entrar en pánico cuando nuestros hijos enfurecen ante una circunstancia inevitable, usemos la autoindagación del S.A.L.V.E.: investiguemos nuestros pensamientos en lugar de dejarlos dictar nuestras acciones. Nuestro libreto mental probablemente diga: "Debo hacerlo feliz", "¿Cuál es su problema?", "Soy una madre horrible", "¿Qué me sucede que hago todo mal?", "¡No, pobrecito! ¡Es terrible que se sienta así!", "Si alguien lo ve así va a pensar que soy muy mal padre", y muchos otros similares. Escribámoslos y observemos a nuestra mente en el papel.

Cuando creemos que estos pensamientos son verdad, ellos nos instan a luchar contra la realidad de la rabieta de nuestro hijo. Y haciendo eso, nos desconectamos de nuestro hijo y de nosotros mismos. Cuando revisamos estos pensamientos, nos damos cuenta de que en realidad no tienen nada que ver con la verdad, la realidad, o con nuestro hijo. Son simples ansiedades que heredamos. Sin ellos no tendríamos ninguna dificultad en amar a nuestros hijos incondicionalmente y ofrecerles toda nuestra atención.

Cuando revisemos nuestros pensamientos, tengamos en cuenta que ellos sólo tienen que ver con nosotros, naturalmente, porque son *nuestros* pensamientos. Somos nosotros los que pensamos que algo es incorrecto, terrible, o que nuestra imagen ante otros se está perjudicando. Somos nosotros los que deseamos que la rabieta termine, por nuestro propio bien basándonos en estos pensamientos. Si miramos más profundamente, ni siquiera sabemos si para nosotros son verdad. Son automáticos. Si hubiera una manera de explorar cómo reaccionaríamos si no se nos ocurrieran, las rabietas de nuestros hijos quizás nos parecerían completamente inofensivas, y podríamos tratarlas con mucho más amor y conexión con nuestro hijo.

Una rabieta es una forma válida de manifestar emociones contenidas y también una manera de aliviarlas. La furia o el llanto como vías para obtener lo inalcanzable se previenen mejorando nuestra respuesta a las señales sutiles de nuestros hijos, y evitando hacer cosas por la fuerza. Cuando una rabieta es sanadora, y la detenemos mediante compensaciones, el problema queda irresuelto porque la necesidad real no está siendo satisfecha.

El costo de controlar

Cuando imponemos límites a los niños, ellos tienden naturalmente a oponerse, además de quedarse con resentimientos, que luego pueden provocar agresión o rabietas. Otra alternativa es que los niños obedezcan, dando lugar a lo que muchos adultos a veces confunden con un niño "bueno". El niño complaciente tenderá a manifestar todo su sufrimiento acumulado a través de otros disturbios emocionales, o más tarde en su adolescencia o juventud con drogas, agresión, desórdenes alimenticios, depresión, etc.

Detrás de la furia siempre hay impotencia. Podemos prevenir la impotencia en los niños si no les quitamos el poder y si protegemos su libertad y autonomía. Pero al mismo tiempo debemos estar atentos a no cargarlos con un poder que supere sus capacidades, como por lo general es el poder sobre otras personas. La combinación de impotencia por un lado y excesivo poder por el otro abruma a cualquier niño.

En algunas ocasiones nuestra experiencia puede ser útil para la seguridad o bienestar de nuestro hijo. Sin embargo, aunque hay algunas excepciones en las cuales necesitamos actuar rápido y explicar luego; la gran mayoría de las veces esto no es necesario. Cuando vemos a un hijo a punto de hacer algo inseguro o desconsiderado, en lugar de "enseñar", brindémosle información que pueda usar para tomar decisiones seguras y consideradas. De esta manera evitamos intervenir, poner límites, doblegarlo; ofendiéndolo y colocándonos por sobre él.

Un niño se siente empoderado cuando puede tomar decisiones autónomas que siente propias. Pero tener autonomía no es lo mismo que tener poder sobre otras personas, lo cual es perturbador para un niño. Si entramos en pánico ante las emociones de nuestros hijos, usarán ese poder sobre nosotros, pero al mismo tiempo se sentirán abrumados y propensos a más rabietas.

Si ofrecemos consistentemente a los niños información para que puedan elegir autónomamente, les será también más fácil aceptar las situaciones en las que las cosas no salen como quisieran: no pueden andar en triciclo por el medio de la calle, romper platos, jugar con fuego, lastimar a otros, lanzar objetos dentro de la casa, ir en auto sin cinturón de seguridad, etc. Cuando estas pautas son construidas a base de información confiable y comunicación constructiva, en lugar de ser impuestas autoritariamente, el instinto natural de los niños de cuidarse y desarrollarse seguramente los guiará a actuar responsable y consideradamente, porque es lo que ellos quieren también.

Los niños anhelan por naturaleza hacer lo correcto, armonizar con su entorno, cuidarse, y además complacernos. Si nuestro hijo nos resiste, es señal de que hemos sido autoritarios en nuestro vínculo con él; que **nosotros** estuvimos resistiéndolo a él. Es probable que los juicios que tengamos respecto a nuestros hijos sean aplicables a nosotros mismos, y puedan servirnos de guía para nuestro propio crecimiento. Ellos verán entonces nuestra evolución y también evolucionarán, pues espejan nuestras actitudes. Si sentimos que nos resisten, seguramente seamos nosotros quienes estamos resistiendo. Si creemos que no colaboran, preguntémonos cuánto estamos colaborando nosotros con ellos. Escribamos e indaguemos los pensamientos que alimentan nuestra necesidad de control. Cuando tomamos conciencia sobre estas respuestas automáticas gradualmente nos acercamos a encarnar la madre o el padre que aspiramos a ser.

Los siguientes son ejemplos de mis talleres que ilustran maneras diferentes de intentar mantener seguros a los niños, una a través del control y otra a través del vínculo de confianza.

El papá de Ambar (3 años) le había indicado nunca jugar cerca del arroyo que atraviesa el jardín de su casa sin la presencia de alguno de sus padres. Dos semanas más tarde, a Ambar se le ocurrió acercarse un poquito al arroyo y tirar una piedra al agua. Cuando lo hacía, le llegó el grito de su madre: — ¡¡Nooo Ambar!! ¡Sal ya mismo de ahí!

Ambar retrocedió, se asustó y avergonzó. Su mamá siguió reprendiéndola y amenazó con castigarla la próxima vez.

Es posible que Ambar no vuelva a acercarse al arroyo sola nuevamente, pero no porque comprenda el peligro, no porque confíe en la indicación de sus padres, no porque confíe en sí misma y quiera mantenerse a salvo. Si lo hace es por temor a la reacción de sus padres, a la desaprobación o castigo. Si algún día está furiosa y quiere vengarse de sus padres, quizás aproveche y los "castigue" yendo al arroyo y volviendo a hacer algo "prohibido". O quizás, cuando no le interese la aprobación de ellos y quiera tener experiencias autónomas, busque satisfacer ese deseo haciendo algo "prohibido". En cualquier caso, seguramente tendrá además muchas otras nuevas vivencias opresivas de parte de sus padres, y subsecuentemente mucho enojo que manifestar a través de rabietas, agresión o actitudes autodestructivas.

Cualquier niño quiere mantenerse a salvo y cuidarse si le ofrecen información útil y confiable y si se siente seguro con sus padres. La seguridad vendrá no de reglas o indicaciones impuestas forzadamente sino de tener padres que son aliados amorosos a su lado.

> *El papá de Julián (3 años) lo invitó a jugar junto al arroyo cercano a su nueva casa. Fueron juntos y el papá le explicó a Julián el peligro de caerse al agua. Tiraron juntos ramitas y piedras, y vieron lo que pasaba, mientras el papá explicaba que las personas no podemos respirar bajo el agua. Luego metieron los pies y sintieron la fuerza del agua. Jugaron un rato, se divirtieron mucho, y antes de irse el papá le pidió a Julián que siempre le avisara a él o a mamá cuando quisiera volver a jugar allí para que alguno de los dos lo acompañara.*
>
> *Al día siguiente Julián le pidió a su mamá ir a jugar al arroyo.*
>
> *—No puedo ir ahora—dijo su mamá. Pero en cuanto termine de hacer una llamada telefónica vamos juntos.*
>
> *Veinte minutos más tarde, Julián fue con su mamá al arroyo. Después de varios días de aventuras diarias en el arroyo, Julián perdió el interés inicial y sus juegos en el arroyo se espaciaron. Nunca fue solo al arroyo porque confiaba en su padres y en su percepción de peligro, que adquirió en compañía de mamá y papá.*

Como vemos en este ejemplo, dentro de un vínculo de confianza Julián no se siente indefenso ya que no está siendo forzado. Tampoco está desarrollando un deseo de desafiar a sus padres. Seguramente va a seguir usando información útil recibida de sus padres durante años, en diferentes áreas de su vida, sin inquietud de desafiar acuerdos o hacer algo peligroso o desconsiderado.

Siempre que sea posible demos información, y evitemos poner a un niño en situaciones demasiado difíciles, que él no pueda entender para elegir en forma segura. Proveer un ambiente seguro física y socialmente posibilita que nuestros hijos puedan manejarse de manera responsable y considerada.

Cuando los niños hacen rabietas para conseguir cosas

Un niño que usa sus estallidos emocionales para conseguir algo está asumiendo dos cosas a partir de su experiencia: que no puede conseguirlo de otra forma, y que si grita lo suficientemente fuerte por el suficiente tiempo va a conseguir lo que quiere, o alguna otra compensación. Esto lo deja con dos sensaciones inquietantes: por un lado se siente indefenso ante el dominio de sus padres, y por otro abrumado o asustado por la capacidad de sus lágrimas de hacerlos entrar en pánico.

Si bien las emociones siempre son válidas, no necesariamente tienen que desencadenar acciones. Un niño que está irritado porque le pidieron que dejara de tirar arena a otro niño, o desilusionado porque no ganó una carrera, siente emociones válidas que necesita manifestar y que sean escuchadas y validadas. Pero eso no implica que debamos alentarlo a tirar arena a otros si así lo desea, o luchemos por su derecho a ganar una carrera (sí necesitamos, sin embargo, averiguar si hay alguna necesidad insatisfecha que lo está impulsando a comportarse así).

Nuestro hijo puede estar furioso porque no bloqueamos al otro niño para facilitarle a él que ganara, o porque no le permitimos seguir tirando arena a alguien en la plaza. Si ya ha experimentado mucha indefensión y falta de libertades para gobernar su vida, esta furia puede desencadenar una rabieta. Del mismo modo, si muchas veces se siente abrumado por su poder sobre nosotros, o por tener demasiadas licencias que no sabe manejar, es probable que entre en furia para convocar nuestro liderazgo.

Por más que queramos evitar controlar, hay situaciones donde es necesario intervenir y no hay tiempo para conversar antes. Entonces nuestro hijo quizás se sienta dolido, consternado o enojado.

La escena de abajo ilustra la libertad que gana un niño cuando su llanto no cambia la realidad pero es escuchado y validado.

David, de cinco años, pidió ir al cuarto de su hermana Lali, de nueve, a estar con ella un rato. Lali quería estar sola. David insistió y Lali accedió con la condición de que David no la empujara como lo había hecho antes. Él aceptó.

Después de un momento David salió llorando del cuarto de Lali: — Lali me echó fuera porque la empujé.

Lali le había dado varias oportunidades a David para que dejara de empujarla antes de expulsarlo. David se tiró al suelo junto a su madre y gritó que no iba a volver a empujarla y que quería volver con Lali.

Su mamá validó sus emociones: — Querías jugar con tu hermana. No pudiste evitar empujarla. ¿Tú querías que ella luchara contigo?

— Quiero volver con Lali — David gritaba y pataleaba.

Su mamá dijo entonces: — Entiendo. Me quedaré aquí contigo para que puedas llorar todo lo que necesites.

David dio por finalizada su rabieta y se fue a andar en triciclo.

David no necesitaba llorar, pero tenía esperanzas de cambiar la realidad. Cuando comprobó que eso no iba a suceder, se fue a hacer otra cosa. Cuando el objetivo de un niño es obtener algo a través de una rabieta, comunicarle de qué manera lo acompañaremos en esta situación muchas veces pone fin a la misma, porque ésta ya no representa una herramienta útil.

Aunque hagan una rabieta para conseguir algo imposible, los niños también pueden necesitar manifestar sus emociones. Nuestro trabajo es entonces escuchar y validar, hasta que la rabieta termine naturalmente. La mayoría de las veces esto será suficiente y luego de la rabieta nuestro hijo estará de buen ánimo y satisfecho; pero si subsistiera la necesidad, podemos conversar mejor luego de pasada la tormenta.

Lo que nuestro hijo quiere en ese momento seguramente no es su necesidad real; como padres debemos buscar el motivo profundo de la rabieta, que usualmente es algo más importante que una golosina o ganar un juego. Por ejemplo, una rabieta desencadenada por no ganar una competencia puede evidenciar una necesidad de sentirse importante y valorado. Presionar a sus amigos para que lo dejen ganar no sólo no resolvería el problema sino que lo alimentaría. La necesidad subyacente debe ser atendida, o la inseguridad permanecerá, y se sucederán nuevas rabietas. Si todo lo que necesita el niño es manifestar su furia, con la rabieta misma lo habrá conseguido, y no necesitará nada cuando ésta pase. Por el contrario, si necesita amor, atención o autonomía, cuando haya manifestado completamente su rabia, tanto él como nosotros vamos a haber ganado claridad respecto al escenario y podremos buscar soluciones prácticas con mejores recursos, como muestra la siguiente escena:

> Celia, de cuatro años, fue con sus padres a visitar a su tío Juan que estaba en el hospital. El viaje duraba un par de horas, y cuando llegaron al hospital Celia estaba profundamente dormida. Sus papás decidieron no despertarla, pensando en lo cansada que había estado Celia. Su papá se quedó en el auto con ella mientas su mamá visitaba a su hermano. Cuando terminó la visita, Celia seguía durmiendo. Cuando despertó, ya estaba oscuro, y estaban por llegar de vuelta a casa. Celia miró a su alrededor:
> — ¿Cuánto falta para llegar a ver al tío Juan? —preguntó.
> Sus padres le contaron que ya estaban de vuelta, casi llegando a casa, y Celia estalló en furia. Le ofrecieron repetir la visita el fin de semana siguiente, pero Celia en ese momento no necesitaba propuestas.
> — ¡No! ¡Yo quería verlo ahora! —gritaba Celia mientras pateaba violentamente.
> La rabieta continuó todo el resto del viaje, mientras la mamá de Celia la cuidaba a su lado y le prestaba toda su atención. Mamá repasaba los hechos y validaba las emociones de Celia:

— Estabas entusiasmada con visitar al tío, y te lo perdiste. Te hubiese gustado elegir si seguías durmiendo o te despertábamos para verlo.

Cuando terminó su rabieta, Celia quedó tranquila. Llegaron a casa y discutieron maneras de incluirla en decisiones futuras y respetar su necesidad de decidir por sí misma. La familia planeó otro viaje para visitar al tío Juan para el fin de semana, y ahora que Celia estaba calmada, a ella le entusiasmó la propuesta. Todos acordaron que antes de cada viaje, Celia iba a anunciar su deseo de ser despertada o no, en caso de que ella durmiera cuando llegaban a algún lado. Si se olvida de anunciarlo, el acuerdo es despertarla.

Este tipo de situaciones son complejas para los padres. Muchos hubieran intentado maneras creativas de detener la rabieta: ¿Volver esa noche y quedarse en un hotel para visitarlo al día siguiente? ¿Ofrecerle a Celia pasar por la heladería antes de llegar a casa? ¿Comprarle un juguete nuevo?

La intención detrás de este tipo de propuestas es detener la rabieta para evitarnos a todos el mal momento. Nos decimos que nuestra hija está sufriendo, que la culpa es nuestra, que ella no puede lidiar con semejante frustración. Sin embargo, lo que pasó es irreversible. Los padres no son culpables sino que han intentado hacer lo mejor, y la niña no está traumatizada si no le enseñamos que lo está.

Estas soluciones no hubieran atendido la necesidad de Celia ni sus emociones. No era la visita perdida lo que más la enojó, sino la negligencia a su derecho autónomo de decidir por sí misma. Ninguna visita, helado o plaza le devolverían su dignidad. Pero ser escuchada, que los hechos le sean reconocidos, y validada en su furia, que pudo manifestar libremente; le permitió a Celia atravesar sus emociones intensas y considerar soluciones a futuro. Con sólo cuatro años, ni siquiera necesitó indagar sus pensamientos para darse cuenta de que la razón de su furia era un deseo imposible. El drama se desvaneció con tan solo dejarlo fluir. Sin dramatizar sobre lo que se perdió, ella pudo entusiasmarse con la próxima visita.

Escuchemos las rabietas de nuestros hijos y reconozcamos lo que pasó, pero no los distraigamos ni les evitemos sus emociones. Ellos necesitan saber que no hace falta entrar en pánico ni encontrar una compensación inmediata para detener el dolor cuando las cosas salen mal. Ellos necesitan sentirse emocionalmente capaces de vivir emociones intensas y atravesar desilusiones, caídas u otros infortunios.

Liderazgo parental

Igual que con el llanto, algunos padres podemos llevar la idea de la función sanadora de la rabieta al extremo y negar a nuestros hijos sus necesidades y autonomía. En lugar de respetar sus elecciones, podemos pensar "Dejémosles enojarse, es bueno para ellos". Respetemos el derecho de nuestros hijos a enojarse, pero no provoquemos sus enojos. Está muy bien reemplazar el plátano desecho si tenemos otro, u ofrecer una golosina saludable sin luchas de poder. Permitámonos ser amables, generosos y respetuosos.

Un padre me dijo: "Pero si cedo, me va a perder el respeto". Ser amable no significa ceder o dejar de hacerlo. La idea de que los padres tenemos que ser "respetados" por nuestros hijos es otro de esos pensamientos que necesitan una indagación exhaustiva. Crecer como personas tiene que ver con liberarnos de la necesidad de cualquier cosa que otros supuestamente deberían darnos. La manera de enseñar respeto es respetar a los otros y a nosotros mismos.

El sentido natural de respeto de un niño se desarrolla a través de la vivencia de ser respetado, y amado; no a través del control y la dominación. Muy frecuentemente se confunde respeto con sumisión. Pero la sumisión, o la obediencia, no son respeto; sino una forma de expresión de miedo con algo de resentimiento. Lo que provoca es el acallamiento de la individualidad, de la expresión genuina. El tan común miedo de los padres a ser controlados o manipulados por los hijos es generalmente una consecuencia de dolores propios del pasado. No tiene nada que ver con nuestros hijos, y de hecho obstaculiza nuestro amor y cuidado hacia ellos. Un niño escuchado, y cuya vida fluye sin trabarse con la dominación de los adultos, no necesita manipular a sus padres. Siente amor y admiración hacia ellos y confía en ellos, sabiéndolos de su lado.

Cuando un niño se siente indefenso y usa las rabietas como herramienta para conseguir algo, está necesitando nuestro liderazgo. Claro que los niños necesitan libertad y autonomía, pero no creer que pueden asustar a sus padres con sus expresiones emocionales. No están preparados para manejar este tipo de poder y por eso cuando un niño ve que su mamá o papá se asustan de su llanto o gritos, se siente perdido, necesitado de guía. Nuestros hijos necesitan padres líderes en quienes apoyarse, y escuchantes en quienes volcar sus corazones. En otras palabras, ellos cuentan con nuestra capacidad de asimilar sus emociones sin sentirnos abrumados.

Para evitar el uso de rabietas como herramientas para conseguir algo, *debemos cambiar las dos condiciones que alimentan la furia de un niño*:

1) Soltemos el control; dejemos a nuestros hijos conducir sus vidas tranquilamente y con autonomía.
2) Cuando un hijo está enojado con una circunstancia inevitable, validemos sus emociones sin darle a su manifestación el poder de cambiar la realidad.

Ante la frustración y la desilusión, los niños cuentan con el liderazgo de sus padres. La pregunta implícita que se pueden estar haciendo es algo como: "¿Me querrá papá lo suficiente como para presenciar mi furia, o va a agobiarse por mi emoción intensa y tratar de detenerme?". De hecho, nuestros hijos necesitan sentirse seguros para perder los estribos sabiendo que tenemos la solidez para poder conservar un refugio amoroso para ellos.

Si entramos en pánico en respuesta a la rabieta de un hijo, él aprende no sólo a usarla como herramienta, sino también a temerle a las emociones y tomarlas demasiado a pecho. Puede desarrollar temor ante sus propias emociones, porque ve que nosotros tampoco podemos afrontarlas: "Las emociones deben ser terribles, debo evitarlas". Toda esta reacción dramática ante las emociones también les da una trascendencia exagerada, que le provoca miedo y poder al mismo tiempo. Por el contrario, cuando validamos emociones estando tranquilos, sin agregar dramatismo, éstas pueden vivenciarse con confianza. Las emociones fluyen a través nuestro, y nosotros las vivimos y luego continuamos nuestra vida sin quedarnos enganchados.

Es cuando negamos o resistimos las emociones que estas producen angustia real.

Las compensaciones y las distracciones no ayudan a los niños a atravesar sus emociones. Si lo que quiere un hijo es una rabieta sanadora, no va a estar satisfecho si obtiene lo que está pidiendo superficialmente. Pronto aparecerá otro motivo para enojarse o pedirá algo imposible de cumplir. Incluso si una expresión de furia logra detenerse, nuestro hijo encontrará la manera de reanudar su estallido de algún otro modo creativo, probablemente el mismo día. Cuando decimos: "Aunque le de todo lo que pide, siempre está insatisfecho", estamos probablemente describiendo a un niño que necesita manifestar emociones intensas. Desvelarnos para darle lo que pide a gritos, de hecho impide su intención verdadera, y nos impide a nosotros conocer la verdadera causa subyacente de su sufrimiento.

Usemos la fórmula S.A.L.V.E. para ayudarnos a clarificar la necesidad insatisfecha:

S — Separémonos de nuestra reacción e indaguemos nuestras voces interiores que nos impulsan a detener la rabieta de nuestro hijo. Repasemos mentalmente nuestra conversación interna. Si podemos soltarla, hagámoslo. Si no podemos, revisemos su relevancia. Si tenemos un pensamiento como: "Mi hijo no debería enojarse así" o "Es demasiada frustración para mi hija", preguntémonos si eso es algo que realmente podemos saber. Entonces imaginémonos acompañando a nuestro hijo furioso sin ese pensamiento. Puede ser que encontremos una claridad pacificadora que nos sorprenda. Advirtamos que el pensamiento tensionante que tenemos acerca de nuestro hijo, nos representa a nosotros tanto como a él, o mejor. Nosotros probablemente estamos teniendo una rabieta interna por la rabieta de él. Mientras tanto, nuestro hijo necesita nuestra escucha y nuestro liderazgo calmo.

A — Cuando hayamos ganado algo de claridad interna, prestemos Atención a nuestro hijo.

L — Logremos escuchar su furia.

V — Validemos sus emociones.

E — Empoderémoslo para que despliegue sus emociones y resuelva sus asuntos.

Cuando estemos escuchando plenamente a nuestro hijo, permanezcamos conectados, estemos relajados y tranquilos, y concentrémonos en detectar su necesidad real, como hicieron los padres de Celia en el ejemplo anterior. Si la mamá de Celia no hubiera escuchado, se habría quedado atrapada en su propio remordimiento y quizás emprendido la vuelta hacia el hospital; o buscado compensar de alguna manera a Celia. En lugar de eso, ella logró escucharla y entender que su necesidad era poder tomar sus decisiones y ser incluida en ellas.

Para entender a nuestros hijos sin confundirnos en nuestro propio drama, tenemos que aprender a escuchar con conciencia más allá de las meras palabras. "Quería visitar al tío" puede sonar como una necesidad lógica e importante, pero el dolor más profundo de Celia venía por no haber podido elegir, ni sido incluida en la decisión. La mayoría de las furias reflejan la necesidad de libertad para poder dirigirse a uno mismo.

Celia pudo aceptar su pérdida de la visita de ese día cuando su necesidad de autonomía e inclusión fue escuchada.

Confiemos en nuestros hijos y respetemos su necesidad de llorar sin confundirnos con el llanto por otras necesidades.

Previniendo la autovictimización

Los niños que son repetidamente compensados en su llanto o al mostrarse sufrientes aprenden otra lección: "Si me angustio lo suficiente, puedo obtener lo que quiero" o "Sufrir mucho hace que me presten atención".

Muchos de nosotros que hemos aprendido esta estrategia en nuestra infancia la seguimos usando en nuestros vínculos adultos. Nos decimos: "Si demuestro cuánto estoy sufriendo por esto, él o ella me tratará bien o hará eso que espero".

Quienes tienden a autovictimizarse, tanto en la infancia como en la adultez, se colocan en circunstancias desfavorables y la pasan mal en la esperanza inconsciente de que esto ayudará a obtener lo que desean. Provocar lástima entonces es una estrategia del pasado y basada en darle el poder a fuerzas externas a uno mismo, lo que nos impide actuar desde el instante presente y con toda nuestra potencia. Nuestros hijos aprenden de nosotros, o a victimizarnos o a estar presentes con todo nuestro potencial listos para actuar por nuestro propio bien. Si aprenden que su felicidad depende de otros o de circunstancias externas, están condenados a la indefensión; al sentir que no pueden hacer nada al respecto. Las víctimas seguirán fracasando siempre porque sus mentes quieren tener razón acerca de su calidad de víctima.

Cuando nos damos cuenta de que estamos varados en la incomodidad ante nuestro hijo furioso y victimizado, recordémonos que él cuenta con nuestro liderazgo, no quiere que nos quedemos atrapados en su drama. Eso sería como ir a ahogarnos con alguien que se está ahogando en lugar de sacarlo del agua. Él cuenta con nosotros para ayudarlo a que emerja su ser capaz y poderoso (no víctima).

El ejemplo que sigue, de uno de los participantes de mis talleres, ilustra el riesgo de renunciar al liderazgo parental cuando un niño está irritado.

> *Un par de días antes de su cumpleaños número seis, Nina descubrió que su hermano de once años, Rodrigo, tenía un regalo para ella. Rodrigo planeaba sorprenderla con el regalo durante el festejo, pero Nina no quería esperar. Se puso a llorar y gritar que quería el regalo ahora. Cuando sus gritos llegaron a toda la casa, su papá, Damián, se irritó. Fue enérgicamente al cuarto de Rodrigo y le dijo que le diera el regalo a su hermana inmediatamente.*
>
> *Rodrigo tomó el regalo y en un estallido de furia se lo arrojó a su hermana. Entonces Nina dejó de llorar y Rodrigo se encerró con un portazo en su cuarto.*

El estallido emocional de Nina le provocó a Damián la pérdida de su autocontrol. En su prisa por detener los gritos, falló en proveer el liderazgo y el apoyo emocional que ambos hijos necesitaban. No respetó la elección de su hijo de esperar para darle el regalo a Nina, y con ello le quitó el disfrute de dárselo. Damián también dejó a su hija con demasiado poder que manejar, y nadie que pudiera atajarla en su caída emocional. En realidad, lo que Nina necesitaba era la comprensión de su papá respecto de su impaciencia, así ella podía hacer las paces con lo que estaba viviendo. Mientras tanto, ambos niños aprendieron que llantos y gritos son el precio para conseguir lo que uno quiere.

Damián actuó con buena intención, pero su intervención sólo se ocupó de sus propias necesidades, y a un precio alto. Él necesitaba silencio, y fue tan impaciente como su hija: quería también el "regalo" inmediatamente. El "regalo" para él era el fin del griterío. Damián se sintió víctima de los gritos, e hizo que su paz dependiera de que su hijo cediera ante otra víctima. Todos en esta escena se victimizaron, y nadie logró realmente contentarse. Y todo inocentemente, con la mejor de las intenciones.

¿Cuál hubiera sido una respuesta paterna más efectiva?

Primero, Damián podría haberse abstenido de intervenir en la discusión entre sus hijos; podría haber prestado atención a su libreto mental y advertido que su actuar estaba impulsado por su propia ansiedad y confusión. Rodrigo no hubiera entregado su regalo a Nina antes del festejo, y el griterío se hubiera agotado naturalmente, o Nina hubiera acudido a Damián con su historia. Luego, Damián hubiera podido ofrecer su escucha y atención al enojo de Nina y validado sus emociones diciendo: "Entiendo. Estás ansiosa por ver el regalo de tu hermano. Dos días parecen una eternidad cuando algo te entusiasma tanto". También podría haber mostrado que le importaba el dilema de Rodrigo validando sus preferencias y emociones. Entonces Nina se hubiera sentido comprendida y empoderada para manejar sus propias emociones intensas, y Rodrigo hubiera sentido la confianza y apreciación de su padre. Nina hubiera quizás podido indagar la causa de su malestar, que probablemente era su creencia de que podía tener el regalo inmediatamente. Sin esa creencia ella podría haberse entusiasmado por saber que tendría otra sorpresa pronto.

¿Y si Nina hubiera gritado por horas? El Budismo Zen tiene una respuesta útil a esto: entonces ella hubiera gritado y gritado por largas horas en la presencia amorosa de su padre. A veces los niños quedan prendados de sus enojos porque necesitan llorar; otras pueden estar inconscientemente presionando a sus padres para que se pongan de su lado, o para que asuman una postura de liderazgo. Hay situaciones donde los niños simplemente espejan a sus padres, o al vínculo entre sus padres. Sea cual sea el motivo inconsciente que motiva la rabieta, validar emociones trae alivio y claridad.

Una guía útil puede ser no alterar el curso de los hechos salvo que puedan ser dañinos o cuando sea necesario que el niño ajuste algún comportamiento. La realidad en este caso es que Rodrigo le iba a dar el regalo a Nina durante el festejo. Empoderar a un niño para que haga las paces con la realidad es un don mucho mayor que enseñarle que si es lo suficientemente sufriente o potente al protestar, la realidad se va a amoldar a él. La vida no cambia su curso para satisfacer deseos humanos, y cuando alteramos circunstancias indeseadas omnipotentemente, terminamos eliminando desafíos y desilusiones del camino de un niño, que de otro modo le darían la oportunidad de fortalecerse frente a ellos. En otras palabras, la enseñanza al alterar la realidad para un niño es: "Tú eres muy débil para poder atravesar esto" o "Algo está mal y debe ser cambiado". Esto son puntos de vista de la víctima. En contraste, la enseñanza de la escucha atenta sería: "Confío en ti. Tienes la fuerza y capacidad para atravesar esta dificultad, y también para aceptar o resolver lo que sea necesario". Nuestro hijo entonces aprende a amar la vida más que a temer todos sus giros inesperados.

Siempre que la autonomía de un niño sea respetada, él tendrá la capacidad emocional para sobrellevar las desilusiones y lidiar con los impedimentos ocasionales a su voluntad. Los niños que han aprendido a conseguir cosas a través de estallidos emocionales experimentan gran alivio cuando sus padres finalmente logran escuchar sus angustias.

Escuchar el enojo de nuestro hijo

El enojo es una emoción que expresa culpa y provoca que uno se focalice afuera de uno mismo, lejos de los propios pensamientos y emociones íntimas genuinas. Es el resultado de vernos a nosotros mismos como víctimas. Un niño puede enfurecerse por perder un juguete, o porque la lluvia frustre su paseo, o por perder en un juego competitivo. Cuando culpa a alguien o algo por esto, queda desprovisto de poder, pues no puede cambiar el pasado ni controlar lo que hagan los demás. En esencia, declara que su felicidad depende de fuerzas externas y no hay nada que pueda hacer al respecto. Focalizarse en el afuera le impide tener un registro propio y percibir las emociones sobre las cuales sí tiene poder.

Un niño enojado va a enfatizar cuán malos fuimos por llegar tarde a llevarlo a jugar fútbol, y así evitarse la tristeza de haberse perdido parte del partido. Sin embargo, afrontar la pérdida de parte del partido es menos doloroso que la desesperanza de querer volver el tiempo atrás y controlar las acciones de papá.

De hecho, la verdad presente es mucho más amable que el drama de culpas que la mente le agrega. Como podemos ver en el caso de Liz del Capítulo Uno, Liz hizo las paces con la idea de quedarse en la tienda y perderse su programa de TV en cuanto pudo cambiar su enojo (culpar a su mamá y centrarse en lo que estaba mal), por estar presente en su pérdida: "Me perdí el programa". La realidad no era tan mala como toda la historia alrededor, y Liz pudo hacer las paces con ella.

Para asistir a un niño enojado, hagámosle preguntas que le ayuden a mirar los pensamientos que desencadenaron su enojo, y que lo conecten con las emociones que no estén asociadas con culpas. Estos pensamientos dolorosos suelen ser negaciones de la realidad, como: "No debería ser así" o "Él no debería haber roto mi juguete", o deseos de lo imposible, como: "Quiero irme a casa" (en un momento donde no tenemos transporte y dependemos de que nos lleven), "Quiero ser el primero", etc.

Hagámosle a nuestro hijo enojado preguntas que lo ayuden a conectarse consigo mismo, y centrarse en los pensamientos y emociones que no estén asociados con culpas. Por ejemplo, si nuestro hijo reprocha: "Nos vinieron a buscar demasiado temprano", podemos validar la emoción implícita: "¿Estás desilusionado porque te querías quedar más tiempo en la plaza?". O si nuestro hijo culpa a su hermano por tener que ir a la práctica de fútbol, podemos decir: "¿Estás frustrado porque querías ir a la biblioteca y no a la práctica de fútbol de tu hermano?". Si la reacción de nuestro hijo a estas palabras emocionales es sentirse condescendido o cerrarse, no usemos palabras emocionales. Simplemente describamos lo que ocurrió y lo que él quería: "¿Querías quedarte más tiempo en la plaza?", o "Ah, claro. Tú querías ir a la biblioteca y no a la práctica de fútbol. Entiendo". Luego escuchemos su propia versión de los hechos, y no la contradigamos.

Apenas los niños consiguen volver su atención al presente de sus cuerpos y emociones, por lo general logran aceptar la realidad fácilmente o, si no, muchas veces se les ocurren soluciones creativas, o responden bien a otras propuestas.

Una de las razones por las cuales muy frecuentemente intentamos apaciguar a un niño enojado y detener sus manifestaciones emocionales es porque prevemos que escucharlos y acompañarlos tomará demasiado tiempo. En realidad, sólo toma demasiado tiempo cuando no trae alivio efectivo. Culpar no trae alivio aunque el niño tenga razón, y validar la culpabilización sólo la enardece aún más. Centrarse en fuerzas externas deja a una persona indefensa: cuanto más se enoja más se entierra en el agujero emocional de la víctima impotente.

No nos olvidemos de que estamos lidiando con situaciones que ya pasaron (rodilla raspada, la abuela no vino, etc.), o sobre las que no tenemos ningún control. No podemos hacer que pare de llover para nuestros hijos, y no sería bueno para ellos incluso si pudiéramos. Tampoco podemos cambiar a los demás, así que ayudar a nuestros hijos a hacerse cargo de sus emociones los preparará mejor para sus vínculos futuros, ya que no se pasarán la vida intentando cambiar a otros para que se ajusten a sus expectativas. Por el contrario, aprenderán a convivir con otros y tomar decisiones que no impliquen el control sobre terceros en ninguna medida.

Para fomentar el descubrimiento personal, hagamos a nuestros hijos preguntas que les ayuden a distinguir los pensamientos, opiniones, significados o temores que desencadenan su furia. Las preguntas útiles son las que les ayudan a verse a sí mismos como la causa de sus emociones (no de lo que sucedió). Una vez que ellos ganan conciencia de su propio proceso mental, y entran en contacto con las emociones que resultan de éste, lograrán una mayor comprensión (y probablemente faciliten también la nuestra propia) que los acercará a encontrar soluciones productivas.

Podemos usar alguna de estar cuatro preguntas básicas designadas para indagar los pensamientos que desencadenan enojos y otras emociones dolorosas:

"¿Qué crees que significa?"
"¿Cómo sería si hubiera sido como tú querías?"
"¿Qué es lo peor que puede pasar?"
"¿Cómo debería ser?"

Hasta un niño pequeño puede comprender mejor observando el modo en que se habla a sí mismo, que desencadena su enojo. Quizás necesitemos ser más específicos con los más chicos:

"¿Tú crees que si te dice estúpido realmente lo eres?"
"¿Cómo te sentirías ahora si no te hubiera llamado estúpido?"
"¿Qué sería lo peor que podría pasar ahora que te llamó estúpido?"
"¿Tú crees que él no debería llamarte estúpido?"

Una vez que el niño observa los pensamientos que causan el dolor, podemos preguntar qué haría él en la misma situación sin esos pensamientos. Entonces podrá ver que la causa de su enojo no es lo que sucedió, sino sus pensamientos acerca de ello. Lo que sucedió, aunque sea indeseado, es mucho más fácil de sobrellevar que todos esos pensamientos dolorosos que aparecen en la mente. Sin la culpa y el drama, él ya no depende de que nadie le dé felicidad y probablemente acceda a su propio poder inmediatamente. Cuando la realidad es inexorable, aferrarse al dolor de desear lo imposible provoca sufrimiento. Los niños lo descubren naturalmente, salvo que les enseñemos que aferrarse al dolor trae beneficios que valen la pena.

El ejemplo que sigue nos muestra cómo la pregunta: "¿Qué sentido tiene para ti?" puede ayudar a un niño a registrar sus emociones profundas y sus causas. Cuando su mamá lo ayuda a indagar la validez de sus pensamientos, él descubre que lo que causaba el dolor e indefensión era el significado que él le había agregado:

> Juan, de doce años, estaba enfurecido con sus hermanos menores. Le dijo a su mamá Beti que sus hermanos lo molestaban constantemente y a él le enfurecía que ellos nunca sufrieran consecuencias por su mal comportamiento. Beti preguntó: — ¿Tú quieres que yo impida que tus hermanos te molesten?
>
> — Supongo — empezó diciendo, y luego continuó con enojo: — Haz algo, no sé. Es que tú nunca haces nada. Y ellos son unos pesados.
>
> Beti advirtió que su hijo estaba centrándose en la culpa, venganza y castigo; y que su pregunta no había sido útil porque implicaba que una solución provendría de lo que ella pudiera hacer y no de la indagación que

Juan pudiera hacer respecto a sus ideas y su vínculo con sus hermanos.

— ¿Tú crees que eso significa que a mí no me importa que te molesten? — preguntó entonces Beti, usando la primera de las cuatro preguntas básicas.

— Sí. Y que yo no te importo.

— Ay, mi amor. Eso duele — siguió Beti —. ¿De verdad crees que no me importas si no intervengo? (Así revisa la validez de sus pensamientos).

— No. Sé que te importo

— ¿Cómo te sentirías si no pensaras que no me importa que te molesten? (Así ayuda a detectar que lo que causa el dolor es el significado agregado a los eventos).

— No sé. Igual son unos pesados, pero supongo que no me dolería tanto, podría manejarlo directamente con ellos.

— O sea que lo que más duele es la idea de que a mí no me importa que te molesten.

— Mmmm. Sí, supongo que sí — dijo Juan y empezó a llorar. Enseguida se largó a reír de repente y dijo: — Bueno, yo sí sé que tú me amas.

Beti lo abrazó.

— Yo también los molesto a ellos — continuó Juan —. Supongo que necesito descansar de ellos de vez en cuando, cuando siento que me molestan. Así yo puedo ocuparme de estar contento.

Esa tarde tuvieron una reunión familiar y discutieron maneras de resolver disputas entre hermanos y respetar la necesidad de privacidad de Juan. Después de que se les ocurrieran varias ideas, Juan dijo:

— Dejémoslo así. Podemos manejar nuestras disputas entre nosotros. Yo sólo estaba trabado en la idea tonta de que a mamá no le importaba.

La situación real raramente es el verdadero problema. Juan construyó su enojo al decirse a sí mismo que si su mamá no intervenía para defenderlo era porque él no le importaba a ella. Su enojo no tenía nada que ver con sus hermanos. Mientras estuviera apegado a su interpretación de que a su mamá no le importaba y no lo quería, Juan no lograría resolver las cosas con sus hermanos. Si él lograba entenderse con sus hermanos directamente, su historia de víctima con su madre perdía vigencia. Cuando Juan pudo hacerse cargo del significado que inventó, no tuvo inconveniente en resolver los asuntos con sus hermanos. Beti luego me contó que ella tuvo su propia revelación respecto a manifestar amor. Se dio cuenta de que no estaba pasando suficiente tiempo con Juan y decidió dedicarle más tiempo exclusivo.

Pasar de la culpa al crecimiento personal no significa que no tomemos medidas para aliviar las cosas que nos provocan dolor. Al contrario, la introspección nos guía a soluciones productivas. Por ejemplo, si una niña está enojada porque no le gusta su nueva clase de danza, quizás necesite hacer algo al respecto. Una vez que tenga claro qué es específicamente lo que le disgusta, va a saber si tiene que abandonar las clases o encontrar otra solución como cambiar su puesto en la barra o hablar con la profesora. En lugar de quitarle el desafío de sus manos, dejémosle usarlo como combustible para el desarrollo de su autoconocimiento y su proceder asertivo. Con esta claridad, nosotros también aprenderemos mucho, y sabremos si hay o no algo que debamos hacer.

Evitemos decir cualquier cosa que desvalorice el enojo de nuestros hijos, como: "Estás exagerando" o "¿Por qué te molesta tanto? No es tan grave". Un niño cuyo enojo es desvalorizado va a internalizar la imagen negativa que se le está asignando y podría terminar resentido o inseguro. Pero además va a ponerse aún más a la defensiva y a sentirse incapaz de ver soluciones positivas. En esta escena, si Beti hubiera relativizado el planteo de Juan, él la hubiera percibido aún más indiferente, y se hubiera aferrado más a la idea de que no era importante para ella.

Para empoderar el autoconocimiento de un niño enojado, debemos suspender nuestra reacción automática y evitar tratar de solucionar las cosas o controlar su comportamiento. Nuestra propia habilidad para soltar el control es un ejemplo de fortaleza porque no cedemos ante las reacciones de nuestra mente sino que nos centramos en nuestro hijo, y evolucionamos de reacción a creación y de debilidad a fortaleza. El verdadero poder no es por la fuerza, sino suave y delicado.

Procesar dolores del pasado

Algunas veces los niños, al igual que los adultos, necesitan reeditar eventos pasados para soltar el dolor que quedó asociado a ellos. Cuando el dolor pasado de un niño se reedita con un incidente actual, seguramente aliviará el dolor pasado junto con el nuevo, incluso sin ser conciente de ello. Los jóvenes pueden no comprender cómo el dolor presente se relaciona con un evento pasado; o quizás sí, y sean concientes diseñadores de sus propias terapias. Los niños suelen ser ingeniosos creándose escenarios que les permitan manifestar sus emociones cuando tienen atención y escucha amorosa, como demuestra la siguiente historia:

Mora y yo estábamos conversando en la sala mientras su hijo Guille, que tiene siete años, y su hija Matilda, que tiene tres, jugaban afuera. De repente escuchamos gritar a Matilda. Cuando Mora y yo salimos a ver qué sucedía, vimos el triciclo de Matilda volcado en el pasto. Entonces Guille anunció que él había tirado el triciclo de su hermana al suelo.

Mora se enojó y lo reprendió: — ¿Desde cuándo crees que puedes andar tirando triciclos por ahí?

— ¡Pero tú lo has hecho! — gritó Guille.

— ¡Eso no significa que tú puedas hacerlo! — respondió gritando Mora.

A mí me fascinó la manera inteligente en que Guille rescató un evento irritante del pasado para poder resolverlo. Luego de que Mora me diera permiso para acompañarla a responder en esta sesión de terapia espontánea que traía su hijo, yo apoyé cariñosamente mi mano en el hombro de Mora y le dije: — Sea lo que sea esto, es acerca de Guille.

Entonces Guille explicó su lógica: — En nuestro viaje al campo, tú tiraste mi bicicleta al suelo, y se rompió — dijo, mirando a su mamá y empezando a llorar.

Mora validó la furia de su hijo diciendo: — Yo tiré tu bicicleta. Veo que te sientes triste y enojado. Tú quieres que se respeten tus pertenencias.

Guille continuó: — Tú estabas enojada con el abuelo, y por eso tiraste mi bicicleta. ¡Eso no es justo!

Mientras bienvenía el torrente de emociones acumuladas de su hijo respecto a este episodio, Mora escuchaba y no presentaba resistencia.

— Tienes razón — dijo Mora —. No estaba siendo justa. Manifesté mi furia tirando al suelo tu bici.

Entonces Guille se tiró al pasto sollozando.

Poco después, casi tan intempestivamente como había empezado, Guille terminó su "sesión terapéutica"

diciendo: — Bueno, vámonos al parque ahora —, que era
el plan que teníamos para el resto de la tarde.

Guille ni siquiera tuvo que indagar su enojo porque pasó sólo rápidamente a las emociones no culpabilizantes (o sea tristeza y llanto), en cuanto no encontró resistencia de su mamá. Es muy frecuente que los niños atraviesen rápido sus estados emocionales cuando los adultos fluimos con -en lugar de contra- su lógica. Muchas veces las manifestaciones, acciones y comportamientos de los niños son su forma de hacer mantenimiento permanente de su equilibrio emocional.

A diferencia de esta, en la mayoría de las situaciones no tenemos manera de reconocer qué es lo que nuestros hijos están recreando de sus pasados. Ya sea en un juego, en la mesa de la cena, a la hora de dormir o en la plaza, ellos encuentran su propio camino de depuración emocional. Y rápidamente vuelven a estar contentos precisamente porque se sienten autónomos y liberados de lo que les causaba dolor.

Lo que nosotros expresamos

Los niños son naturalmente expresivos, y no tienen intención genuina de ocultar sus emociones. Para promover este atributo natural es importante que nosotros demos el ejemplo compartiendo nuestras emociones. Vulnerabilizarnos nos conecta con nuestros hijos, mientras que la rigidez nos separa de ellos y enseña a aislarse y desconfiar.

A veces los padres tememos que nuestras emociones dañen a nuestros hijos. Sin embargo, para evitar dañar a otros con nuestras palabras no es necesario ocultar nuestras emociones.

Lastimamos a otros cuando los cargamos con la responsabilidad de nuestras emociones o cuando les damos indicaciones permanentemente y nos enojamos cuando no obedecen.

Hablemos siempre como autores que somos de nuestras emociones y nuestras preferencias, y así nuestras palabras no lastimarán a nadie. Cuando nuestro hijo deja la mesa sucia y decimos: "Me siento una esclava en esta casa" o "Me siento desvalorada en mi trabajo", lo más probable es que él reaccione con resistencia o enojo, porque estas palabras acusan y culpabilizan como si fuera su responsabilidad ocuparse de nuestras necesidades emocionales. Por el contrario, si decimos: "No me gusta limpiar la mesa sola después de cenar. Me gustaría contar con colaboración", no acusamos a nadie, y además pedimos directamente lo que estamos necesitando.

Si nuestros hijos no se sienten responsables de nuestras emociones, no les lastimarán nuestras manifestaciones respecto a ellas. Asegurémonos de no encubrir nuestra necesidad en una frase moralizadora del estilo: "Deberías ayudar en la casa" o "Tienes que aprender a colaborar". Estas frases no son comunicación honesta. Hablemos honestamente: "Necesito tu ayuda. ¿Podrías limpiar la mesa por favor?".

Después de hablar honestamente, respetemos la decisión autónoma de nuestros hijos de ayudar o no. No es tarea de ellos satisfacer nuestras necesidades o ayudarnos, ni siquiera cuando estamos sirviéndolos a ellos. Somos nosotros quienes queremos limpieza o las cosas de determinada manera. A ellos no les importa. Tienen que sentirse libres de elegir. No tienen que temer nuestra reacción ni sentirse obligados a complacernos; sino actuar desde un deseo auténtico que les traerá disfrute y satisfacción.

Cuando sus elecciones entran en conflicto con nuestras expectativas, tratémoslos con respeto, y si es necesario discutamos sobre sus preferencias y las nuestras hasta que lleguemos a una solución satisfactoria para ambos. En general, las expectativas obstaculizan tanto la aceptación del flujo de la vida como se nos presenta, como el amor incondicional a nuestros hijos.

Nuestros vínculos con nuestra pareja, hijos y otras personas, florecerán cuando logremos aceptar lo que es.

Además, si nuestro hijo decide no ayudar, nos ofrece una oportunidad para aprender más sobre nuestros pensamientos dolorosos. Cuando pensamos: "Él debería colaborar", y él no lo hace, podemos aprovechar y cuestionar esta "moral" interna, liberándonos de ella. ¿Quién seríamos sin esa expectativa?

Muchas veces los padres protestamos al escuchar estas sugerencias, y decimos: "Pero ella tiene que estar lista para irnos" o "Pero tiene que irse a dormir a cierta hora" o "Pero yo no puedo hacerlo todo sola" y otros tantos ejemplos. Si nos expresamos de manera tal que dejamos a nuestros hijos libres emocionalmente, ellos pueden ser nuestros socios en lugar de sujetos obedientes. A su tiempo descubriremos que mucho de lo que considerábamos "fundamental" puede cambiar. Quizás podemos hacer nuestros trámites cuando nuestra pareja está en casa con los niños, o podemos convertir la salida en un paseo divertido. Podemos encontrar soluciones que funcionen para la hora de ir a la cama, la hora de comer, las tareas de la casa, y otras potenciales fuentes de conflicto. Algunas veces hacer las cosas nosotros lleva menos tiempo y es más armonioso. Tenemos mejores oportunidades de enseñar armonía y colaboración cuando nos expresamos de manera auténtica; y sólo podemos ser auténticos respecto a nosotros mismos.

Expresemos **nuestro** ser, no el de nuestros hijos. En el momento en que empezamos a culpar, moralizar o dar órdenes, perdemos la conexión con nuestros hijos. Cuando requerimos obediencia, los niños resisten; pero, cuando nos hacemos cargo de nosotros mismos, nuestros hijos pueden escucharnos y tomar decisiones propias. Entonces podemos respetar sus decisiones porque estamos ocupando nuestro lugar, no el de ellos.

La habilidad de un niño de responder ante nuestras necesidades está directamente relacionada con la manera en que nos expresamos respecto a ellas. Si damos a entender que ellos son responsables de nuestras emociones, se sentirán abrumados e intimidados. Tanto que probablemente se sientan paralizados ante esta carga e imposibilitados de relacionarse con nuestras expectativas.

Algunas frases típicas que responsabilizan a los niños de nuestras emociones son:

- Me haces enojar
- Cuando haces tanto ruido me duele la cabeza
- Me haces perder la paciencia/sentir…
- Siento que no me aprecian
- Me frustras
- No puedo manejar tu…
- Me vuelves loca
- Estoy agotado, no paras de…
- Eres más de lo que puedo manejar
- Me estas agotando la paciencia
- Me estoy cansando…

También podemos culpar sin palabras, de manera más sutil, con expresiones faciales, resoplidos, o lenguaje corporal. Tomemos conciencia de las frases o expresiones que usamos para culpabilizar y hagamos nuestra lista personal. Estar atentos a las manifestaciones que nos ubican en el modelo de la culpa nos ayudará a usarlas cada vez menos.

Hay veces en las que los padres intentamos proteger a nuestros hijos de nuestras emociones intensas. Sin embargo, decirles que "estamos bien" cuando estamos evidentemente a punto de explotar les enseña a temer, reprimir u ocultar emociones fuertes. Además, si no nos comunicamos y ellos tienen que imaginar qué es lo que nos sucede, los niños, que son egocéntricos por naturaleza, probablemente entenderán que es por causa suya, y llegarán a la conclusión de que hay que ser deshonesto cuando nos sentimos mal; o cualquier otra interpretación perjudicial para su vida.

Si somos capaces de estar presentes para nuestros hijos sin involucrar nuestra angustia personal, no necesitamos traerla. Pero si necesitamos expresarnos, compartamos nuestras emociones en un modo respetuoso para ellos. No los asustemos con detalles innecesarios ni les hablemos como a un terapeuta. Simplemente podemos nombrar nuestras emociones y cualquier detalle que nuestro hijo pueda incorporar y comprender con facilidad.

Asegurémonos de hablar de **nuestras** emociones, sin quejarnos ni culpar a nadie. Por ejemplo, si llegamos a casa a punto de explotar, podemos decir: "Me siento furioso en este momento por algo que sucedió en el banco. Necesito gritar". O, si nos enteramos de la enfermedad de un amigo, podemos decir: "Mi amiga Tami está muy enferma. Estoy asustada. Necesito un tiempo sola y charlar con mi terapeuta".

También podemos agregar: "Esto no tiene nada que ver contigo. Yo me voy a ocupar de sobreponerme." Este tipo de explicaciones simples previenen que los niños sientan culpa. Muchas veces, como se sienten seguros, podrán manifestar su interés y apoyo.

Es crucial que nosotros registremos cuándo necesitamos liberar emociones intensas. Si tenemos una pareja o amigos que nos puedan ofrecer tiempo y atención, aprovechemos ese ofrecimiento. Si necesitamos ver a un consejero o terapeuta, hagámoslo y contémosle a nuestro hijo perplejo que vamos a conversar de nuestras emociones con alguien que nos va a ayudar a atravesar este momento, o que vamos a trabajar con nuestras emociones nosotros mismos. Si decidimos hacerlo solos, podemos usar la guía de autoindagación descripta en el Capítulo Uno.

No es sólo la manera de relacionarnos con nuestro hijo lo que modela su expresión propia. Nuestra interacción con nuestra pareja y con otros adultos cercanos son un ejemplo permanente para ellos. Aprendamos a mostrar la ternura y profundidad de nuestros sentimientos y emociones sin lastimar al otro. Al vernos llorar, debatirnos en dudas o ambivalencias, o hablar de otras dificultades emocionales; los niños cimentan su libertad innata de expresar sus emociones intensas y reafirman su fortaleza emocional y su libertad.

No necesitamos proteger a nuestros hijos de emociones intensas, sólo evitar adjudicarlas a ellos u otros mediante acusaciones. Si ya acusamos o culpamos, reconozcamos nuestro error y reformulemos nuestra expresión.

Las únicas emociones que no debemos compartir con nuestros hijos son nuestros miedos respecto a ellos, pues los pueden asustar. Pueden temer por su integridad o la de otros miembros de la familia si decimos: "Tengo miedo de que se lastime"; o dañar su autoconfianza si decimos: "Me preocupa que no le vaya bien"; o preocuparlo por su bienestar físico si decimos: "Se enferma mucho, tengo miedo de que se enferme nuevamente".

Cuando cuidamos nuestro modo de expresarnos sin responsabilizar de nuestras emociones a otros, un niño aprende que es aceptable y seguro también para él expresarse completamente. Entonces, se conocerá mejor y podrá construir su propio camino de manera sólida; teniendo la habilidad de manifestar sus emociones y proceder con su vida. No podemos resguardar a nuestros hijos de los desafíos de la vida, pero podemos ayudarlos a abrazar la realidad, y podemos proveerlos de la libertad de la propia expresión, la base de la resiliencia emocional.

Capítulo Cuatro

✦

Seguridad Emocional

Compartamos nuestra vida con un niño que actúa
en forma amable y constructiva
no porque nos teme, sino porque lo desea por voluntad propia

Los niños solo pueden mantener su bienestar emocional y liberar sufrimientos si se sienten absolutamente seguros para expresarse. La necesidad de sentirse seguros emocionalmente está entonces directamente relacionada a la necesidad de expresarse libremente. Nuestros hijos se sienten seguros cuando son tratados amable y respetuosamente ante sus manifestaciones emocionales y cuando tienen oportunidad de ver nuestra propia vulnerabilidad y la de otras personas, y que para todos es aceptado manifestarse.

Un niño aprende de su propia experiencia en lo cotidiano: ¿Puede equivocarse sin problemas, o va a ser humillado? ¿Puede llorar y contar con nuestra atención respetuosa, o va a ser menospreciado? ¿Puede contarnos sus temores más profundos y contar con un oído compasivo? ¿Es también seguro para otras personas cercanas equivocarse o manifestar las emociones?

Un niño que tiene que estar en guardia por temor a hacer o decir algo "incorrecto" no se siente seguro para manifestarse porque tiene miedo de que sus padres lo acusen, juzguen, menosprecien, den consejos o indicaciones, o traten de convencerlo de algo. No puede expresarse auténticamente cuando está inseguro del amor incondicional de sus padres.

Nuestro propósito no es criar niños sin miedos (lo cual además de ser imposible sería inseguro para ellos), sino asegurarnos de que sus ansiedades encuentren expresión y alivio, para que ellos conserven su equilibrio emocional. Un estado de permanente tensión daña la habilidad de un niño de pensar, aprender, vincularse, y desarrollarse. El hogar es el lugar para sentirse seguro por definición, y para dar rienda suelta a las emociones con nuestra escucha amorosa y la de otros adultos cuidadores. Así un niño puede soltar amarguras rápidamente sin enterrar o reprimir su dolor.

No importa cuánto intentemos evitarlo, los niños igual sentirán cierto grado de intimidación natural por ser niños y nuevos en la experiencia de ser humanos (por lo que sabemos hasta ahora) y dependientes de los cuidados de adultos para sobrevivir. Como padres y madres, somos su paraíso y refugio, el lugar de confianza con cuya defensa cuentan hasta que se hacen adultos. Por ellos y también por nuestro propio bienestar emocional, seamos sólidos aliados de nuestros hijos. Ellos necesitan sentir que aceptamos y nos importan sus emociones, decisiones, y pensamientos.

En una sesión de asesoramiento, un padre me contó cómo pudo escuchar dando seguridad a su hijo.

En la plaza, Gervasio, de 5 años, se estaba tirando
por el tobogán cuando vinieron otros dos niños. Se le

acercaron cuando Gervi estaba justo bajándose del final del tobogán.

— ¿Te gustaría jugar con nosotros en la calesita? — le preguntó uno de los niños.

Gervi los miró en silencio y no se movió. Después fue a buscar a su papá y se refugió en su abrigo.

Uno de los niños le preguntó entonces al papá: — ¿Por qué no habla?

— Creo que quiere jugar solo — respondió Roberto, el papá de Gervi.

Los niños se fueron. Roberto acarició a su hijo y le preguntó: — ¿Quieres volver al tobogán?

— Quiero irme a casa.

— Bueno, vamos — dijo el papá. Se puso de pie, tomó la mano de su hijo y emprendieron su caminata.

— ¿Te gusta tener la plaza para ti solo? — preguntó Roberto, tratando de averiguar la preferencia de su hijo.

— Sí.

— ¿Y quisieras que los otros niños no te hablaran?

— A-ha.

— Sí, entiendo lo que dices. Yo muchas veces prefiero hacer las cosas solo también.

— A Betiana le gusta jugar con otros niños — dijo Gervi, refiriéndose a su hermana mayor.

— Sí, es cierto. Tú eres más parecido a mí. Cuando yo era pequeño, muchas veces prefería jugar solo y no me gustaba hablar con otros niños. Está bien hacer lo que a cada uno le sienta mejor.

— ¿Pá?

— ¿Si, Gervi?

— ¿Sabes qué me sienta mejor en este momento?

— ¿Qué?

— Ir a casa y comer el resto de mi pizza.

El papá de Gervi no intentó cuestionar la preferencia de su hijo ni convencerlo de nada, o implicar que su elección no era sensata. Al respetarlo cabalmente y compartir con sinceridad una experiencia similar de su propia infancia, el papá de Gervi ofreció seguridad emocional y conexión sentida. Con semejante voto de confianza, un niño puede aprender a confiar en sí mismo y ser vulnerable con su papá o mamá. Nuestro propósito es construir un vínculo con nuestros hijos en el cual a ellos les entusiasme compartir sus emociones y pensamientos con nosotros porque se sienten confiados en nuestro voto incondicional de amor.

En la mente de un niño, cualquier duda respecto a nuestro apoyo puede entorpecer su capacidad de vincularse con nosotros. Puede ser que responda inauténticamente para evitar provocar nuestro enojo o crítica. Puede ser que no quiera contarnos lo que siente porque la última vez que lo intentó estábamos muy ocupados y no prestamos atención o estuvimos más interesados en dar nuestras opiniones y consejos que en escucharlo.

O puede ser que rápidamente acceda a nuestros pedidos, no porque disfrute colaborar o seguir nuestras indicaciones, sino porque no se atreve a defender su postura. Este tipo de respuestas eventualmente afectan la capacidad de autoconocerse y confiar en sus emociones, y pueden entorpecer su capacidad de pensar autónomamente y formar vínculos con otros.

Muchas personas reconocen esta inautenticidad años después, ya de adultos.

En una sesión, una madre me contaba del impulso de su infancia de ser la mejor alumna: "No tenía opción. Tenía que ser la mejor y yo hacía como que me encantaba. Internamente, me sentía indefensa y tenía miedo de que si no era la mejor, no iba a ser amada o valiosa".

Otra mamá me contó que ella siempre fingía estar de acuerdo con su papá para tenerlo de su lado en la eterna competencia con su hermana: "Mi papá proponía alguna solución para la pelea con mi hermana y yo la aceptaba, aunque estaba furiosa y necesitaba otro resultado". Los niños anhelan tanto nuestra aprobación que cualquier cosa que hagamos que no sea amorosa y respetuosa puede provocarles inseguridad y duda. Ellos necesitan tener certeza de que los valoramos y respetamos pero también de que apreciamos sus expresiones de angustia, incluso cuando estamos enojados o criticamos. El sueño de criar hijos que solo experimenten y observen bondad a su alrededor difícilmente se concreta en la práctica. Mientras anhelamos tratar a nuestros hijos de la mejor manera, aceptemos que nadie es perfecto y todos fallamos a veces, ellos y también nosotros. Seamos honestos y facilitemos a nuestros hijos decir lo que sienten. Detectar y reconocer las formas en que a veces los intimidamos nos ayudará a restablecer la confianza cada vez que esté dañada.

Como decíamos antes, la negación o rechazo de sus emociones y elecciones les causa a los niños muchísima ansiedad. Si un niño se siente avergonzado de lo que dice o hace, es probable que decida negarse a sí mismo y simular ser como nosotros esperamos que sea. Su comportamiento complaciente puede confundirnos y distraernos de sus dificultades hasta que aparecen problemas mayores.

Otra forma de avergonzar e intimidar son los insultos en forma de "broma". Comentarios desenfadados o burlas a expensas del niño pueden construir un muro de desconfianza. El niño herido quizás finja reírse de la broma aunque internamente pueda estarse marchitando. Recuerdo la historia de José y su abuelo.

> *José, de seis años, estaba cenando con un sonoro disfrute, pues estaba masticando con la boca abierta.*
> *— Ey, José, me doy cuenta de que comes incluso si cierro los ojos. Y si los abro puedo llegar a contar todos tus dientes — dijo Toni, el abuelo de José, riéndose.*
> *José no dijo ni una palabra.*
> *— No sé cómo te estás sintiendo con lo que te dijo el abuelo — dijo Sandro, el papá de José, intentando hacerlo sentir seguro y acompañado. Y le preguntó:*
> *— ¿Necesitas decir algo al respecto?*
> *— Sí. ¿Cómo te has sentido cuando hice esa broma? — preguntó el abuelo Toni.*
> *Sin levantar la vista José respondió: — Ah. Fue graciosa.*
> *Más tarde, en una sesión de asesoramiento, José dijo: — Yo simulo que me gustan esas bromas. En realidad las detesto. Me hacen sentir mal. Se burla de mí y lo llama "humor".*
> *— ¿Por qué no le dices al abuelo cómo te sientes? — preguntó su papá.*
> *— Tengo miedo de que se enoje o pelee contigo, papá — respondió José—. Él cree que sus bromas deberían gustarme.*

La forma más fácil y rápida para un niño de terminar un momento desagradable con un adulto es fingir que está contento y hacer lo que complazca al adulto. Las desvalorizaciones disfrazadas de humor son ya demasiado dolorosas como para encima enfrentarse a quien las hace. Fingir que las acepta como una "broma" le ahorra un insulto mayor y un momento peor. Sin embargo, cuando se sienten intimidados, los niños no pueden sentirse amados. Se sienten confundidos cuando la persona que aman también es alguien con quien no se sienten seguros para expresarse auténticamente. Luego podrán llegar a la conclusión de que: "algo malo debo tener, no puedo ser como ellos quieren que sea"; una conversación interna que daña la autoestima.

Mientras creamos un ambiente en el cual los niños se sientan seguros, no tengamos miedo a equivocarnos. Si actuamos temerosamente, nuestros hijos absorben nuestra ansiedad, que solo les trae más inseguridad. Si nos preocupamos demasiado por sus sensibilidades, estamos subestimando la capacidad de ellos de aceptar la realidad, resistir el dolor, perdonar, y además cometer sus propios errores.

En tanto puedan manifestar totalmente sus emociones con la atención de sus padres, lo niños son capaces de manejar situaciones difíciles. De hecho, encontrarse con reacciones o respuestas "imperfectas" por parte de los padres, puede resultar en una gran oportunidad de crecimiento, mientras no sean permanentes o abusivas, y siempre y cuando los padres reconozcamos nuestras fallas, validemos el dolor que causamos, y reparemos el error.

Cómo nuestras emociones afectan a los niños

La libertad de expresión no es la misma para un niño que para un padre o una madre. Nosotros tenemos que escuchar atenta y amorosamente a nuestros hijos, sea como sea que ellos se expresen; pero ellos no pueden hacer lo mismo con nosotros, porque nuestras emociones intensas pueden asustarlos, y también porque ellos las toman a modo personal. Un niño no está preparado para hacerse cargo de nuestro sufrimiento.

Él no es nuestro progenitor ni nuestro terapeuta. Él no está ahí para absorber explosiones de furia ni validar a una madre o un padre dolidos. Entonces, no expresemos frente a un niño las emociones que puedan asustarlo o lastimarlo. Hagámoslo frente a otro adulto que pueda y quiera ofrecernos atención y escucha.

Podemos hablar con nuestros hijos de las emociones que no vayan a lastimarlos o preocuparlos. Asegurémonos primero de que no estén acumulando pensamientos o emociones inquietantes. Entonces podemos compartir nuestras emociones con ellos siempre y cuando nuestras palabras estén completamente desprovistas de culpabilización o acusaciones hacia nadie. Es decir, enfoquémonos en nosotros mismos en lugar de hacerlo en el error de cualquier otra persona. "Me enfurece cuando la camisa está arrugada" no es acusatorio para nadie, mientras que "siento que no le importa mi ropa" (refiriéndonos a quien la planchó) deja a un niño con miedo de ser culpado por nuestras emociones la próxima vez que nos pase algo. Además de proveer seguridad, al evitar culpar damos a nuestros hijos el ejemplo del don de ser autores de nuestras propias emociones, y por ende personas capaces y poderosas en lugar de víctimas de lo que nos pasa.

Si crecimos en una familia en la cual nos sentíamos inseguros de expresar nuestros deseos y pensamientos más sinceros, quizás nos sea difícil crear una en la cual nuestros hijos sí puedan hacerlo. Esto es porque en el momento en que ellos manifiestan sus emociones intensas, puede desencadenarse nuestro miedo pasado de expresarnos, nos demos cuenta o no. Inconscientemente no queremos revivir ese dolor pasado, y por eso impedimos que nuestro hijo se manifieste.

Sin embargo, si queremos pasar de la negación a la exuberancia, tenemos que estar dispuestos a cierta incomodidad. No podemos permitirnos cortar las manifestaciones de nuestros hijos para protegernos de nuestros dolores acumulados. En tal caso, usemos la técnica S.A.L.V.E. cuando las expresiones de nuestros hijos nos alteran: (S) Separémonos de nuestras reacciones, detengámonos. Registremos nuestra reacción latente, imperante. Dejémosla correr (S) silenciosamente en nuestra mente. Indaguémosla si tenemos tiempo, si no lo hacemos luego. Entonces, volquemos nuestra (A) atención hacia nuestro hijo y (L) logremos escucharlo. (V) Validemos sus percepciones y (E) empoderémoslo confiando en él y absteniéndonos de solucionar las cosas a nuestro modo.

En otro momento podemos anotar nuestros pensamientos automáticos y cuestionar su vigencia, validez, relevancia, cómo seríamos sin ellos, y cómo esos pensamientos sobre el otro pueden aplicarse a nosotros mismos. Podemos hacer esto por escrito solos o en compañía de otro adulto escuchante y trabajar con él hacia nuestro crecimiento personal. De este modo, no necesitaremos reaccionar de maneras que asustan o son irrelevantes para nuestro hijo. Al crear un entorno familiar seguro todos tendremos la oportunidad de vincularnos íntimamente sin lastimarnos; y si ocurriera que nos lastimamos, podremos hablar de eso abiertamente. Justamente, criando a nuestros hijos podemos impulsar nuestro propio crecimiento. [1](N.de la T.)

---

1 [(N.de la T.)] En el original en inglés hace referencia al título original del libro: "Raising Our Children, Raising Ourselves"

Algunos padres dicen que sus hijos son capaces de escuchar sus expresiones de emociones dolorosas y mostrar que les importa. Sin embargo, un niño que cumple ese rol puede estar sintiendo miedo y culpa. Puede tener miedo de que su padre o madre no pueden manejar situaciones difíciles, o puede creer que él es la causa del malestar y sentirse avergonzado. Si bien no necesitamos esconder nuestra tristeza o alegría, es aterrador para un niño ser el que consuela, o enfrentar a un adulto cuyo sufrimiento emerge constantemente, o un adulto necesitado y que expresa debilidad e incapacidad de ser padre o madre. Para sentirse seguro y para confiar en nosotros, nuestro hijo necesita contar con nuestra capacidad de registrar y respetar sus límites emocionales.

A medida que vaya madurando, un niño que ha sido libre de manifestarse, gradualmente desarrollará la capacidad de escucharnos e interesarse por nuestras cosas.

Reconocer comportamientos basados en el miedo

Muchos niños, al sentirse incluso apenas inseguros en sus vínculos cotidianos, muestran comportamientos similares. Detectar alguno de los comportamientos detallados a continuación nos indica que el niño no se está sintiendo seguro emocionalmente. Algunas de las señales más comunes de miedo y vergüenza son:

- Un niño que no se siente seguro va a ocultar sus acciones inaceptables. Por ejemplo, va a molestar a su hermano cuando sus padres no están mirando. Por otro lado, uno que sí se siente seguro va a molestar a su hermano sin preocuparse por represalias. De hecho, es más probable que lo haga en presencia de sus padres, esperando la respuesta de ellos a sus necesidades.

- Cuando las cosas se complican (se pierde un juguete, se rompe un plato, o hay injusticia en un juego), un niño que siente vergüenza será propenso a mentir porque teme la re-acción de sus padres a lo que ocurrió. Cuando sea confron-tado, no levantará la vista y hablará temblorosamente o no dirá nada. O tal vez hable fuerte, tratando de contar "su" verdad de manera convincente. Por el contrario, un niño que se siente seguro no sentirá necesidad de ocultar nada. Sus padres no estarán interrogándolo. El niño compartirá la información necesaria de manera calma y confiada, mante-niendo contacto visual.

- Un niño que tiene miedo de ser acusado será propenso a interrumpir cualquier cosa que esté haciendo cuando sus padres entran al cuarto. Un niño que no ha desarrollado ese miedo probablemente estará tan compenetrado que ni siquiera notará la presencia de su padre o madre; o si lo hace, continuará con su actividad o invitará a quien llegó a ver lo que está haciendo.

- Un niño con miedo evitará ser asertivo, especialmente si cree que sus deseos contradicen los de sus padres. Un niño seguro de sí mismo, en cambio, va a dar un paso al frente y comunicarse, ya sea verbalmente o si es muy pequeño a través de sus acciones o gestos.

- Sentirse inseguros entorpece la capacidad de los niños de tomar decisiones. Ellos tratan de adivinar qué será aceptado y temen ser desaprobados. Puede ser que digan: "No sé" o permanezcan en silencio para dejar a sus padres elegir por ellos y asegurarse así la opción aceptada.

- El niño temeroso puede ser reservado, solitario y/o desplegar agresiones, tics, enuresis, pesadillas, u otras señales de sufrimiento. Cuando un niño se siente seguro es naturalmente relajado y comunicativo con sus padres.

- La capacidad de concentrarse suele complicarse de tal forma si hay inseguridad o miedo, que a veces parece que el niño no entendiera. Los niños que se sienten seguros pueden utilizar su inteligencia de manera óptima.

- Un niño que no se siente seguro emocionalmente muchas veces elegirá complacer a otros. Seguramente se esfuerce más en integrarse que en ser él mismo. Es probable que se comporte excepcionalmente bien, sea obediente y colaborativo. Un niño seguro de sí mismo no tiene motivos para molestar a nadie ni tampoco para agradar a otros. Será asertivo, auténtico y mostrará sus necesidades reales y también su alegría y su intención de cooperar. Ya sea tímido y reservado, o extrovertido y organizador, un niño que se siente libre de ser él mismo no tiene necesidad de bailar al compás de nadie.

La mayoría de los niños alguna que otra vez se sienten intimidados, dando lugar a alguna de estas señales. Incluso cuando respondemos completamente al bebé o niño pequeño, dándole pecho a demanda, durmiendo en familia, cargándolo en brazos permanentemente, etc.; es muy probable que alguna vez se sienta inseguro de todos modos. Cuando detectamos alguna reacción de miedo en nuestros hijos, incluso si creemos que estamos siendo amables, validemos su percepción: "¿Te has asustado cuando te dije 'basta'?". O, si sospechamos que está ocultando su miedo por temor a nuestra desaprobación, podemos preguntar: "¿Prefieres no participar del equipo de natación? Piensa qué prefieres, tú sabes mejor que nadie qué te entusiasma y qué no. Lo importante es que sea lo mejor para ti."

Con el tiempo, este tipo de interacciones, acompañadas de nuestra confianza en nuestro hijo, llevarán a superar la intimidación y reconstruirán la confianza entre ambos.

Cuando un niño se siente seguro para expresarse, es auténtico. Sabrá mantener su bienestar emocional aliviando sus heridas a través de lágrimas, expresiones verbales, juegos y actividades artísticas.

Al establecer relaciones familiares seguras para nuestros hijos favorecemos también nuestra propia libertad de expresión. El hogar se convierte en un lugar de amor, que honra la magnificencia de nuestros hijos y la nuestra propia, así como también nuestros errores y tolerancia, en una entorno de bondad amorosa.

Prevenir mentiras, ocultamientos y otros comportamientos basados en el miedo

Para prevenir o evitar el hábito de un niño de ocultar, mentir o actuar defensivamente, debemos disipar el miedo que desencadena esas expresiones. Liberado del miedo, nuestro hijo se sentirá cómodo siendo honesto y abierto. Algunas veces, aunque tratemos de generar un ambiente seguro para sus expresiones, nuestro hijo igual se sentirá intimidado simplemente porque es un niño. Seamos sensibles y respetuosos, evitemos presionarlo por sobre su capacidad natural de ese momento, y no evidenciemos que "mintió". Si esconde la verdad, ya sabemos que se siente inseguro. Nuestro propósito es entonces aliviar su miedo.

En una sesión telefónica, Matías me contó de la vez que logró proveer este tipo de seguridad para su hija.

>   *Cuando Matías entró a la sala, encontró a su hija de seis años, Sofi, tratando de ensamblar un florero roto. Parecía nerviosa.*
>
>   *— Se cayó solo — dijo Sofi sin levantar la vista.*
>
>   *Matías pensó qué iba a decir. Era un florero hermoso que habían recibido como regalo de bodas de un amigo querido. Sintiéndose confundido se agachó y empezó a ayudar a su hija en su misión imposible.*
>
>   *Después de unos minutos dijo: — No creo que podamos arreglarlo.*
>
>   *Sofi se detuvo y se largó a llorar. Matías se dio cuenta de que ella temía decir la verdad, entonces la confortó: — Estas cosas nos pasan a todos. Hace unos días yo rompí el lente de una cámara.*
>
>   *Sofi miró a su papá. Se sintió un poco aliviada y dijo: — No vi que la planta estaba tan cerca del florero. Quise correrla para hacer lugar para mi muñeca.*
>
>   *— Ah, claro. Y entonces el florero se cayó al suelo — dijo Matías sereno —. ¿Tenías miedo de que yo me enojara contigo como me enojé el otro día?*
>
>   *Sofi asintió.*
>
>   *— Me hubiese gustado no enojarme ese día y no voy a enojarme ahora. Era un florero hermoso, pero yo te amo más a ti. Quiero que te sientas segura y tranquila para contarme las cosas que pasan.*
>
>   *— ¿Papá?*

— ¿Sí, Sofi?
— Vamos a buscar la escoba.

Matías trató a Sofi como cualquiera trataría a un invitado al que se le rompe algo valioso por accidente en nuestra casa. Sabiendo que una situación así deja a la persona avergonzada y sintiéndose culpable, tendemos a hacer lo que podamos para liberarlos de esos sentimientos. Matías se reconoció completamente responsable de causar la necesidad de Sofi de "mentir". No hay lecciones ni palabras que puedan transmitir el valor de la verdad de mejor manera. Los gestos bondadosos enseñan honestidad y crean las condiciones para permitir a la verdad manifestarse.

Seguramente algunas veces no lograremos mantener la sensación de completa libertad de expresión. Entonces, cuando nos descubramos intimidando a nuestro hijo, reconozcamos nuestro error y validemos sus emociones, también para reconstituir la confianza entre ambos. A medida que vayamos ejercitándonos en esto, ser receptivos para con nuestros hijos se tornará fácil y constante.

Las siguientes son ideas orientativas que pueden acentuar la sensación de seguridad de nuestros hijos y generar confianza en nuestra relación con ellos:

- Evitemos evaluar a nuestro hijo (o a otros en su presencia), tanto con halagos como con críticas. Sentir la necesidad de agradarnos y estar a la altura de las expectativas causa mucha ansiedad a un niño.
- Hablémosles de manera amable y respetuosa, tanto en público como en privado. Sermonear, regañar,

interrumpir, acusar, interrogar, o evaluar son maneras desagradables de tratar a cualquiera, ya sea niño o adulto, y provocan miedo, vergüenza y desconfianza. Expresemos amor, aprecio e interés por ellos con alegría.

- Evitemos comparar a nuestros hijos con cualquier otra persona. La comparación es una evaluación, que crea miedo y tensión. Cuando la comparación es en su favor, el niño temerá la pérdida de nuestra aprobación la próxima vez; y cuando sea a favor de otro se sentirá herido y quizás resentido hacia el otro niño y hacia nosotros.

- Seamos amables con nuestras parejas, amigos y parientes. Cuando un niño observa vínculos no amables, teme ser tratado del mismo modo. Además, los niños imitan nuestros modos y actitudes.

- Alentemos siempre las expresiones emocionales de los niños y respondamos con escucha, validación y amabilidad.

- Respetemos las decisiones y elecciones de los niños. Cuando contradecimos sus elecciones, descartamos sus decisiones o imponemos nuestras preferencias, les generamos inseguridad y desconfianza de sí mismos. En cambio, siempre empecemos nuestras respuestas con un "Sí", así nos "forzamos" a encontrar una manera servicial de formular nuestra respuesta: "Sí, quieres arrancar las páginas de los libros. Aquí hay algunas revistas con las que puedes hacerlo". O "Sí, te encanta jugar con una bolsa de plástico en forma de máscara. Aquí hay una bolsa de papel. Es más seguro, y, si quieres,

puedo hacer agujeros para que puedas ver a través".
Incluso cuando no hay manera de complacer a nuestro
hijo digamos "Sí" a su propósito: "Sí, puedo ver que
te estás disfrutando fastidiar a tu hermana. ¿Quisieras
hablar al respecto?".

- Evitemos controlar o reprimir los comportamientos
  habituales de la infancia. Ruidos, risitas, líos,
  exuberancia, y curiosidad infinita son naturales y
  necesarios para el crecimiento.

- Rehusémonos a recurrir a los castigos, "tiempo
  para pensar", consecuencias, sobornos y amenazas.
  Cualquiera sea el nombre que les demos a estas
  estrategias, y aunque las apliquemos amablemente y
  con toda la buena intención; su propósito es controlar el
  comportamiento de los niños. Entonces, inducen miedo
  y dañan la confianza entre padres e hijos, además de
  reforzar los comportamientos que están destinados
  a evitar.

El costo de controlar a nuestro hijo

Aunque algunos padres argumentan que los métodos
de control proveen una estructura que estimula el buen
comportamiento y los niños se muestran contentos,
tengamos presente que muchas veces los niños que parecen
tranquilos, colaborativos, o incluso felices quizás no se sientan
realmente alegres y serenos, sino que estén esforzándose para
complacernos o estar a la altura de las expectativas. Detrás
de su accionar pueden estar temiendo manifestarse. Cuando
obedecen y se comportan complacientemente, estos niños

están felices de agradar a sus padres, no felices por lo que están haciendo (ayudar, compartir sus juguetes, estudiar). Esta "felicidad" aparente dificulta que los padres noten el marchitar de la manera genuina de ser de un niño.

Por ejemplo, una madre me dijo: "Cuando le indico a mi hija que se vaya a su cuarto, o incluso cuando le doy un chirlo, ella se calma y parece estar mejor". La pregunta es: ¿Mejor para quién? El niño que complace por miedo no está mejor, está peor. Ha abandonado su propio camino para mantenerse seguro y satisfacer a sus padres.

No importa cuán amable o "cooperativamente" impongamos castigos, "tiempos para pensar" o amenazas; cada método acarrea un costo -aunque quizás no nos enteremos hasta años después, cuando nuestro hijo muestre falta de autenticidad o asertividad, depresión, adicciones, violencia, o comportamientos autodestructivos-. Un niño no puede experimentar el amor de sus padres si está siendo controlado por ellos. Por el contrario, se vuelve dependiente pero aislado y necesitará luego controlar a otros activa o pasivamente.

La asertividad (algunas veces entendida como "prepotencia") es una manifestación de la voluntad propia, y por ende de fortaleza emocional. El abandono de la voluntad propia del niño obediente es una señal de miedo y debilidad emocional. Como el educador ruso L.S. Vygotsky ha escrito: "Las personas con grandes pasiones, o que logran grandes hazañas, o que tienen sentimientos fuertes, mentes geniales y personalidades fuertes, rara vez han sido niños y niñas buenos".

Los modos amables de control engañan tanto a los padres como a los niños. Un niño que se somete de buena gana a castigos, "tiempos para pensar", sobornos, amenazas o cualquier variación de éstos métodos, seguramente se siente demasiado inseguro para verbalizar su dolor y probablemente también desconectado de sus propios sentimientos. Él cree que sus padres hacen lo correcto y entonces llega a la conclusión que su sentido de correcto/incorrecto está equivocado y no puede confiar en él.

Incluso lo que algunos padres llaman consecuencias "naturales" suelen ser imposiciones de ellos y por ende causan el mismo daño que la falta de confianza y los castigos. Si es natural, sucede por sí sola.

Por ejemplo, un papá me dijo que la consecuencia "natural" de que su hijo no terminara sus quehaceres es que no puede ir a la casa de su amigo, pues debe quedarse en casa a terminarlos. Sin embargo, si se esperaba que el niño lavara los platos y no lo hizo, la única consecuencia natural es que los platos permanezcan sucios. Cancelar su plan es un castigo impuesto por el padre en contra de la voluntad del niño. El niño va a temer este castigo como cualquier otro. Para corroborar la validez de esta observación, preguntémonos cómo nos sentiríamos si nuestra pareja nos dice que como no cortamos el pasto como habíamos planeado, debemos hacerlo ahora y faltar a nuestra clase de yoga.

Quizás faltemos a yoga, del mismo modo que el niño que desatendió los platos quizás decida, una vez que nosotros expresamos lo que sentimos, lavar los platos antes de irse a la casa de su amigo. Sin embargo, estas elecciones deben resultar de la comunicación respetuosa entre los involucrados, y basadas en sus auténticas preferencias. Podemos ofrecernos generosamente a lavar los platos, o encontrar alguna otra solución considerada. También podemos averiguar por qué no se hizo la tarea, y quizás descubramos que se necesitan modificar las cargas de trabajo o las expectativas. Es el aspecto controlador el que causa desconexión y miedo, no la decisión concreta o la solución. Cuando nos ofrecemos para ayudar, nuestros hijos aprenden a ofrecer ayuda sin condiciones. El miedo de que se aprovechen de nosotros, como mencionamos en el capítulo sobre el amor, entorpece nuestra libertad de ser generosos y transmite nuestro miedo a nuestros hijos.

Cuando somos controlados, los seres humanos nos sentimos humillados y desolados. Cuando a un niño se le aplican métodos coercitivos suaves, esto le genera confusión y puede pensar que su sentido de la humillación es inadecuado y debe reprimirse: "Mis padres son tan buenos, ¿cómo puedo sentirme tan mal? Algo debe de andar mal en mí". Paralelamente, los padres nos confundimos con la complacencia de nuestros hijos y nos convencemos de que el control está siendo beneficioso para ellos cuando en realidad está siendo dañino y confuso.

En nuestros momentos más desesperados, necesitamos recordar que introducir medidas disciplinarias lleva a obediencia basada en el miedo, no a niños plenos. La plenitud del desarrollo de nuestros hijos puede lograrse con dignidad, así que no hay necesidad de recurrir a viejos métodos que los lastiman, vulneran su autonomía, y dañan nuestro vínculo con ellos. Cuando nuestros hijos se sientan libres para ser ellos mismos, actuarán idóneamente, no para agradarnos sino porque ellos mismos quieren superarse. Serán considerados y amables no porque nos temen sino porque nos aman.

Facilitar la manifestación de miedos inevitables

Hay causas de miedo sobre las cuales no tenemos control. Lo que sí podemos hacer es empoderar a nuestros hijos para liberarse de ellas. Estas causas pueden ir desde el nacimiento, los procedimientos médicos, la separación de la mamá, hasta alguna experiencia traumática en la plaza, un cuento, una película, un visitante con voz fuerte o cuyo aspecto los asusta, o tantas otras. Si nuestro hogar no es un lugar seguro para expresarse, o si las manifestaciones de los niños son negadas, éstas experiencias traumáticas gradualmente se refuerzan y crean desajustes emocionales. Todas las dificultades emocionales son simplemente historias que la mente inventa basándose en experiencias dolorosas. El miedo determina en gran medida las ideas limitantes que un niño se construye, acerca de sí mismo y de la vida en general. Y no siempre se manifiesta directamente, sino que a veces toma forma de otros miedos o ansiedades. Quizás sea miedo a la oscuridad, o a quedarse dormido, o a los animales, o a ciertas personas, o al contacto físico, o a estar lejos de casa, etc. Algunos miedos corresponden a una instancia natural de crecimiento, y se pasan fácilmente cuando el niño puede ventilarlos de manera segura.

Como dijimos anteriormente, la tendencia a "calmar" a un niño obstaculiza su habilidad de liberarse de esas angustias. Cuando intentamos detener su manifestación, mostramos nuestra incomodidad hacia su miedo, dejándolo aún más asustado de sentirlo. Quizás también desconfíe de sí mismo y piense: "Algo en mí anda mal. No debería estar asustado". El miedo a tener miedo puede ser más doloroso y limitante que lo que esté asustando en ese momento. Por eso, cada vez que advertimos que nuestro hijo teme a algo, validémoslo sin dramatizar, así puede al menos estar en paz con su miedo.

Nuestra calma frente a su pánico ayudará a nuestro hijo a aceptar que estas experiencias son parte de la naturaleza humana y no es necesario evitarlas o convertirlas en historias traumáticas en nuestra mente. Si nuestro hijo tiene miedo a la oscuridad podemos validar ese miedo y luego escucharlo: "Sé cómo te sientes. En la oscuridad no podemos ver lo que hay a nuestro alrededor y nos imaginamos cosas que asustan". Si se aferra a nosotros cuando se le acerca un perro, levantémoslo a nuestros brazos refugiantes. Estemos de su lado, y validemos diciéndole: "El perro es tan grande. ¿Te asusta, no? Qué bueno que mis brazos te dan refugio".

Es mejor no decir frases como: "Es un perro bueno. Puedes acariciarlo", etc. porque niegan la percepción y el sistema de alertas propio del niño. Hacerle saber, en cambio, que él simplemente está experimentando una emoción humana normal, lo habilitará a seguir contándonos sus miedos sin sentirse mal consigo mismo. Si durante la infancia la conversación acerca de miedos puede fluir libremente, con el tiempo la intensidad de esos miedos irá cediendo.

Incluso experiencias muy traumáticas pueden no dejar cicatrices si son conversadas o expresadas a través de palabras, lágrimas, arte, terapia de juegos y otras expresiones emocionales. Los adultos que no han logrado hablar de sus vivencias dolorosas o atemorizantes de la infancia tienden a sufrir más. Sin embargo, en las sesiones de consulta estos adultos descubren que lo más doloroso no fue lo que sucedió en sí, sino la soledad, desconexión y el miedo a hablar de ello.

Los humanos podemos lidiar con gran gama de experiencias dolorosas si podemos hablar de ellas o, si cuando aún somos muy pequeños, podemos expresarnos y sentirnos reconocidos y validados en nuestros pensamientos y emociones. En mi trabajo con familias, una y otra vez encuentro adultos que fueron abusados y maltratados y no permanecen sufriendo, mientras otros con experiencias similares se encuentran sumidos en un dolor profundo que los incapacita en su vida cotidiana. La diferencia fundamental es la posibilidad que tuvieron de hablar con alguien que haya escuchado, validado sus emociones, y mostrado que ellos podían sobreponerse. Quienes tienen heridas emocionales vigentes pueden encontrar alivio si logran explorar e indagar los pensamientos dolorosos con los que han venido conviviendo en soledad. No es que estas vivencias no hayan sido dolorosas, pero la imposibilidad de sobreponerse viene del aislamiento y el miedo a hablar de lo que pasó.

La mayoría de las veces, los miedos de nuestros hijos son benignos, y sólo el temor a hablar de ellos puede hacerlos crecer y convertirse en historias dañinas. Cuando un niño comparte sus emociones y pensamientos profundos, puede sanar experiencias dolorosas y atemorizantes, y su mente no convertirá eventos benignos y naturales en historias traumáticas que se proyecten al futuro.

Facilitar la manifestación del odio

En la mayoría de nosotros la palabra "odio" evoca incomodidad y temor a dañar el sentido de valía de otra persona. Cuando un niño grita que detesta a su hermana o que nos odia, quizás sintamos el impulso de ayudarlo a contener el torrente de emociones "indeseables". Sin embargo, el odio no tiene que ver con los hechos o la realidad, ni debemos temerle como si fuera una acción. Como el enojo, el odio cubre otras emociones que necesitan ser reveladas y manifestadas así el niño puede entender qué es lo que sí es real para él. Incluso cuando la causa de la emoción es un malentendido, la emoción se siente, es real. Sólo luego de haberse manifestado por completo el niño podrá conversar y reexaminar los hechos y posibilidades.

Si queremos disminuir las expresiones verbales de odio, necesitamos ayudar a nuestro hijo a entrar en contacto con las emociones que lo desencadenan. Nuestra tarea es facilitarles a los niños la expresión de las emociones que derivan en odio, al mismo tiempo que proveemos herramientas verbales y entornos adecuados para prevenir que se lastimen mutuamente. Cuando un niño libera sus emociones, se da cuenta de que la realidad es mucho más amable que la historia que se imaginó.

En uno de mis talleres, un padre contó una anécdota en la cual la validación de las emociones subyacentes hizo disipar el odio:

> *Gabi, un niño de ocho años, quería toda la porción de pastel para él. Cuando la abuela la dividió en dos para repartirla entre él y su prima, Gabi le dijo: — Te odio. Nunca me das lo que yo quiero.*
> *— ¿Estás desilusionado porque querías toda la porción y tendrás solo la mitad?*
> *— preguntó la abuela.*

— Sí — dijo Gabi — . Yo quiero todo el pastel. Tú la
compraste para mí. Yo vine a visitarte. Laura ni siquiera
iba a estar en tu casa.

— ¡Ah! Entiendo. Hubieras querido que el pastel
fuera sólo para ti.

— Sí. Sólo para mí. Mío mío mío — respondió Gabi
con una chispa en su mirada.

— Sé lo que se siente cuando... — empezó la abuela,
pero Gabi interrumpió — . Abuela, ¿puedo agregarle
fresas a mi parte del pastel?

Los niños muchas veces se sobreponen más fácilmente de
lo que nos imaginamos cuando sus manifestaciones no son
rechazadas y se sienten aceptados siendo auténticos. A la abuela
no le gustó la palabra "odio", pero no quiso restarle confianza
o aplomo a Gabi, que se estaba manifestando con naturalidad.
En lugar de enfocarse en la palabra en sí, su pregunta ayudó
a Gabi a ver su sentir subyacente de desilusión y su deseo de
no compartir pastel. La abuela nunca rechazó sus palabras, y
él entonces pudo soltar su sentimiento y aceptar disfrutar del
momento tal como era. Con el tiempo, y con mucha práctica de
esta dinámica, Gabi quizás pueda decir directamente: "Estoy
desilusionado" o "Me siento enojado, quisiera no tener que
compartir pastel", en lugar de "Te odio". Y, cuando madure
aún más, también logrará flexibilizar sus expectativas antes
de que le provoquen emociones dolorosas, y mantenerse feliz
incluso cuando sus planes se desvían.

Odio entre niños

Somos los padres quienes mejor podemos acompañar la angustia de nuestro hijo al sentir odio hacia alguien. Cuando les facilitamos el alivio de sus emociones escuchándolos abiertamente, podemos minimizar su necesidad de manifestarlo directamente hacia un hermano o amigo, que quizás lo tome muy en serio o se sienta herido. Podemos decirle a nuestro hijo que cuando siente furia hacia alguien, puede recurrir a nosotros y contar con nuestra escucha empática y sin prejuicios.

Los niños frecuentemente resuelven sus conflictos entre ellos y expresan odio mutuo a pesar de nuestros esfuerzos en contrario. Ellos son ingeniosos para crear escenarios que quizás nos parezcan crueles a los adultos y sin embargo constituyen valioso psicodrama para ellos. También suelen intercambiar comentarios desvalorizantes, que muchas veces sirven para equilibrar el poder entre ellos. Sin embargo, cuando hay desequilibrios de poder, los niños, que son egocéntricos por naturaleza, pueden llegar a tomar esos comentarios de modo personal y sentirse heridos o inseguros. En esos momentos puede que cometamos el error de apresurarnos a intervenir para diluir el odio negándolo o rechazándolo con comentarios como: "¡Oh!, no, nosotros la queremos! ¡Ella es dulce y maravillosa!", mientras la abrazamos. Al niño, sin embargo, le llega más nuestra ansiedad que nuestras palabras. Aprende que el insulto debe haber sido terrible y que debería sentirse muy mal. La próxima vez quizás se sienta aún peor.

Lo que podemos hacer en cambio es empoderar al niño de cara a los insultos preguntándole cómo se siente y validando su emoción manifestada, así logra re-crear su sentido de valía al mirar lo que reconoce como verdadero.

Por ejemplo:

> *Román fue a quejarse con su tía: — Mariana me dijo "estúpido" y que me odia.*
>
> *— ¿Cómo te sientes cuando le crees? — preguntó su tía.*
>
> *— Estúpido.*
>
> *— Entonces, ¿tú crees que eres realmente estúpido o malo? — indagó la tía.*
>
> *— No — respondió Román confiado — . Yo sé que soy inteligente y bueno.*
>
> *Luego de un momento pensativo se fue a jugar nuevamente.*

Empoderar a un niño para que permanezca en contacto con su valor propio cuando le dicen palabras ofensivas lo preparará para sus vínculos futuros. La tía de Román lo ayudó a entender que él se siente estúpido sólo si toma las palabras de su amiga como verdades; pero si recurre a su pensamiento propio él se llena de seguridad. En otras palabras, le hizo preguntas que lo ayudaron a comprender que él elige a qué pensamiento creerle. Si queremos hacer preguntas así de efectivas, preguntemos en general: "¿Qué idea te es dolorosa?" y lo ajustamos al evento del que se trate. Entonces, la comunicación resultará en un descubrimiento, como para Román; o quizás ayude a liberar llanto y aliviar angustias o inseguridades contenidas. Cualquiera que sea, asistirá al niño a impulsarse hacia su autoconocimiento y la conciencia de su sabiduría y fortaleza.

Si el sentimiento de odio no es expresado ante padres empáticos, llegará una y otra vez a los oídos de otros niños.

Podemos ayudar a minimizar el resentimiento entre niños satisfaciendo las necesidades individuales de cada uno y escuchándolos cuando sienten furia u odio. Cuanto más aceptemos las emociones de los niños, más recurrirán a nosotros y menos a otros hermanos y amigos. Cuando escuchamos y validamos, es más probable que el niño pueda entrar en contacto con sus otras emociones, las que quedan escondidas por el enojo y la acusación a otro (en el Capítulo Tres hemos hablado de esto en el apartado *"Escuchar el enojo de nuestro hijo"*). En su momento, aprenderá a sentir esas emociones pero sin la reacción de culpa u odio.

"Quisiera que mi hermana no existiera"

Hay situaciones en las cuales la idea de validar puede parecer absurda. Sin embargo, incluso en ellas la validación sana y conecta. Un hijo puede expresar un deseo como: "Quisiera que mi hermana se muriera. La mataría". Puede ser que a nosotros nos impresione esta declaración y nos preocupemos o temamos que la amenaza sea real, o pensemos que los niños no deberían decir algo tan violento. Al sentir esos temores, es probable que nuestra reacción implique negar las emociones de nuestro hijo. Sin embargo, negar, criticar o castigar a un niño que expresa una emoción tan intensa o una fantasía tan violenta lo empujará a enterrar su dolor y sentirse desesperado en su aislamiento; lo cual a su vez promueve estallidos de comportamiento agresivo. De hecho, sentirse solo y no habilitado a expresar emociones es justamente una de las causas de violencia. Escuchar esa angustia se nos hará más fácil si tenemos en cuenta que es simplemente una emoción que se está manifestando.

Validar emociones violentas no implica apoyar la fantasía expresada como algo que habría que materializar. Al contrario, si apoyamos las manifestaciones de emociones odiosas de nuestros hijos, lo que también hacemos es que la acción violenta sea menos plausible y la amabilidad más probable. Como en la S de S.A.L.V.E. para nosotros, nuestros hijos también necesitan liberarse del libreto doloroso de sus mentes. Pero al contrario de nosotros, ellos no pueden hacerlo mentalmente en silencio.

Ofrezcamos escuchar para que ellos puedan liberarse del drama. Podemos decir: "Entiendo. Estás tan enojado con Cata que desearías deshacerte de ella. Yo sé lo que es estar enojado con alguien". Incluso podemos reflexionar sobre lo común que son este tipo de sentimientos y fantasías compartiendo nuestra propia experiencia: "Recuerdo desear que mi hermano se cayera por el precipicio". Si ofrecemos un recuerdo así, no nos detengamos en la anécdota (salvo que nuestro hijo pregunte más). Es momento de enfocarnos en él, no en nosotros. Nuestros recuerdos son sólo caminos para incluir y validar lo que él siente.

Cuando permitimos a nuestros hijos sentir y expresar emociones violentas, y cuando confirmamos que todos las experimentamos alguna vez, ellos pueden aliviar su dolor y estarán mejor posicionados para entrar en contacto con las emociones que les provocaron furia sin agregarles el peso de la vergüenza o culpa.

El odio, como el enojo, es una construcción de una mente en base a una lógica de culpas. Alguien "le hizo" esto. Hagamos preguntas validantes, que los ayuden a identificar sus propias emociones y liberarse de la victimización al ordenar los pensamientos que les están robando el poder. Culpar se enfoca siempre en el pasado, y deja a quien culpa indefenso porque no hay nada que pueda hacer al respecto. Un niño no tiene control sobre su hermana ni sobre lo que ella hizo, pero sí tiene poder sobre sus emociones y acciones en el presente. Así, nuestro hijo aprende a distinguir entre el drama de culpas y su sí-mismo fuerte y poderoso.

A los niños, sus fantasías violentas pueden asustarlos o provocarles culpa. Necesitan saber que estas son normales y no afectan nuestro amor por ellos. Hay veces que un niño necesita manifestarse por un tiempo, y de varias maneras. Un niño pequeño quizás lo haga a través de sus juguetes, siendo un poco mayor quizás dibuje o actúe, o un adolescente quizás quiera hablar mucho al respecto, escribir, correr o hacer música. Cuando aceptamos las manifestaciones de emociones intensas sin actuar desde ellas, nos elevamos hacia una vida con mayor conciencia, vulnerabilidad y capacidad de amar y ser responsables de nuestras emociones y decisiones.

Al hablar del deseo de que un hermano o hermana desaparezca, un niño está dando dimensión a la intensidad de su emoción, no necesariamente a la intención concreta de dañar. La violencia concreta ocurre cuando los niños están oprimidos, y cuando tras años de no poder ser ellos mismos, se resignan, imposibilitados de conectarse con nosotros. Puede ser que exteriormente parezcan tranquilos, incluso exitosos en la escuela. Sin embargo, al vivir una vida guionada por sus mayores, se sienten deprimidos, aislados emocionalmente, y convencidos de que ellos no importan a nadie y nadie los escucha. Este abandono y dolor los deja indefensos al punto de la desesperación.

Las rivalidades comunes entre hermanos no son expresiones de esta desesperación y no implican intención real de causar daño. Si dudamos si las expresiones violentas o de odio de nuestros hijos están dentro de un rango saludable, busquemos ayuda. Incluso jóvenes con un alto nivel de agresividad que he conocido en mi trayectoria de trabajo han respondido extremadamente bien a un tratamiento que les devuelve su dignidad y su fortaleza emocional.

Para los niños cuya vida fluye apaciblemente, el odio es simplemente otra emoción que sienten y expresan, y luego pasa. Es el odio **no expresado** el que conduce a un niño a la agresión, ya sea verbal o física; pero esto se previene cuando las emociones intensas pueden descargarse lo suficiente.

El siguiente relato de un adolescente embargado por el odio ilustra el poder de expresar sus emociones para reconstruir el flujo de amor:

> *Joaquín, de once años, comenzó su sesión de terapia expresando un odio terrible por su hermana de nueve años. Mencionó fantasías violentas y juró que nunca iba a tener nada que ver con ella. De hecho, quería irse de su casa porque no encontraba forma de convivir con ella. Estuvo más de media hora maldiciendo, gritando, imaginando escenas fantásticas en las que ella moría, deseando ser hijo único y finalmente llorando. Expresó su desaliento respecto a que sus padres "arruinaron su vida" al tener a su hermana, y si lo amaran deberían deshacerse de ella.*

Entonces Joaquín comenzó a describir todas las cualidades insoportables de su hermana, como querer ser siempre primera, declarar que siempre hace todo mejor, y molestarse muchísimo cuando está perdiendo en un juego.

Cuando su verborragia se agotó, le pedí a Joaquín que se enfocara en sus emociones.

— ¿Cómo te sientes y reaccionas cuando tienes todas estas opiniones y acusaciones respecto a tu hermana y nada cambia?

— Enojado, odioso, resentido — respondió.

— ¿Qué necesitas para ti? — pregunté.

— Nada — dijo —. O quizás tiempo solo, lejos de ella. Me siento amargado si ella está cerca, haciéndose la linda, como si fuera una princesa.

— ¿Y cómo te sentirías sin todos esos pensamientos? — pregunté.

Joaquín me miró con recelo: — ¿Sin los pensamientos respecto a mi hermana? Oh, eso estaría buenísimo — dijo —. Yo estaría contento y tranquilo y el modo de ser de mi hermana no me afectaría.

— ¿O sea que te gustaría eso?

— ¡Sí! — y comenzó a reirse —. Creo que hago todo un drama por mi hermana.

— ¿Te gustaría liberarte del pensamiento de que tu hermana te amarga la vida?

— No. Yo quiero odiarla — dijo. Entonces, sorprendido de sus propias palabras, dijo:

— Guau, qué raro. ¿Por qué querría algo así?

— En algo debe beneficiarte ese pensamiento.

Joaquín permaneció un momento en silencio.

— ¿Cuál es el beneficio de acusar y fastidiarte por tu hermana? — pregunté.

— Creo que logro sentirme superior a ella — dijo —. Y quizás también puedo hacerme oír mejor ante mis padres.

En esta instancia Joaquín pudo percibirse a sí mismo como el autor de sus percepciones y sentimientos. Empezó a empatizar con su hermana y, con profunda tristeza, describió lo que pensaba que debía estar sintiendo ella: – Debe sentirse un fracaso con un hermano mayor como yo. Por eso sigue esforzándose por ganar y ser la mejor.

Su afinidad por su hermana se hizo tan fuerte como había sido inicialmente su odio hacia ella. Entonces, libre para enfocarse en su propias aspiraciones, Joaquín se pasó el resto de la sesión haciendo planes para sí mismo.

No hay soluciones definitivas. Debemos aceptar el devenir de las relaciones y abordarlas como se nos van presentando. Por el momento, Joaquín pudo empatizar con su hermana y logró ver su punto de vista. Con el paso de los días, siguió enojándose con ella, expresándolo, conectándose consigo mismo, alegrándose… y luego volviendo a enojarse y sentir odio. Cuando cada vez que siente odio un niño puede expresarse abiertamente ante nosotros, él mantiene el poder de elegir y decidir, en lugar de reaccionar según libretos antiguos. Puede estar a cargo de sus percepciones en lugar de sentirse víctima de las circunstancias. Mientras tanto, nos brinda información acerca de las necesidades de ambos niños, que nos sirve para atenderlos mejor.

Muchas veces caeremos en expectativas de resultados, aunque no nos demos cuenta. No podemos asumir que si nuestros hijos tienen habilitadas las expresiones de odio, éste siempre se va a disipar. El tema es que si estamos esperando resultados, nos perdemos la oportunidad de escuchar y conectarnos con nuestro hijo. Por ejemplo, algunas veces un niño se niega a jugar con un hermano o amigo, incluso luego de haber expresado sus emociones. Como padres quizás nos sintamos impulsados a generar un "resultado" y digamos: "Bueno, ahora que lograste expresar tus emociones, perdónalo y vuelve a jugar con él". Esto pasó cuando Silvina se negó a jugar al Monopoly con su primo.

> Silvina, de ocho años, estaba enojada con su primo Tomi porque él había usado su bicicleta sin permiso. Cuando Silvina quiso andar en bici, no la encontró. Su mamá escuchó y validó su enojo y en cuanto Tomi volvió, el papá de Silvina guardó la bicicleta para asegurarse de que nadie la iba a volver a usar sin que ella estuviera de acuerdo. Tomi pidió disculpas por llevársela y prometió no volver a hacerlo.
> Cuando un rato más tarde Tomi invitó a Silvina a jugar al Monopoly, ella se negó y le sacó la lengua.
> — Es hora de hacer las paces — dijo el papá de Silvina —. Te escuchamos y comprendimos, y Tomi pidió disculpas. Vamos, juega con él.
> Pero cuanto más deseaban los padres una solución pacífica, más Silvina se plantaba en su postura. Ella no estaba lista para sobreponerse aún. Finalmente sus padres se resignaron y alejaron de la escena. Silvina se fue a su cuarto satisfecha de que había impedido que su primo jugara al Monopoly. Cinco minutos más tarde Silvina salió de su cuarto e invitó a Tomi a mecerse en la hamaca juntos.

Por lo general los niños son mucho más eficaces que los adultos para sobreponerse al resentimiento. Pero, al igual que nosotros, necesitan ser autores de sus elecciones. Tener la expectativa de que nuestro hijo se libere de la necesidad egocéntrica de tener razón es más de lo que la mayoría de nosotros mismos puede lograr. Por eso, nuestro propósito no es arreglar la disputa o eliminar resentimientos, sino escuchar y habilitar a nuestro hijo a tomar sus propias decisiones auténticamente y con su dignidad intacta.

Cuando siente odio, el mayor miedo de un niño es ser una mala persona, y su fantasía de que si nosotros supiéramos lo que él está pensando o imaginando, no lo amaríamos. Por eso, cuando se siente habilitado para expresar su odio abiertamente, y así y todo ser aceptado, el objetivo está cumplido. Cuando un niño sabe que nuestro amor no flaquea porque él sienta odio, será capaz de expresarse abiertamente cada vez que lo necesite, y a su vez nosotros nos podremos quedar tranquilos sabiendo que los canales de comunicación entre ambos están en buen funcionamiento. Más adelante, él podrá desprenderse del odio por completo al comprender que él mismo es la fuente de cualquiera que sea el pensamiento que enciende su emoción. Quizás hasta logre aprender a distinguir entre el discurso automático de su mente y quien él es en realidad, y así obtenga paz verdadera y libertad profunda.

Sentir odio hacia los padres

Las palabras de odio pueden estar dirigidas no sólo a hermanos o amigos sino también a nosotros como padres. Como seres humanos estamos destinados a equivocarnos, y hacer cosas que vulneren la dignidad de nuestros hijos. Cuando lo hacemos —interrumpimos, imponemos, forzamos, menospreciamos- y nuestro hijo descarga su odio contra nosotros; también podemos escuchar, validar y reconocer nuestros errores y arrepentimientos. Así ellos podrán sentirse habilitados para ser auténticos. Incluso si el odio de nuestro hijo se origina en decisiones nuestras para su bienestar o seguridad, él puede sentir su dignidad lastimada de todos modos. Validar sus emociones y reconocer el modo en que hemos hecho las cosas (aunque haya sido inevitable), puede ayudar a disipar los resentimientos.

Un niño pequeño que aún no conversa puede sentirse validado cuando su odio es reconocido a través de nuestro recuento de los hechos: "Mamá no compró la golosina que querías. Qué feo"; "Uy ¿Te asusté con mi grito?"; o "¿No te gustó la mujer que se asomó en tu portabebé?".

A él le tranquilizará saber que estamos atentos a lo que siente y que lo amamos exactamente igual. Cuando sus habilidades verbales se desarrollen, estos pequeños desencuentros pueden incitar conversaciones que enriquezcan y profundicen nuestro entendimiento de su personalidad.

Cuando el odio de un hijo esta dirigido a nosotros, nuestra reacción automática puede complicar la necesaria validación de sus emociones. Pero cuando nos ocupamos de nuestras propias emociones separadamente en un entorno comprensivo, o cuestionando nuestros pensamientos, podemos estar listos para ofrecer amor cuando y donde se necesita.

Veamos otro ejemplo del S.A.L.V.E. en acción, esta vez en ocasión de una hija enfurecida con su madre:

Lía, de cinco años, no paraba de decir "Te odio, mamá" y Marina, su mamá, se sentía triste y preocupada. Al principio, Marina reaccionó defensivamente e intentó detener la manifestación de Lía. Cuando Lía persistió en su expresión, Marina se ocupó de sí misma en una sesión de consulta, tras la cual logró empatizar mejor con su hija.

Cuando Lía volvió a decir "Te odio, mamá", Marina respondió: — *Uy, qué doloroso debe ser eso. Me alegra que me lo digas porque quiero saber lo que sientes. Entonces, Marina preguntó:* — *¿Me vas a contar acerca de ese odio hacia mí?*

Lía miró ferozmente a su mamá y dijo: — *No me hiciste lo que te pedí para desayunar y me gritaste cuando me retrasé.*

— *Entonces, ¿tú querías panqueques, no los huevos?*

— *Sí.*

— *¿Y también querías terminar de vestir a tu muñeca cuando te apuré porque nos teníamos que ir?*

— *Sí, no grites, mamá. Me asusta.*

— *Puedo entender cómo te sientes. Me alegra que me lo digas. Yo también quiero lograr hablarte bien incluso cuando estoy apurada. ¿Te parece que podré hacerlo?*

Lía reflexionó un momento y luego dijo: — *No, no vas a poder, mamá. Está bien. Pero los panqueques...*

— *Sí, tú quieres elegir lo que comes. La mayoría de las veces podemos hacerlo.*

Lía asintió, satisfecha.

Entonces Marina agregó: — *Debe de haber sido doloroso sentir odio hacia mí.*

— *No, má. Sólo fue odio.*

Al tomar conciencia del sentimiento de Lía, Marina fue encontrando maneras de prevenir muchos de esos eventos frustrantes, aunque no todos. Pero se aseguró de validar el odio de Lía cada vez que surgió. Un par de días después, Lía dijo: — *Mamá, te amo y me amo. Cuando digo que te odio no es que te odie, es que quiero que hagas lo que te pido.*

Lía sonrió y también Marina.

— *¿Tú sabes que yo te amo, no?* — *preguntó Marina.*

— Sí, cuando te odio también lo sé, mamá, aunque
no es que te odie.
Y se acercó a su mamá para abrazarse con ella.

Lía había acumulado pensamientos de odio por un tiempo antes de ser validada por su mamá. Sin embargo, si los odios ocasionales que aparecen son reconocidos inmediatamente, los niños pueden liberarse de ellos muy rápidamente. Además, las palabras de odio de los niños por lo general no tienen el peso que implican para los adultos.

Tobías le pidió a su mamá que le leyera un libro.
— Levanto el ajedrez del suelo y te leo — dijo su
mamá.
— Oh, no — se quejó Tobi — . Léeme ahora.
— Sé que quieres que te lea inmediatamente. Ense-
guida voy — dijo mamá.
Tobi pataleó en el suelo y dijo: — Te odio.
— Sí, ya sé — dijo su mamá mientras terminaba de
recoger el juego.
Después de leer, el papá llamó a la familia a al-
morzar.
— Quiero que mamá me haga el sándwich — declaró
Tobi.
— Pensé que la odiabas — dijo papá.
— Eso fue antes — respondió Tobías.

Cuando nuestro hijo muestra indicios de resentimiento hacia nosotros, alentémoslo a expresárnoslo directamente. Recordemos que el odio es una manifestación externa de otras emociones; y tengamos en cuenta que el sentir odio de nuestro hijo le pertenece a él, incluso si el contenido está dirigido a nosotros. Podemos aprender más de nosotros a partir de sus comentarios, pero su manifestación no tiene que ver con nosotros. Si nos ponemos a la defensiva o discutimos lo que dice, volvamos una y otra vez suavemente a centrarnos en él. En lugar de insistir en que él nos ama, reasegurémosle nuestro amor escuchándolo y entendiendo su punto de vista. Así, él también comprenderá que sentir odio no cambia el amor que siente por nosotros ni el nuestro por él. En la conexión íntima que tendremos, él tal vez logre incluso distinguir su verdadera esencia de los dramas de su mente.

Ayudar sin asustar

Algunas veces, una reacción emocional intensa de nuestra parte puede asustar a un niño. Esto suele suceder cuando el niño hace algo peligroso o cuando nos tomamos sus acciones o palabras personalmente. Tengamos presente que las acciones de un niño no están dirigidas a nosotros. Él no pretende molestarnos o hacernos la vida difícil, sino simplemente ocuparse de sí mismo. Cuando daña a alguien o algo, un niño está manifestando una necesidad y una emoción. Cuando hace algo peligroso, es inocente en su propósito, independientemente de cuántas veces le hayamos dicho del peligro (¿cuántas veces hay que decirnos a veces las cosas a los adultos para que las asimilemos?).

Nada de lo que diga o haga nuestro hijo amerita nuestro enojo, acusación o privación de cariño. Incluso si estamos evitando que dañe a alguien o a sí mismo, nuestras acciones y palabras pueden conectarnos con amor y cuidado. Cuando lo detenemos con una expresión cuidadosa, nuestro hijo percibirá que estamos de su lado y no nos temerá. Por ejemplo, si gritamos: "Ya mismo suelta su muñeca" dejamos al niño sintiéndose atemorizado y despreciable. Si en cambio usamos declaraciones validantes como: "Quieres jugar con esa muñeca y Ruth la está usando", y brindamos nuestra presencia, o alguna solución alternativa, el niño siente que nos importa y se siente valorado.

Cuando asustamos a nuestros hijos, ellos no nos sienten de su lado, sino como alguien que los persigue. Entonces nos tendrán miedo y tenderán a resistirnos. Incluso si actuamos bruscamente para protegerlos de un daño concreto, validemos el miedo que pueden haber sentido y encontremos una manera de satisfacer la necesidad que motivó su acción peligrosa. Cada vez que asustemos a nuestros hijos, comuniquemos nuestro sentir y ofrezcamos una solución en lugar de intentar dar lecciones.

> *Apenas entró al* playroom, *Dana ahogó un grito al ver a su hijo Benjamín sentado en el borde de la ventana. Ellos vivían en un cuarto piso, y aunque la ventana estaba cerrada, a Dana le aterrorizó imaginarse que Benjamín pudiera sentarse ahí incluso si la ventana estuviera abierta. Dana se apaciguó, buscó una banqueta y la acercó a la ventana.*
>
> *— Te gusta mirar la calle — dijo Dana — . Puedes subirte a esta banqueta para mirar sin riesgos.*
>
> *Dana lo ayudó a bajar y le dio un beso. Luego agregó: — Benja, cuando te vi sentado en la ventana, me asusté muchísimo.*
>
> *Él la miró y le dijo: — Pero mamá, no me voy a caer.*
>
> *— Sí, lo sé, pero igual me asusté. Voy a dejar esta banqueta aquí para ti. ¿Me prometes usarla cuando quieras mirar hacia la calle, en lugar de sentarte en la ventana?*

— Sí. Se ve bien también desde aquí.
— Gracias, Benja. — dijo Dana ya tranquila.

Dana ya le había dicho antes a su hijo que no se sentara en el alféizar de la ventana. Tranquilamente podría haber recurrido al viejo y remanido: "¿Cuantas veces te he dicho…?" En cambio, ofreció una solución, mientras compartía sus sentimientos sin culpabilizar a su hijo. Ella no dijo: "Me asustaste", sino "Me asusté". Ella incluso validó la convicción de seguridad de Benjamín, pero le hizo un pedido concreto en función a una necesidad de ella. Cuando los niños permanecen en contacto con sus emociones y no son acusados ni regañados, pueden más fácilmente responder a nuestros pedidos. Si confían en nosotros y saben que siempre estamos de su lado, nos responderán como a un aliado, y con el tiempo, también aprenderán a tratar a otros del mismo modo.

Capítulo Cinco

༄

Autonomía y Poder

Lo que los niños necesitan son padres colaborativos

Los niños muchas veces se sienten indefensos porque son pequeños y dependientes, en un mundo complejo, grande y vertiginoso –tantas máquinas que no pueden manejar, gente grande y animales a los que quizás teman, lugares a los que no pueden ir solos, alturas fuera de su alcance, necesidad de asistencia para tantas de sus necesidades, eventos que les resultan temibles, y velocidades que no pueden comprender. Muchas de sus angustias resultan de sentirse indefensos.

Entonces, los niños necesitan sentir que tienen el poder de generar respuestas a sus necesidades. A diferencia de los adultos, los niños no pueden renunciar a lo que quieren en el presente por un eventual bien futuro. Necesitan saber que las personas que los rodean toman sus elecciones presentes en serio. Del mismo modo que ante otras carencias emocionales, un niño que se siente indefenso o sin control sobre su vida, podrá volverse enojado, agresivo o deprimido.

Aunque no podamos eliminar la sensación de indefensión de nuestro hijo, sí podemos mejorar notablemente sus probabilidades de sentirse autónomo y poderoso. Los bebés y niños pequeños intervienen en su entorno a través de nosotros, y necesitan que seamos su "extensión de poder", que abarque todo lo que está fuera de su alcance. Algunas veces esto implica hacer cosas por ellos, pero la mayoría de las veces significa corrernos del medio y procurarles un desarrollo seguro y enriquecedor. Si trabajamos en construirles un ambiente seguro y saludable, tanto física como socialmente, podemos eliminar la necesidad de dirigirlos y ponerles límites permanentemente. Entonces ellos pueden elegir y dirigir sus propias actividades, comidas, horarios e intereses dentro del entorno seguro que les hemos procurado.

Los niños suelen sentirse indefensos y a merced de los adultos que los cuidamos, a pesar de las buenas intenciones que tengamos. Cuando una llamada telefónica interrumpe nuestro juego con ellos, ellos sufren la ignominia de ser puestos en espera mientras los adultos atendemos a otros adultos. Tantas veces soportan el insulto de recibir órdenes, ser callados o forzados a dar lugar a las necesidades de los adultos mientras las suyas propias son consistentemente desatendidas. Por ejemplo, muchas veces los niños son regañados por interrumpir a los adultos, sin embargo la mayoría de los adultos interrumpen sistemáticamente a los niños y hablan hasta por los codos con total normalidad. Para los niños en nuestra cultura, estar toda la infancia a merced de cada decisión arbitraria o circunstancia pasajera de sus adultos a cargo es una realidad concreta.

A veces dejamos indefensos a nuestros hijos sin siquiera registrarlo. Generalmente, planificamos nuestras vidas sin darles voto a nuestros hijos, incluso cuando nuestras elecciones afectan directa y contundentemente sus vidas. Incluir a los niños en nuestra actividad, como se hace en una tribu, probablemente no les genere interés al menos que seamos granjeros, constructores, o hagamos algo relacionado a la expresión física. Acompañarnos mientras escribimos, leemos o hacemos trámites en el banco les resulta demasiado pasivo y poco participativo. Lo que sucede no es representativo de lo que ellos están viviendo, y el contenido del libro puede ser interesante pero ellos sólo ven a un papá sentado mirando un libro.

Un ejemplo muy frecuente es llevar a nuestros hijos cuando hacemos trámites. Ellos están entretenidos haciendo algo… y nosotros los interrumpimos, los atamos al asiento del auto, y los llevamos de aquí para allá sin ningún interés personal para ellos. Se espera de ellos la "madurez" de acompañar a un adulto en sus quehaceres. Nosotros mismos no disfrutaríamos una experiencia similar, ni pediríamos a un amigo que nos acompañe de aquí para allá. Un niño pequeño no puede comprender que nuestros quehaceres lo benefician; uno mayor quizás lo comprenda pero probablemente no le interese participar de todos modos. Para un niño, por lo general los trámites son aburridos y demasiado pasivos, plagados de esperas y tiempos inmovilizados en el auto.

Aunque a algún niño le pueda gustar ir a hacer las compras durante una corta etapa de su vida, enseguida les aburre salvo que les compremos una golosina o juguete, lo cual puede desencadenar nuevas y mayores frustraciones.

En este sentido también ha cambiado la experiencia humana, desde recoger alimentos de la tierra o incluso en pequeños mercados comunales locales, a inmensos superestimulantes supermercados llenos de tentaciones, que por lo general dejan a un niño sobreexcitado o frustrado. Algunos padres pueden ingeniárselas para hacer de la salida a hacer las compras un paseo divertido para los hijos; pero para la mayoría hacer las compras con nuestros hijos suele ser un desafío.

Para minimizar o prevenir esta dinámica, procuremos hacer los trámites y compras cuando nuestros hijos puedan quedarse con nuestra pareja o algún otro adulto. Si el niño es muy pequeño y depende físicamente de su mamá, quizás el padre u otra persona puede encargarse por un tiempo de los trámites y compras. En familias monoparentales necesitaremos familia extendida o amigos que nos apoyen así no necesitamos arrastrar a nuestros hijos alejándolos de sus intereses. Otra posible solución es planificar la salida en función del interés de nuestro hijo: programar ir a la plaza, la playa o la casa de la abuela y hacer algún trámite corto de camino. A veces, acortar lo más posible la duración de los trámites alivia mucha de la tensión que padecen los niños.

A veces los padres añoramos que nuestros hijos crezcan, como en épocas pasadas, simplemente observando las vidas de los adultos e integrándose en ellas a medida que se sienten preparados. Esto puede pasar cuando los adultos optan por una vida natural y físicamente activa. Cuando hay una comunidad trabajando en conjunto, trabajando la tierra, por ejemplo, o construyendo algo, cocinando o haciendo artesanías, los niños pueden interesarse, participar o jugar libremente por ahí.

Nuestra vida moderna por lo general no provee un escenario como este, ni la seguridad o libertad que implica. Quizás lo añoremos, pero tampoco sirve llorar sobre los cambios en lugar de celebrar el momento presente. La vida es constante cambio, y debemos adoptar e inventar permanentemente modos nuevos de crecer.

Incluir al niño en nuestros quehaceres cotidianos, como lavar los platos, hacer jardinería, cocinar, es aún una posibilidad. Sin embargo, cuando lo que hacemos no incluye movimiento físico, o cuando nuestras actividades impiden que nuestro hijo haga lo que él necesita, se sentirá indefenso y frustrado. No se puede satisfacer las necesidades de una persona desoyendo las de otra, al menos no sin un costo. Además, la mayoría de las cosas que hacemos en nuestro hogar o jardín no van a ser las que le interesen a nuestro hijo cuando crezca. Su necesidad es involucrarse en actividades u oficios intelectuales o manuales que le interesen a él y que acompañen **su** desarrollo.

Otro camino condenado al fracaso es la tendencia que tenemos algunos padres a tener expectativas de que nuestros hijos logren ciertas cosas, se comporten de cierta manera, aprendan, se interesen, o socialicen según ciertas "normas" en lugar de según sus inclinaciones personales. Por ejemplo, muchas veces me llaman padres angustiados por el comportamiento de sus hijos en público, o en lugares cargados de expectativas, como los restaurantes. Cuando mi sugerencia es que nos los lleven más a la plaza, a clases o lugares que les resultan estresantes a sus hijos, los padres invocan su preocupación por la "necesidad de socialización" de los niños. Sin embargo, un niño que se pasa la tarde en tensión permanente con otros niños, no está cubriendo su "necesidad de socializar". En lugar de pasar un buen momento con sus amigos, lo que siente es la incapacidad de relacionarse, de satisfacer las expectativas de sus padres, e impotencia respecto a ambas. ¿Volveríamos nosotros a un grupo social en el cual no nos estamos llevando bien con los demás? Del mismo modo que un adulto, un niño que no logra integrarse o disfrutar en determinado entorno social sólo necesita un entorno diferente o quizás tiempo de socializar con sus padres primero.

Muchos niños no pueden quedarse sentados y en silencio en un restaurante. Si nuestro hijo tuvo oportunidad de desplegar su energía por un buen rato antes de ir, quizás logre quedarse sentado un rato. Si no, un restaurante no es un lugar adecuado a sus necesidades. Cuando imponemos nuestros deseos a nuestros hijos, simplemente porque podemos hacerlo, ellos pueden sentirse indefensos y resentirse. En lugar de escuchar lo que dicen los medios de comunicación o la abuela al respecto, observemos y escuchemos a nuestro hijo, sin importarnos todas las opiniones que andan dando vueltas. Él está creciendo en este momento, aquí y ahora; mientras ninguno de los que opinan y aconsejan lo está haciendo. Él es el experto en sus propias necesidades.

Nuestra tendencia a tener expectativas puede dejar a un niño indefenso, incluso si esas aspiraciones no fueron expresadas verbalmente. Por ejemplo, quizás impliquemos, aunque sea muy sutilmente, que hay que compartir, que ya es hora de dejar los pañales, o que un niño debe ser idealmente tranquilo, empático, agradecido o considerado. Entonces, el niño puede sentirse incompetente o inadecuado cuando se siente incapaz de complacernos, o incluso cuando lo hace pero no genuinamente. Esto puede provocar que él exprese deseos de seguir siendo bebé, que no es más que querer escapar de la carga de nuestras expectativas; o se vuelva malhumorado, o termine haciendo lo que queremos para conseguir nuestra aprobación o quitarnos de encima; pero todo esto lo hace sentir impotente.

Otra de las maneras en que desempoderamos a un hijo es ignorar o descartar sus elecciones personales. Si somos nosotros quienes elegimos qué instrumento musical aprenderá a tocar, qué deporte practicará, sus paseos o actividades, los horarios de sus comidas, la ropa que debe usar, etc., le estamos robando la experiencia de conducir su propia vida. Así, su permanente sensación de impotencia puede derivar en rebeldía y agresión, o sometimiento y depresión.

Al desactivar nuestros objetivos personales respecto a nuestros hijos, y otorgarles el poder de forjar sus propias vidas, no olvidemos protegerlos en su libertad; como cuando adecuamos la casa a un bebé quitando de su alcance cosas peligrosas para resguardar su libre deambulación. Del mismo modo, podemos protegerlos dentro de un entorno a mayor escala, incluso en su acceso a medios y redes sociales, la comida y los juguetes o juegos que les ofrecemos o a los que están expuestos, y también el círculo social con el que tienen contacto cuando todavía son pequeños.

La libertad de nuestro hijo depende directamente de nuestra capacidad de proporcionarle seguridad en su vida sin tener que controlarla. Pasar el día en la naturaleza nos permite no tener que restringir su juego, movimiento o ruidos como sí tendríamos que hacerlo en la calle de una ciudad. Si nos reunimos con personas que él conoce y disfruta, con quienes se siente en confianza, podrá jugar autónomamente, sin necesidad de nuestra intervención.

El grado en que como padres protegeremos el entorno de nuestros hijos dependerá de nuestro estilo de crianza y de vida. Todos los padres controlamos el entorno en alguna medida. Siempre hacemos cierto recorte de la realidad. La mayoría de los padres protegemos a nuestros hijos de la exposición a armas, drogas, noticias llenas de crueldad o violencia, y quizás hasta de cigarrillos, alcohol, café, etc. No es que despleguemos todas estas cosas en casa con la prohibición de tocarlas: simplemente no los exponemos a ellas.

El sentido de autonomía y fortaleza de un niño no depende de poder acceder a todo lo que nuestra sociedad ofrece, sino más bien de su libertad cotidiana en su hogar y su entorno social. Por ejemplo, si llevamos a nuestro hijo a un kiosco, pero le prohibimos comer golosinas, es probable que se sienta resentido e indefenso. Si no lo llevamos al kiosco, y ofrecemos en casa delicias saludables, se sentirá satisfecho y autónomo. Nosotros como padres proveemos liderazgo y guía en la vida familiar, así nuestros hijos tienen la libertad de confiar en sí mismos.

A medida que crezcan, nuestros hijos se expondrán a más y más de lo disponible en nuestra sociedad, y, sintiéndose seguros, podrán tomar decisiones basadas no en presiones sociales sino en sus valores y preferencias auténticas.

Si nuestro vínculo con nuestros hijos es más de confianza que de control, ellos tomarán nuestra sabiduría y guía en serio, porque confían en nosotros y saben que estamos de su lado. Esta confianza será fundamental cuando se integren a la comunidad y sociedad sin nuestra compañía. En lugar de resentir nuestras opiniones por vernos como quienes los controlamos y negamos, buscarán nuestro consejo porque somos sus amorosos aliados.

Como vimos en el capítulo anterior, algunos padres creemos que si un niño no es controlado se aprovechará de nosotros. Pero tengamos en cuenta que cuando un niño no vive el miedo permanente a que lo desempoderen (lo controlen, obliguen, o dirijan), no necesita "aprovecharse" de nadie. Su deseo es ocuparse de sí mismo, y, si se lo respeta, logra desarrollarse fenomenalmente. Un niño que está creciendo felizmente está demasiado ocupado como para dedicarse a estrategias de manipulación.

Desactivar la agresión en los niños

Los niños suelen recurrir a la agresión cuando se sienten sobrepasados de indefensión. No importa cuánto nos esforcemos, nuestra naturaleza humana conlleva sentirnos indefensos alguna vez. Cuando está equilibrada y encuentra su forma de expresión, la indefensión es un aspecto natural y útil de nuestra existencia. Cuando no está equilibrada o no es reconocida y expresada, sentirnos indefensos recurrentemente puede provocar enojo, agresión, o por el otro lado resignación y depresión. Entonces, nuestro trabajo es, además de evitar desempoderar a nuestros hijos, también proveer oportunidades y maneras de expresar esa indefensión, y de que experimenten sus fortalezas y capacidades de manera segura.

La forma más patente en que un niño manifiesta indefensión es negando y agrediendo a otros. Sin embargo, cuando los padres apoyamos el modo único de expresarse de cada niño, ellos encuentran formas creativas y lúdicas de recuperar su sentido de fortaleza.

Un padre me pidió consejo respecto a su hijo de tres años, que llenaba de pedacitos de papel el piso de la cocina. Después de la sesión, su impulso de detener la acción de su hijo cambió:

Desde que la familia se había mudado a otra zona de la ciudad, Cristian, de tres años, mostraba señales de estrés. Estaba malhumorado y quejándose constantemente o llorando incluso por motivos insignificantes. Un día fue a la cocina y se puso a vaciar los papeles y envases de los cestos de reciclables y desparramarlos por toda la cocina.

Al ver todos los reciclables esparcidos por ahí, su papá reaccionó con un dramático: "¡Oh, no!" que parece haberle proporcionado a Cristian la sensación de poder que estaba necesitando.

El papá de Cristian recogió todo y lo volvió a poner en los cestos para que Cris pudiera repetir su "terapia espontánea" una y otra vez. Cada vez que Cris desparramaba todo, su papá respondía con un: "¡Oh, no!" cada vez más sonoro; y luego teatralmente: "Voy a recoger todo", y suplicante: "Por favor, no vuelvas a tirarlo". El juego terminó con todos los reciclables esparcidos en el piso y papá "exhausto" resignándose.

Durante un par de meses Cristian continuó iniciando este juego y cada vez su papá lo acompañó quejándose teatralmente y devolviendo todo a los cestos para ser desparramado otra vez con grandes risotadas. Todo el tiempo, el papá confió en la necesidad de su hijo de jugar a este juego para recuperar su sentido de poder y autonomía. Un día Cristian dejó de tirar todo, y no volvió a hacerlo más. Su irritabilidad y comportamiento agresivo disminuyeron y mostró signos de entusiasmo por su nuevo hogar.

Intuitivamente, muchos padres empoderan a sus hijos de maneras similares, simplemente porque los respetan y quieren participar de sus juegos. Por ejemplo, cuando un hijo sale corriendo mientras su papá le intenta poner su pijama, muchas veces el papá le sigue el juego, persiguiéndolo apasionadamente. Aunque este juego parezca demasiado largo o agotador para el padre, eventualmente el niño se sacia, porque satisfizo su necesidad de sentirse a cargo.

Es crucial no quitarles poder a los niños. Si detenemos el juego o controlamos su curso, somos nosotros quienes estamos a cargo, y nuestro hijo se siente nuevamente incapaz. Al hacer esto anulamos casi todos los beneficios emocionales que el juego representa para ellos, y además puede ocasionar conflictos entre nosotros haciendo aún más larga la sanación del enojo que desencadena, que si hubiéramos permanecido jugando hasta que nuestro hijo decidiera terminar. Por otra parte, un largo y disfrutable juego de poder deja a todo el mundo contento y sintiéndonos conectados.

Aunque para Cristian hubo resultados observables, lo más probable es que los padres muchas veces no podamos identificar un resultado tan claramente. Es crucial no albergar expectativas de cambios inmediatos de comportamiento. La mayoría de los beneficios emocionales no tienen una manifestación visible inmediatamente, sino que se notan gradualmente o inesperadamente. Muchas veces los padres advertimos meses después que alguna dificultad de comportamiento ya no aparece. Por otro lado, no podemos saber qué otra dificultad previnimos. Quizás simplemente notemos mayor contento general o alguna otra mejora en algo. Tenemos que confiar en nuestros hijos, y saber que si inician algún juego es porque necesitan algún beneficio que obtendrán de él. Como saben que están jugando, muchas veces los niños obtienen el beneficio de la representación como si fuera real.

El siguiente ejemplo ilustra otro enfoque lúdico de una niña para recuperar su sensación de estar a cargo.

> *Una noche, Francisco colgó su camisa de la manija de la puerta y se fue al baño a prepararse para ir a dormir. Cuando regresó su camisa no estaba. Mora, su hija de tres años, estaba parada cerca sonriendo con picardía.*
>
> *— ¡Oh, no! ¿Dónde está mi camisa? —dijo Francisco, haciéndose el sorprendido mientras Mora se reía bajito.*
>
> *Así se inauguró un ritual para irse a dormir. Cada noche Francisco se aseguraba de colgar su camisa en la misma manija, y hacérselo saber a Mora: —Dejo mi camisa aquí, que nadie me la esconda…*
>
> *Y Mora respondía a la invitación, escondía la camisa, y se quedaba esperando entusiasmada que su papá notara la ausencia.*
>
> *Esto continuó así hasta que unos meses después, Mora dejó de hacerlo, pues su necesidad de recuperar su sensación de poder estaba completa por el momento.*

No temamos que nuestro hijo vaya a interpretar un juego así como permiso para molestar o hacer lío. Por el contrario, los niños distinguen muy bien entre juego y realidad. Apoyarlos en su necesidad de jugar este tipo de juegos les ofrece una oportunidad de descarga de emociones acumuladas y previene manifestaciones de poder dañinas.

Si sentimos un impulso consistente de controlar a nuestros hijos, es muy probable que hayamos experimentado mucha impotencia en nuestra vida. Entonces, participar de estos juegos también nos ayudará a nosotros a sanar ese dolor. El impulso de controlar puede estar fuera de nuestro control; pero la decisión de darle lugar o no quizás sí sea nuestra. Una vez que comprendemos ese impulso como la debilidad que en realidad es, nos sentiremos poderosos cuando no sucumbamos a ese impulso automático. Se necesita fortaleza emocional para fluir con nuestros hijos sin ceder a nuestros impulsos. Cuando nos relacionamos con niños, nuestro poder viene de soltar el control más que de aferrarnos a nuestras reacciones.

Juegos de poder como los descritos arriba tienen muchas facetas, y como padres tenemos que estar alerta, listos para detectarlas y participar de ellas. Es fácil decir a un hijo que deje de hacer lo que está haciendo; sin embargo, la mayoría de las veces, cuando sentimos el impulso de decir "basta", nuestro hijo está iniciando un juego creativo. Puede ser amasar el tofu, decir palabras escatológicas o desparramar los bloques Lego apenas terminamos de ordenarlos. Estas invitaciones a juegos de poder requieren padres cooperativos que sepan decir "Sí" cuando su mente quiere decir "No". En lugar de decir que el niño no es colaborativo, pensémonos como jugadores en su escenario de juego (lo cual somos) y aceptemos su invitación. En nuestro hogar Aldort, cuando un adulto no se prende a jugar con los niños, lo etiquetamos de "demasiado serio" o "adulto amargado". El niño percibe al adulto introvertido como un obstáculo en su juego creativo terapéutico.

Si aprendemos a tomarnos menos en serio nuestro propio pensamiento reactivo, nuestros hijos aprenderán a hacer lo mismo. No necesitamos obedecer a nuestros pensamientos negativos. Podemos, en cambio, fluir con lo que sea que nuestro hijo nos está proponiendo para vincularnos. Esta es la manera de hacer nuestra vida tranquila y enriquecedora. O nos resistimos a las inclinaciones de nuestro hijo o nos unimos a su camino con disfrute.

Veamos otro ejemplo de juego de poder en el cual la acción del niño puede ser resistida o bienvenida, permitiéndole vivenciar su poder.

Cuando Alex tenía unos cinco años, vivía con su familia en el campo, en una casa que no tenía llave. La puerta de vidrio de entrada se cerraba sólo desde el interior con una traba.

Un día, cuando la familia subía las escaleras hacia la puerta con las bolsas de las compras, Alex se adelantó a sus padres y hermana, entró a la casa y trabó la puerta. Alex los miraba desde adentro con sus ojos brillantes de entusiasmo.

— ¡Oh ,no! — dijeron casi al unísono mamá y papá —. ¿Qué vamos a hacer?

Dejaron las bolsas en la galería y empezaron a suplicar: — ¡Por favor, déjanos entrar, por favor, por favor, se nos van a arruinar los alimentos!

La hermana mayor de Alex también quiso participar entusiasmada de la teatralización.

Alex se reía con deleite. Comprendía perfectamente que sus padres le estaban siguiendo el juego y le encantaba. Después de un momento ellos intensificaron la súplica con frases como: — ¿Dónde vamos a dormir? ¡Vamos a pasar frío! ¡Oh, no! ¿Qué vamos a hacer?

Y empezaron a elegir lugares para dormir, mostrándose frustrados con lo incómodo que parecían. Se arrodillaron frente a la puerta otra vez y suplicaron que los dejaran entrar. Después de un par de minutos Alex abrió la puerta con un gesto victorioso y condescendiente. Los tres entraron, expresaron su gratitud y celebraron la suerte que tenían de que el poderoso Alex los hubiera dejado entrar.

Este juego se repitió un par de veces, luego de las cuales Alex no lo repitió ni trabó ninguna puerta a nadie. Su necesidad estaba cubierta.

La frase: "¡Oh, no!" expresada exagerada y graciosamente, puede marcar nuestro ingreso al juego:

Cuando el tofu se convirtió en masa para jugar, podemos decir: "¡Oh, no! ¡Qué lío!". Cuando un niño hace música con sus cubiertos, cubramos nuestros oídos diciendo: "¡Oh, no! ¡Qué ruido!". Cuando recogemos por cuarta vez los bloques de Lego y nuestro hijo los vuelve a desparramar, exclamemos: "¡Oh, no! ¿Qué voy a hacer ahora?" mientras nos tiramos rendidos en el suelo.

Cada vez que la seguridad no esté en juego, reemplacemos el "¡Basta!" por "¡Oh, no!" , aceptemos la invitación a jugar y juguemos hasta que nuestro hijo se detenga. Aunque esto parezca agotador y nos tome mucho tiempo, en la práctica jugar lleva menos tiempo que resistir y luchar una y otra vez contra los deseos de nuestros hijos. Además, los beneficios a largo plazo harán que estos juegos nos den miles de momentos felices con ellos. Una de las grandes lecciones que los niños nos enseñan es que él único tiempo que existe es el presente, así que disfrutémoslo.

Una tentación que debemos evitar cuando participamos de juegos de poder con los niños es la tendencia a volvernos creativos. No les "robemos el show". Aceptemos sus directivas y sólo propongamos algo si ellos nos habilitan. Si tomamos el liderazgo proponiendo cambios, estamos quitándoles el poder de sus manos. Guardémonos la idea para otro momento. Incluso cuando nosotros proponemos un juego, dejemos a nuestro hijo tomar la directiva. Y tomémonos su dirección muy en serio. Mientras juguemos el papel que nos indicó, hagámoslo con total entrega: perdamos el aliento, asustémonos terriblemente, desesperémonos o vulnerabilicémonos en la forma en que lo requiera la escena que él propone.

Como dijimos antes, quizás tengamos miedo de que nuestros hijos se aprovechen de nosotros o que no nos respeten. Sin embargo, cuando respetamos a nuestros hijos y nos dejamos guiar por ellos, el resultado es que ellos también nos respetan más.

Por lo general, un niño que obedece no respeta a sus padres, les teme.

Incluso quizás hasta los desprecie, y como también los ama se sentirá confundido y avergonzado de sí mismo. Entonces aprende a controlar a otros y a clasificar a las personas como dominantes o dominados. De hecho, la complacencia generalmente no es señal de respeto, sino de temor y desamparo. Por el contrario, cuando cooperamos con nuestros hijos, ellos aprenden a cooperar y a interesarse por las necesidades de los demás. Los niños cuentan con nosotros para que atendamos sus necesidades, y toma años y mucha persistencia hasta que ellos alguna vez puedan hacer lo mismo. Como al aprender a tocar un instrumento musical o a bailar, no podemos esperar que unas pocas prácticas sean suficientes para hacerlo bien.

Dibujar y otras actividades artísticas pueden constituir manifestaciones valiosas de impotencia.

> *Recuerdo una sesión con Verónica, una niña de ocho años. Esos días se la pasaba dibujando a su vecina Valentina, una niña que le daba miedo. Hizo una serie de dibujos y los tituló "El mal día de Valentina". Era una historia de varias páginas que describían un infortunio tras otro para Valentina hasta que terminaba incendiándose. No sólo dibujó todo eso, sino que luego también me lo explicó a mí con mucha gracia, liberando sus emociones acumuladas.*
>
> *Sugerí que siguiera relatando la historia a sus padres y hermano cada vez que sintiera ganas.*
>
> *Después de una semana, Verónica se aburrió de sus dibujos. Para sorpresa de la mamá, se acercó a Valentina, que estaba en el jardín de su casa, y se ofreció a ayudarla.*
>
> *Cuando volvió a entrar a la casa, Verónica dijo:*
> *— Mamá, la ayudé a Valentina a plantar unas flores. Es buena, ¿sabes?*
>
> *Verónica fue relajando su actitud respecto a Valentina y también en general.*

El resultado de esta terapia artística se notó inmediatamente en el vínculo que ilustraba. Muchas veces no se da así. A veces un niño detesta a un vecino, pero su "odio" es en realidad una manifestación de sus miedos propios o respecto a algún miembro de su entorno. Centrar la terapia en el vecino puede no afectar en nada ese vínculo, pero tenemos que observar otros cambios positivos en los vínculos de nuestro hijo, en su confianza, o en otros aspectos de su vida.

Los niños usan el arte, la poesía, la música, el deporte, la actuación y los juegos con simulaciones, para vivenciarse como poderosos. Abracemos sus métodos de sanación creativa y disfrutemos de su florecer.

Prevenir problemas cuando estamos fuera de casa

Un beneficio extra cuando acompañamos la necesidad de nuestros hijos de sentirse poderosos es que muchas veces esto previene que los conflictos o problemas sucedan cuando estamos fuera de casa o con otras personas. Hace poco vi a una familia irse de un restaurante en el medio de la cena porque el hijo pequeño había decidido arrojar los cubiertos y otras cosas al suelo, aullando de deleite. La necesidad de poder y juego fue manifestada en el lugar menos propicio para los padres.

A los niños que tienen la necesidad de control y poder satisfecha en casa, les es más fácil disfrutar y participar de actividades en público. Hagamos de nuestro hogar el lugar para desplegar todo lo que haya que desplegar y manifestar todo lo que haya que manifestar; y nuestros hijos no necesitarán usar nuestra vulnerabilidad en público para reclamar su poder. Al mismo tiempo, debemos conocer y respetar el alcance de la capacidad de automoderación de nuestros hijos. Podemos jugar juegos de poder antes de ir a un concierto, restaurante o a un paseo largo. Sin embargo, un restaurante quizás sea de todos modos un lugar inadecuado para un niño, pero perfectamente disfrutable para otro, especialmente si tuvo la oportunidad de desplegar energía y sentirse a cargo antes de llegar. Hasta un lugar de juegos puede ser un lugar estimulante para determinado niño pero una exigencia insoportable para otro, que quizás se sienta indefenso y sienta que no le va bien allí. Respetar las necesidades e inclinaciones particulares de cada niño puede ser muy valioso para prevenir la sensación de indefensión y sus consecuencias.

La interacción entre niños también se ve afectada cuando hay desequilibrios de poder o sensaciones de impotencia. Un niño que frecuentemente se siente impotente puede volverse un seguidor apático o desatar su necesidad de poder controlando o molestando a otros. Démosle la oportunidad de estar en control en casa, así puede disfrutar a sus amigos genuinamente.

Además de con los juegos de poder, los niños vivencian su poder cuando pueden tomar algunas decisiones y cuando pueden gobernarse a sí mismos. Ocasionalmente se sentirán empoderados cuando ayuden en casa, pero sólo si no es sugerido, impulsado o esperado. Cuando un niño ofrece ayuda en casa, expresemos nuestra gratitud y no esperemos más. Además, proveerles oportunidades de ser desordenados, lieros, ruidosos, y directivos promueve alegría y salud en sus vínculos. La vida con niños fluye cuando simplemente nos dejamos llevar y respetamos sus preferencias y elecciones en lugar de devanarnos los sesos por lo que creemos que es bueno para ellos.

No quitarles poder a los niños no significa que tengan permiso para hacer lo que quieran. Del mismo modo que los adultos, los niños viven en un mundo repleto de límites físicos y sociales. Si somos auténticos con los niños ellos pueden vivir con parámetros reales, y no una vida fantasiosa en la cual todos sus deseos se materializan inmediatamente. Las frustraciones naturales, que nadie impone, son un componente saludable del crecimiento, y nuestra función es simplemente escuchar y validar las emociones de nuestros hijos.

Un bebé no comprende la ley de gravedad, y sin embargo responde a los límites que ella le establece: sus caídas no sólo lo entrenan para caminar sino también para aprender a sobrellevar pruebas y errores. Del mismo modo, un bebé tiene muy poca consideración por las necesidades de otros, lo cual es como debe ser. La adquisición de conciencia y sensibilidad hacia terceros se forja con años de haber sido atendido amorosa y generosamente, sin llegar al punto de conseguir las cosas a costa de los otros.

A medida que crecen y pueden comprenderlas, los padres les iremos mostrando a nuestros hijos las normas sociales que nos atraviesan y que lo empiezan a incluir. No podemos decirle a un bebé: "Estoy cansada para darte el pecho ahora", y dejarlo llorando. Pero en algunos años quizás sí podamos decirle: "¿Te sientes impaciente porque quieres helado ahora? Después de la cena lo serviremos para todos".

La tendencia de muchos padres amorosos de "hacer feliz al niño" a cualquier costo, no favorece su autonomía ni fortaleza emocional, sino que las debilita.

Amémoslos y nutrámoslos, y aceptemos sus elecciones autónomas, pero evitemos rescatarlos de las lecciones espontáneas y seguras de vida.

Juego corporal

El juego corporal puede ser puro disfrute y una terapia efectiva, o puede acentuar la sensación de impotencia de un niño. Por lo general, los niños parecen disfrutar el juego bruto ("juego de manos"), que les proporciona fortaleza física y emocional. Escuchemos a los niños cuando juegan y muchas veces oiremos gritos intercalados con risas *in crescendo*. La mayoría del tiempo nuestra intervención no es necesaria. Si algo nos preocupa, podemos ir a mirar inadvertidamente, o podemos hacer alguna pregunta para obtener información. Seguramente, el niño por el cual nos preocupamos dirá algo como: "Estamos jugando, mamá". Otra idea puede ser recordarle al niño más vulnerable que estamos disponibles si no se siente a gusto. Si la relación con nuestro hijo es de confianza, seguramente nos llamará si nos necesita.

Sin embargo, si nos preocupa la seguridad de algún niño mientras juegan, sigamos nuestra intuición y evaluemos la situación. Si se trata de niños emocionalmente cuidados, lo más probable es que jueguen de manera segura y considerada. No obstante, la tiranía entre niños es común. En mi trabajo me he encontrado con adultos que han sido intimidados, forzados o abusados por sus hermanos y cuyos padres no tenían idea de lo que ocurría.

Una madre me llamó porque estaba preocupada cuando se enteró de que su hijo de seis años había sido encerrado en un armario por un compañero nuevo, mientras los adultos charlaban en el cuarto contiguo. Al estar en una casa extraña, el niño se sintió demasiado intimidado para avisar de su miedo, mientras que luego, con su mamá, se sintió seguro para contarle.

Un niño que se siente poderoso no necesita recurrir a la destrucción o al acoso, mientras que uno que se siente impotente o indefenso muy probablemente lo haga, especialmente si no tiene otras maneras seguras de expresarse.

Algunas veces nos sorprendemos de descubrir que nuestro hijo amado y tranquilo está violentando a hermanos o amigos:

> *Un día, de repente e inesperadamente, Jeremías, de nueve años, empezó a tirar a su hermano menor al suelo e inmovilizarlo por la fuerza. Y lo siguió haciendo a diario a pesar de que a su hermano le desagradaba que lo hiciera y se lo decía claramente. Marta, la mamá de ambos, estaba desconcertada; Jeremías era un niño amable. Ella no tenía idea de qué podía causar ese comportamiento, ya que ni ella ni su marido lo habían forzado a él jamás. Marta se sentaba con Jeremías cada vez a conversar con él y tratar de comprender su motivación.*
>
> *—¿Te sientes poderoso cuando inmovilizas a tu hermano? —le preguntó Marta en una de esas charlas.*
>
> *—No sé —respondió Jeremías—. No me puedo controlar.*
>
> *—Lo sé. Pero, ¿qué es lo que encuentras de satisfacción al hacerlo? —seguía Marta.*
>
> *Jeremías se quedó en silencio, como perdido en sus pensamientos. Cuando levantó la mirada, con una sonrisa victoriosa anunció: —Ya lo sé.*
>
> *Le contó a su mamá que en un campamento un niño más grande lo había inmovilizado a él y que a partir de ahí a él le surgía hacérselo al hermano. La autoindagación de Jeremías era lo suficientemente clara como para que él pudiera entender y ver críticamente su comportamiento. Cuando relataba el incidente en*

el campamento, Jeremías identificó el miedo intenso que sintió.

— Me dio mucho miedo, mamá — dijo —. Y me dio vergüenza ser tan débil.

— ¿Y el otro niño era más grande que tú? — preguntó Marta con voz tierna y amorosa.

— Sí. Él era muy grandote y yo me sentí un alfeñique.

Marta siguió escuchando y mostrando su comprensión.

Una de las consecuencias de poder charlar sus emociones con su mamá y obtener atención y validación fue que Jeremías no necesitó seguir inmovilizando a su hermano.

Cada vez que nuestros hijos molestan a alguien menor a ellos, revisemos si están sintiendo miedo en algún ámbito. Ser forzado o asustado puede promover agresividad como manera de recuperar algo de sensación de poder u orgullo. Para prevenir o detener despliegues de poder agresivos, prestemos mucha atención a nuestros hijos, demostrémosles nuestro interés en sus vidas fuera de casa y en sus vínculos con otras personas de la familia o conocidos. Escuchémoslos empáticamente. Ayudémoslos a expresar sus emociones haciendo preguntas validantes, como: "¿Te gustaría poder usar la ropa de tu hermana cada vez que te dan ganas?", "¿Te gusta jugar con tu prima a tu manera?", "¿Te dio mucho miedo cuando él te asustó?". Ofrezcamos a nuestros hijos alternativas para influir en las situaciones, hagamos juegos de poder si son más pequeños, y a los mayores habilitémosles hablar de sus emociones y estar a cargo lo más posible.

A los adultos no nos es fácil llevarnos bien con todos. A los niños tampoco. No pretendamos que ellos se lleven bien con todos, o en todo momento. Una manera de prevenir las rivalidades entre niños es cubrir las necesidades de atención, alimento, y actividades de cada uno. Un niño que es agresivo o molesta a otros se siente indefenso o necesita desesperadamente algo de poder. Nuestra tarea amorosa es ofrecerle la atención que necesita. Podemos leerle un libro, jugar algún juego de roles de poder, ir a caminar con él y los otros niños, o unirnos a sus juegos.

Confiar en los niños no significa dejarlos que se las arreglen solos.

Mientras evitemos intervenir defendiendo el punto de vista de uno u otro, y nos aseguremos de no quitarles el poder resolviendo las situaciones, nuestra presencia puede contribuir y proporcionar cuidado y atención según se necesite. Cuando los padres y madres me cuentan (ya sea en sesiones privadas o en talleres) cómo sus hermanos los forzaban, hacían coquillas o menospreciaban cuando eran niños, siempre dicen que les hubiera gustado que sus padres intervinieran. Los niños a veces pueden causarse daños físicos y emocionales graves. Tenemos mayores probabilidades de prevenir que esto suceda si atendemos sus necesidades emocionales básicas y estamos más presentes en sus vidas.

No es necesario poner a prueba la fortaleza emocional de nuestros hijos dejándolos jugar solos e interactuar con otros más allá de sus capacidades. A nosotros mismos no nos gustaría ser agredidos por algún conocido mientras nuestra amada pareja está cerca y no hace nada al respecto. Los niños cuentan con nuestra protección y la merecen. Ellos entienden que si no hacemos nada al respecto es porque es correcto que los traten así.

Evitemos entornos sociales que no funcionan, y cubramos las necesidades de cada niño de atención y cuidado, así el juego entre ellos no es una sobrecarga, sino un momento para disfrutar.

Cosquillas

Las cosquillas son una costumbre típica de los adultos hacia los niños. Sin embargo, a la mayoría de las personas no nos gusta que nos las hagan, ni se nos ocurriría andar haciendo cosquillas a otros adultos.

¿Qué nos hace pensar entonces que los niños las disfrutan? En realidad, los niños detestan que les hagan cosquillas, salvo que ellos dirijan el juego de cosquillas, o sea, que sean ellos mismos quienes lo inician, y controlan su intensidad y duración. Si el adulto hace cosquillas cuando no es el niño quien lo elije, éste no lo disfruta. Invade y violenta su cuerpo como cualquier otro daño físico, del mismo modo que golpear. La carcajada incontrolable que genera no es una expresión libre de disfrute. Si el niño pudiera recuperar su aliento, su risa se intercalaría con súplicas para que nos detengamos. Algunas veces las coquillas mismas les impiden la posibilidad de pedir que nos detengamos, ya que dejan al niño en tal nivel de indefensión que no pueden ni hablar. Como dijimos antes, esa indefensión le llevará luego a manifestar su sufrimiento con agresiones o comportamiento destructivo. Además del malestar propio de las cosquillas, nuestro hijo aprende a violentar o invadir los cuerpos de otros y a someterse a la invasión del cuerpo propio.

A pesar de que la mayoría de los niños, si pudieran elegir, elegirían que no se les hagan cosquillas, ocasionalmente un niño podría disfrutar de un juego de cosquillas, siempre y cuando en ningún momento pierda su poder. Yo personalmente una vez, una sola, presencié disfrute en un juego de cosquillas. Una niña de tres años le había pedido a su mamá que le tocara las axilas. Ella levantó sus codos y su mamá suavemente pasó el dorso de su dedo por la axila de la nena, apenas un instante, y lo retiró inmediatamente cuando su hija se apartó. Riéndose divertida, la niña lo volvió a pedir. Esa niña lo puedo disfrutar porque dirigía el juego, y su mamá respondía a su dirección. Esto no es muy frecuente en los episodios de cosquillas en general, los cuales tienden a dejar al niño en una situación de indefensión, y por eso es mejor evitarlos.

En otra ocasión, un niño me comentó de un juego de cosquillas que a él le gustaba: sus dos hermanos y él se acostaban en la cama y se hacían cosquillas entre ellos hasta tirarse de la cama. Tal como en el otro juego que yo presencié, este juego equilibraba el control y el poder entre los tres participantes quienes podían elegir cuando salirse del juego, y quienes eran simultáneamente cosquilleadores y cosquilleados.

Jugar a luchar

Los juegos de lucha entre padres e hijos no enseñan a los niños a ser violentos si ellos no son violentados. Cuando el adulto permanece en el rol de vencido, permite al niño satisfacer su necesidad de sentir poder y control. Entonces, se trata de un juego de poder sanador. Si por el contrario, el adulto somete al niño, lo inmoviliza, lo levanta sin permiso, le hace cosquillas, lo fuerza físicamente, o de alguna manera lo hace sentir indefenso, el niño será propenso a manifestar su frustración imitando el comportamiento del adulto, ya sea violentando a un niño menor o mostrando algún otro síntoma de sufrimiento.

La vida naturalmente les presenta a los niños muchas experiencias de indefensión, no necesitamos añadir ninguna. Nuestra tarea es dar a nuestros hijos la oportunidad de sentirse autónomos y de que aprendan de nosotros cómo podemos tratar amablemente a personas en situaciones de mayor debilidad o vulnerabilidad.

El niño obediente

No todos los niños manifiestan su indefensión o su impotencia a través de juegos de poder o agresiones. Algunos tienden a ser complacientes, en la esperanza de obtener la aprobación de sus padres y evitar que se enojen. En estos casos los niños internalizan su sensación de impotencia, la cual puede aparecer luego en forma de depresión, dificultades en el aprendizaje, enfermedades o tantas otras dificultades físicas, emocionales o vinculares. Es fundamental dar a los niños obedientes oportunidades de vivenciarse poderosos y autónomos. Seguramente responderán a los juegos de poder igualmente bien una vez que confíen en que no van a perder nuestra aprobación.

Justamente porque un niño que quiere complacer a otros probablemente sea más inseguro y temeroso de exteriorizar sus frustraciones, necesita sentirse amado especialmente cuando no está siendo complaciente. Necesita recuperar la libertad de elegir si complacer, ya no por miedo a perder la aprobación, sino por un auténtico deseo de hacerlo. Para lograr esto, el niño obediente necesita sentirse valorado y capaz no solo cuando nos complace, sino también cuando está genuinamente siendo él mismo, y especialmente cuando nos desafía.

Miranda, de diez años, tenía el hábito de decir "sí" cuando quería decir "no". Luego de una sesión con sus padres, ellos me contaron que se dieron cuenta de que los elogios por su cooperación y sus altas expectativas habían dejado a Miranda demasiado insegura y tímida como para intentar imponerse. Se preocuparon y quisieron alentarla a sentirse poderosa y asertiva. Primero le fueron contando a Miranda escenas de indefensión propias, así no se sentía sola en su vivencia. También estuvieron alerta a cualquier indicio de que Miranda estuviera reprimiendo rebelarse.

Un día, cuando volvían de una tienda con bolsas de comida, el papá de Miranda le pidió si los ayudaba a guardar las cosas. Ella suspiró y dijo:

— Ah, bueno, dale.

El papá entonces vio la oportunidad y dijo: — Dudaste... ¿Estás segura de que quieres ayudar?

— Sí, no hay problema. Necesitas ayuda.

— Podemos hacerlo sin ti, si hay alguna cosa que prefieras hacer ahora.

— Bueno, entonces me voy a jugar.

Miranda miró a su papá tímidamente y él sonrió: — Bueno, a jugar — dijo.

Y ella se fue.

La dificultad para decir "no" es una expresión típica de in-defensión en niños dóciles. Es mejor no pedirles algo que pen-semos que no les va a gustar. Si sinceramente necesitamos su ayuda, digámosles lo que necesitamos o preguntémosles si les gustaría dar una mano, pero aceptemos si elijen no hacerlo. Si advertimos que un "sí" no es sincero, enfaticemos nuestra falta de expectativas así les ayudamos a sentirse libres y ser hones-tos y asertivos con nosotros. Quizás nos terminen ayudando muy poco, pero cuando lo hagan será una elección auténtica que les aportará a su registro positivo sobre sí mismos. Si ayu-dan desde una elección propia libre, se sentirán poderosos en lugar de indefensos y resentidos, y así también tendrán una sensación positiva del hecho de ayudar. Si nos preocupamos pensando que nunca aprenderán a hacer algo que no les guste, tengamos en cuenta que cualquier cosa se vuelve disfrutable cuando es una elección libre y viceversa. Forzar a los niños a hacer tareas domésticas contra su voluntad quizás sea la razón por la cual tantos adultos detestan hacerlas.

Cuando ayudamos a los niños a satisfacer su necesidad de sentirse poderosos y capaces, nuestra tarea consiste en estar alerta tanto a las manifestaciones exteriores de indefensión (enojo, agresión) como a las más sutiles (obediencia, apatía, "buen comportamiento" constante). Un niño que toma una postura y actúa de manera desafiante para satisfacer sus necesidades, convoca nuestra atención. Pero uno que reprime sus emociones necesita que nos acerquemos a él, conversemos, validemos y conectemos para dar lugar a manifestaciones asertivas.

También debemos descubrir las maneras en que le transmitimos a nuestro hijo el mensaje de que debe ser obediente para obtener nuestra aprobación, o de que tomar una postura propia no es seguro. Perdonémonos, hemos estado haciendo lo mejor que pudimos, y estamos aprendiendo.

Si en el pasado usamos elogios, recompensas, amenazas o desaprobación, digámosle ahora a nuestro hijo que nos hemos dado cuenta de nuestro error y que queremos dejar de usar manipulación. Digámosle que su autonomía y libertad son importantes también para nosotros. Mostrémosle nuestro amor inquebrantable e incondicional también cuando se anima a apartarse de nuestras expectativas.

Desarrollar la autonomía

Un niño se siente poderoso cuando genera sus propias experiencias. Por eso, cuando lo "rescatamos" de experiencias que consideramos "un fracaso", le quitamos su poder propio. Quitémonos del medio para que él pueda labrarse su propio camino. Quizás tenga que intentarlo muchas veces antes de lograr lo que desea, pero mientras tanto desarrollará confianza en sí mismo y experimentará su poder personal. La fortaleza no proviene de obtener éxito constante, sino de la habilidad de sobreponernos al fracaso y volver a intentarlo una y otra vez.

A muchos padres nos es incómodo que nuestros hijos fracasen o dejarles tomar decisiones que nos parecen insensatas. Asumimos que cuando ayudamos a nuestros hijos a que les salga bien lo que emprenden, les fortalecemos la autoestima y les generamos emociones positivas. Sin embargo, la autoestima viene de nuestro interior, no de la mirada de otro. La ayuda no solicitada, entonces, es esencialmente condescendiente y daña el sentido de poder de nuestro hijo, así como el desarrollo de su autonomía.

Para que nuestros hijos lleguen alguna vez a tomar decisiones responsables, necesitan practicar. Esto no significa mirarlos pasivamente mientras destruyen sus sueños, proyectos o bienestar. Podemos dar información respetuosamente, mientras estemos respondiendo a sus consultas y no nos apropiemos de sus proyectos. Una vez que tienen la información o saben cómo obtenerla, necesitan ejercitar su poder eligiendo la dirección que quieren tomar. Las pruebas y errores son de ellos, no hay lugar para culpas o victimizaciones. Del mismo modo, también ellos son los únicos dueños de sus triunfos.

Desde que son bebés, podemos recordarnos constantemente: evitemos ayudar a nuestro hijo salvo que él nos lo pida. La torre de ladrillos quizás se caiga si él agrega un ladrillo más, la amistad quizás se arruine si insiste en ese plan chiflado que tiene, quizás no sea aceptado en la Feria de Ciencias sin nuestra ayuda en su proyecto… Pero salvo que él nos pida espontáneamente nuestra opinión o ayuda, es mejor no evitar que se caiga la torre, que se arruine la amistad, o que su proyecto sea rechazado en la Feria.

Cuando ellos nos pidan opinión o ayuda, respondamos estrictamente a lo que nuestro hijo nos solicita. Es mejor no construir una torre nueva para él, sugerir cómo sanar esa amistad o apropiarnos del proyecto de ciencia. Podemos compartir nuestras emociones con ellos, pero hagamos sólo lo que ellos nos piden. No más. Incluso ofrecer ayuda con una pregunta como: "¿Te interesaría tener más información sobre cómo funciona esto?", puede resultarle humillante a algunos niños. Podemos ofrecer compartir nuestra visión sólo si sabemos que nuestro hijo no tendrá ninguna dificultad en rechazarla.

Aunque los adultos ya hemos tenido muchas de estas experiencias, cada niño merece recorrer su camino propio. Nuestra experiencia no puede ser un atajo en su recorrido. Tampoco necesitamos restringir la información si nos es requerida, pero sí necesitamos confiar en la decisión de nuestro hijo de usarla o no. Cuando sus fracasos le provoquen desilusión o dolor, nuestra confianza en su resiliencia emocional será el mayor apoyo que podemos ofrecer.

Así sucedió con Maite y su hijo de dos años, Alejo:

> *Maite recordó la expresión de su hijo Alejo al caerse mientras corría. Ella no se movió para levantarlo, ni pronunció una palabra. Él miró hacia ella, y ella sonrió con calma en silencio. Alejo sonrió también, se levantó, y siguió corriendo.*
>
> *Un año después, Alejo se cayó de su triciclo. Maite lo vio desde la ventana: el triciclo quedó arriba de él y Alejo estalló en un grito. Maite se acercó al vidrio de la ventana, se quedó adentro sin ser vista pero mirando atentamente para ver si él la necesitaba. En pocos segundos, él paró de llorar, se levantó, acomodó el triciclo y siguió andando.*

Un niño puede sentirse libre de generar sus propias emociones cuando no invadimos la escena con las nuestras. Del mismo modo, pronosticar resultados puede ser igual de desempoderante. Las advertencias bien intencionadas como: "Ten cuidado, te puedes caer", "Podría ser peligroso",

"Quizás no funcione" o "No creo que te guste", pueden llegar a desanimar a nuestro hijo respecto a probar cosas y confiar en sí mismo.

Podemos dar información concreta como: "El suelo está resbaloso", "Esto está caliente", "Es pesado" o "No sé si van a permitirnos que entres descalzo al restaurante", pero mientras su bienestar no esté en peligro, dejemos a nuestros hijos que tomen sus propias decisiones.

Los niños suelen tomar el camino con mayores desafíos, como estímulo para sí mismos y ambicionando mayores logros.

Digámosles a nuestros hijos que cualquiera sea la circunstancia, ellos tienen los recursos que necesitan para manejarse en la vida.

Dejemos que aprendan a vivir a partir de sus experiencias propias.

Capítulo Seis

✤

Autoconfianza

Tú eres el espejo en el que tu hijo ve su valía

Algunas veces, a pesar de nuestra devoción por cubrir todas sus necesidades, los niños se sienten inseguros de nuestro amor y de su propio valor. Para comprender esa inseguridad, evoquemos aquellos momentos donde nosotros nos sentimos intimidados: cuando no nos animamos a hablar con alguien, cuando no seguimos nuestro impulso de hacer algo, o cuando el tono de voz o las palabras de alguien nos dejan sintiéndonos inadecuados. ¿Cuál es la conversación en nuestra mente en ese momento? Cuando estamos siendo evaluados, o somos el centro de atención, ¿qué dice nuestra mente? Algunas frases comunes son: "No puedo", "Soy estúpido", "Seguro me veo ridícula", "No le voy a gustar", o "No me va a salir", o tantas otras palabras y frases que socavan nuestra autoconfianza. Es probable que estas frases sean conclusiones que hemos sacado cuando éramos niños en función al comportamiento o dichos de nuestros padres o hermanos, y que se nos grabaron en la mente hace muchos años. Estas antiguas palabras aparecen automáticamente en nuestro pensamiento y aún nos provocan inseguridad.

Por ejemplo, si nuestro papá siempre señalaba nuestros defectos, seguramente se nos aparecerán frases que reflejen sentirnos "no suficientemente buenos para eso". Si nuestra mamá decía: "No puedo creer que hayas hecho esto", seguramente entendimos que "no hacemos nada correctamente". Cuando nuestra mente toma estas frases, se desencadenan una serie de emociones automáticas asociadas a ellas.

Del otro lado de la misma dinámica, aparecen frases y declaraciones que implican una mirada crítica sobre nosotros mismos pero a través de acusar o criticar a otro defensivamente: "¿Qué le pasa a éste?", "Este tipo es un cretino", "¿Por qué no puede hacer nada bien?", etc. Este tipo de expresiones nos permiten aliviar nuestra inseguridad al focalizarnos en los "defectos" de los otros.

Cada uno de nosotros construyó su imagen propia a partir de la mirada de nuestros padres sobre nosotros: sus palabras, sus gestos, y el modo en que nos trataron. Si ellos nos honraron, entonces nos percibimos valiosos; si confiaron en nuestras capacidades y nuestra dirección, entonces nos percibimos como capaces y autónomos. Si por el contrario nos criticaron y controlaron, es probable que hayamos dudado de si nos merecíamos cuidados y amor.

La percepción profunda de nuestros hijos sobre su propio valor se genera a partir de nuestra relación con ellos. Si nosotros cargamos viejas voces desvalorizantes en nuestro pensamiento, a pesar de que nos esforcemos por evitarlo, esas frases que nos lastimaron pueden terminar afectando y evocando emociones similares en nuestros hijos.

La construcción de la autoestima empieza en el vientre materno. Querer al bebé y hacérselo saber a cada momento es la base de su confianza. El bebé asume que es digno de nuestro amor y cuidado. Lo da por sentado, lo cual se nota en su seguridad, y la consternación y enojo que muestra cuando no atendemos su necesidad de manera inmediata. Si queremos mantener esa confianza intacta, simplemente respondamos rápidamente y con alegría a las necesidades del bebé. Desatender sus necesidades manifiestas puede volverse el origen de su inseguridad, mientras que nuestro deleite y respuesta ayudarán a preservar su autoconfianza. Cuando sus ganas de mamar, moverse, descansar, dormir o jugar son respetadas con alegría y afecto, él puede crecer confiado y seguro. Cuando ve la chispa de entusiasmo en nuestros ojos en respuesta a su presencia y nuestro deleite al servirlo, su conclusión es "soy valioso".

A medida que expanden su interacción con el mundo, los niños pequeños necesitan aún más nuestra confianza en ellos para que ésta sostenga sus valientes experimentaciones. Así, el niño se siente confiado, no porque todo le salga bien, sino porque apoyamos sus elecciones. Estemos presentes y compartamos sus alegrías y tristezas y él aprenderá a sentirse cómodo en la variedad de experiencias que nos presenta la vida. No tendrá miedo a tomar decisiones ni a animarse a emprender cosas nuevas si se siente cómodo tanto en el fracaso como en el éxito. En lugar de felicitar o usar cualquier otro método manipulativo, abracemos la dirección que toma nuestro hijo, con curiosidad y deleite.

También tengamos en cuenta que no hay garantía de por vida para la autoestima. Incluso si satisfacemos las necesidades emocionales y físicas de nuestros hijos durante sus infancias, es probable que alguna vez les surjan inseguridades que requieran nuestra atención.

Los pilares de la Autoconfianza

El ánimo de un niño puede marchitarse si se siente menospreciado. Hay maneras sutiles en que un niño puede sentirse subestimado, aunque nadie lo humille verbalmente; y muchas veces éstas se nos pueden pasar por alto.

Los siguientes lineamientos pueden ayudarnos a proteger la confianza propia y la autoestima de nuestros hijos:

- Ayudemos sólo cuando ellos nos lo piden y sólo en la medida en que nos lo piden. La ayuda insolícita lleva implícito el mensaje: "No creo que puedas hacer esto solo. Necesitas mi ayuda. No eres capaz de hacerlo", y por eso, puede llevarlos a concluir que no son capaces.

- Otorguémosles la libertad de intentar hacer cosas solos incluso si estamos convencidos de que no les funcionarán (si la seguridad está en juego, ofrezcamos una alternativa). Dejémosles equivocarse o fallar. De esa experiencia personal, aprenderán que son fuertes y capaces en la adversidad y que pueden contar con consigo mismos. Las personas exitosas no son las que nunca tropiezan, sino aquellas que se ponen de pie una y otra vez; y en lugar de apabullarse con miedos, se sienten cómodas en sus fracasos, inspiradas para continuar caminando.

- Apoyemos las decisiones de nuestros hijos sin esperar resultados específicos. Aceptemos lo que resulte con neutralidad, y las reacciones emocionales respectivas con respeto y atención. Podemos validar sus frustraciones, alegrías o decepciones, pero guardémonos nuestras opiniones personales sobre sus acciones, o al menos asegurémonos de que no los aparten de sus convicciones: "Mi visión es diferente pero disfruto que sigas tu propio camino".

- Expresemos gratitud y evitemos corregir o criticar las acciones de nuestros hijos. Por ejemplo, si una hija se ofrece a limpiar el suelo y nosotros luego lo repasamos encima, es poco probable que ella vuelva a ofrecer su colaboración, y puede llegar a percibirse como inepta o torpe. Si corta el césped y luego papá expresa insatisfacción porque está un poco desparejo, o si sus errores ortográficos o gramaticales se le señalan aunque ella no lo pida, su crecimiento y autoestima seguramente van a verse perjudicados. Un niño que se esfuerza para ayudar en algo no necesita que lo evaluemos, sólo que le agradezcamos; y cuando está aprendiendo una habilidad necesita confianza y reconocimiento, no críticas. Con el tiempo sus habilidades mejorarán, siempre y cuando se sienta bien consigo y reciba las herramientas de aprendizaje que solicita (clases, libros, útiles, consejo, etc.)

- Evitemos los elogios, y en cambio espejemos las emociones que expresa nuestro hijo y participemos de su alegría. Elogiar a los niños por su comportamiento ("¡Qué colaborativo, Juancito!") o por sus logros ("¡Estoy tan orgullosa de que hayas ganado el primer premio en el concurso"!) fomenta que ellos hagan las cosas para obtener reconocimiento, no por beneficio propio. Los niños pueden llegar a hacer cualquier cosa para obtener nuestras felicitaciones, pero se vuelven dependientes de la mirada y aprobación externa, y de la aceptación basada en logros. Entonces, paradójicamente, los elogios y recompensas pueden dañar la autoestima de los niños tanto como la crítica. [1]

- Soltemos nuestras expectativas y planes para con nuestros hijos, y aceptémoslos exactamente como ellos son. Manifestar expectativas, como: "Saluda a la tía", pueden dejarlos sintiéndose inadecuados, especialmente si ellos se fuerzan a complacer nuestros deseos. Incluso los logros deben ser elegidos por nuestros hijos, no nosotros. Si decimos: "Tú serás un gran atleta si te lo propones", un niño puede temer no estar a la altura de nuestras expectativas, o aún peor, dedicarse devotamente al atletismo para complacernos. En ese camino puede perder su motivación genuina e incluso su pasión. Por eso es preferible no sugerir, planificar o crear expectativas. Disfrutar el punto de vista y el modo de ser genuino de nuestro hijo, constituye un voto de confianza que le servirá mucho más para preservar su motivación espontánea a brillar en lo que emprenda. (Esto es diferente a la relación entre un estudiante y su maestro. El maestro inspira al estudiante a alcanzar altos estándares en una disciplina que éste elige y para la cual instituye al maestro como su instructor).

- Evitemos al máximo posible negar las expresiones y elecciones de nuestros hijos. Decir "no" muy seguido o contradecir la lógica de un niño puede dañar su autoconfianza porque puede llevarlo a concluir: "Mis elecciones parecen ser erradas, no puedo confiar en mí mismo." Incluso si no obtiene lo que desea, su elección igual es válida y merece ser considerada.

- Evitemos comparar a un hijo con otras personas. La comparación en sí introduce un sentido de competencia y miedo a perder, aunque lo comparemos por ser mejor.

- Permitámosles a nuestros hijos hacerse cargo de las responsabilidades a su alcance, relacionadas con sus emprendimientos e intereses. Si hacemos todo por ellos: les elegimos la ropa, les sugerimos qué hacer cada vez, o les recordamos sus tareas y obligaciones (si no nos lo piden), estamos socavando su sentido de responsabilidad, y fomentando la dependencia. Al hacerse responsables de sus elecciones y acciones, nuestros hijos podrán desarrollar su autoconfianza.

- Escuchemos a nuestros hijos y validemos sus manifestaciones emocionales. La autoestima se desarrolla a partir del valor que le otorgamos a sus sentimientos y al modo en que los expresan.

- Respetemos la sabiduría y el conocimiento de nuestros hijos. Si preguntan algo, no les respondamos con una lección o una evaluación. Un pedido de información que se transforma en evaluación o lección suele dejar a un niño sintiéndose humillado o aburrido y subsecuentemente con menos ganas de preguntar la próxima vez. Compartirán más y mejor su conocimiento e intereses con nosotros cuando no aprovechamos para investigar o enseñar.

- Tratemos a nuestros hijos como iguales, tal como son. Iguales no significa "lo mismo". Ellos no tienen nuestra experiencia y merecen respeto y disfrute por sus tiempos y limitaciones. Haber vivido menos tiempo no implica que sean menos valiosos o que no merezcan absoluto respeto. Nuestros hijos siempre hacen lo mejor que pueden, tal como nosotros.

- Que se derrame la leche no requiere un reproche sino ayuda para limpiar. Cuando nuestros hijos cometen errores, permanezcamos neutros o pongámonos a su servicio. Usemos la S de S.A.L.V.E. para Separar nuestra reacción automática y nuestro monólogo interno de lo que ocurre en el presente, así podemos enfocarnos en lo que se necesita aquí y ahora (podremos indagar nuestros pensamientos más tarde en beneficio propio personal). Si nuestro hijo está angustiado, escuchemos, validemos, y enfaticemos nuestro amor y reconocimiento. Si nuestra hija hace algo que nos parece torpe o insensato, guardémonos la crítica (que es material para indagación personal nuestra) o empaticemos con sus emociones; puede ser que ella se sienta satisfecha con su accionar o quizás se sienta avergonzada, enojada, o confundida.

Si manifiesta su inseguridad, podemos validarla y contarle las cosas torpes o insensatas que hemos hecho en nuestra vida, y así sabrá que esto es parte de la experiencia humana.

- Dediquemos tiempo a nuestros hijos. Si son muy pequeños aún para poder esperar, interrumpamos con entusiasmo nuestra actividad para atenderlos. Si nuestro hijo ya puede esperar un ratito, y nosotros no podemos dedicarle tiempo cuando lo pide, digámosle cuánto tiempo tendrá que esperar. Luego cumplamos nuestra estimación y brindémonos con foco y conexión. Si repetidamente le decimos a nuestro hijo: "No tengo tiempo para hacer esto contigo" o "Jugaremos juntos más tarde", se percibirá a sí mismo como poco importante.
- Cuando estamos con nuestros hijos, dejémonos guiar por ellos y participemos en su mundo respetuosamente. Podemos dirigir cuando ellos nos lo piden. Asegurémonos de que sientan lo felices que estamos de estar compartiendo un momento juntos.
- Cuando un hijo pide asistencia, respondamos lo más rápidamente que podamos y con el mejor ánimo posible. Si con frecuencia tenemos una actitud impaciente o irritación en la voz, puede llegar a la conclusión de que su presencia nos representa una molestia.

Estas sugerencias son aplicables a cualquier vínculo entre personas de cualquier edad. Seguramente no las necesitemos tener a mano cuando nos relacionamos con amigos o colegas, porque ya los tratamos así. En nuestra cultura, sin embargo, mucho del respeto que se acostumbra entre adultos no se extiende hacia los niños. Por eso, si no recordamos algo de lo propuesto aquí, siempre podemos preguntarnos: "¿Cómo respondería en esta situación si se tratara de un adulto a quien respeto?".

Las ansiedades del tipo: "¿Cómo aprenderá entonces?" o "Se está aprovechando de mí" vienen de nuestro pasado, y se proyectan al futuro en forma de miedos. Son materia prima para nuestro desarrollo personal (los podemos indagar luego con S.A.L.V.E.) y no tienen nada que ver con nuestro hijo. Estemos en el aquí y ahora con cada hijo y encontraremos el modo de honrarlo, así como de valorar el momento compartido como un tesoro. Observemos quien él es verdaderamente, más que las voces y expectativas del pasado o las presiones de amigos o familiares. Nuestro deleite para con nuestro hijo funda su autoestima.

Qué es la Autoconfianza. Y qué no

La autoconfianza suele ser confundida con el hecho de ser extrovertido. Se puede ser seguro de uno mismo sin ser extrovertido. Es crucial poder distinguir entre la realidad de la autoestima de un niño y nuestras interpretaciones personales. Un niño introvertido, que prefiere ser reservado y se rehúsa a conversar con adultos acerca de su edad o sus conocimientos, no necesariamente es inseguro. Por el contrario, quizás esté siendo asertivo, al respetar su deseo de no prestarse a conversaciones que no le interesan. No siente la necesidad de complacer al adulto que pregunta, si implica actuar en contra de su deseo interno.

Los adultos no solemos abordar a otros adultos con este tipo de preguntas invasivas y paternalistas; y aún así cuando un niño no se presta a un interrogatorio no solicitado, eso parece sorprendernos. De manera similar, un niño que prefiere amistades cercanas con uno o dos niños en lugar de amistades en grupo de varios niños, quizás esté siendo seguro de sí mismo al rechazar una invitación grupal a jugar. Puede estar siendo auténtico, sin dejarse intimidar por las expectativas de otros.

Recuerdo a uno de mis hijos, a sus cuatro años y medio, una vez que fuimos a una tarde de juegos. Varios niños estaban jugando, algunos de sus padres también. Él se sentó a un costado y observaba. Yo me senté a su lado dispuesta a quedarme ahí sentada todo el tiempo o irnos a casa si así me lo pedía.

La organizadora del evento sintió la necesidad de incluir a mi hijo en el juego. Un par de veces se acercó e intentó tentarlo y convencerlo a unirse al juego. Él la miró a los ojos y le dijo que "no" con la cabeza. Este niño siempre supo lo que quiso, y no se le cambia fácilmente de parecer.

Del otro lado del espectro de personalidades hay niños cuya seguridad se manifiesta extrovertidamente, como cuando les gusta ser el centro de atención o liderar en un grupo. Sin embargo, no todos los niños extrovertidos son seguros. A veces, una personalidad egocéntrica puede esconder una inseguridad profunda. De hecho, a veces la extravagancia es una manera de tapar la inseguridad o un intento de estar a la altura. Entonces, no nos dejemos confundir por características convencionales de seguridad en nuestros hijos, y en cambio, preguntémonos si él está siendo genuino. Si ama ser el centro de atención o es un líder natural, ruidoso o cómico por naturaleza, entonces esas expresiones son manifestaciones auténticas de sí mismo. Si por el contrario, actúa en respuesta a nuestras aspiraciones, quizás no sea seguridad sino justamente la inseguridad la que lo motiva. Tal vez necesite que lo alentemos a seguir sus propias pasiones e inspiraciones.

Por ejemplo, Iris, de diez años, era insegura pero gritona y siempre quería ser primera para todo.

> *Iris siempre gritaba "¡Yo primero!" cuando se estaba organizando una actividad del grupo de teatro. Se adelantaba saltando hasta el principio de la fila. Parecía estar encantada cuando era el centro de atención y cuando lograba ser primera; pero se enojaba cuando no.*
>
> *Volviendo a casa de una clase de teatro, Iris fue agresiva con su hermana Andrea, y estaba muy irritada. La mamá estaba consternada.*
>
> *— Isabella dijo que la pasaste tan bien en clase hoy, pero ahora veo que estas enojada.*
>
> *— No la pasé bien. Ella nunca me elige. La odio — dijo Iris.*
>
> *Mamá no dijo nada. Más tarde, la mamá y Andrea estaban sentadas al piano. Iris pasó por ahí y dijo irónicamente al pasar: — Ah, Andrea la perfecta. Nunca hace daño a nadie.*

Lo que parece exuberancia o seguridad, es aquí en realidad una marcada inseguridad y desesperación. Iris siente celos en casa y en su angustia trata de negar su inseguridad buscando reconocimiento en cualquier otro lugar.

Aquí tenemos otro ejemplo de comportamiento seguro en un niño de temperamento tranquilo y algo tímido.

Cuando mi hijo mayor, Yonatan, tenía seis años, eligió tomar una clase de arte en el verano. Un día cuando fui a buscarlo a la salida, vi que Yonatan no estaba en la sala de pintura. Me quedé pasmada al escuchar a la maestra explicarme que Yonatan había estado molestando en la clase y por eso lo había enviado a la oficina de la secretaria en el piso de arriba.

Mientras subía las escaleras escuché la voz divertida de mi hijo acercándose, hablando entusiasmado con la secretaria. Cuando me vio dijo: —La pasé genial, má. Jugué con Tina en su oficina.

—¿Por qué fuiste a la oficina de Tina? —le pregunté.

—Estaba pintando y la maestra me molestaba. Quería que parara y escuchara una historia y dijo que luego de la historia íbamos a hacer otro dibujo. Yo quería seguir pintando la primera imagen así que me envió a la oficina. No quiero ir más a la clase de arte. Puedo pintar en casa sin interrupciones.

La autoconfianza es el resultado de percibirse como importante y merecedor de lo mejor. A veces los adultos interpretamos como irrespetuoso lo que es simple comportamiento asertivo de un niño, y nos perdemos la oportunidad de celebrar la seguridad que despliegan. Si podemos reconocer el coraje de seguir su voluntad, podemos estar de su lado y nutrir esa seguridad que se está formando.

Aquí hay otra historia de Yonatan que ilustra la seguridad de sentirse plenamente merecedor de respeto:

A sus ocho años, un día Yonatan estaba jugando afuera con la manguera. Su papá se preocupó por el desperdicio de agua y le dijo por la ventana: —Por favor cierra el grifo de agua. El pozo puede quedarse sin agua.

No habiendo escuchado al padre, Yonatan siguió jugando, hasta que su papá se enojó. Volvió a la ventana y gritó: — ¡Cierra el grifo ya mismo!

Yonatan, pasmado, cerró el grifo inmediatamente y corrió hacia la casa. Cuando enfrentó a su padre, sus ojos estaban llenos de lágrimas y su rostro rojo de furia.

— Si te gritara "¡Ve a cerrar la puerta del auto ya mismo!", ¿cómo te sentirías? — le preguntó.

— Me dolería — respondió su papá y se disculpó. Aclararon el malentendido y discutieron cómo prevenirlos en el futuro.

Algunas personas pueden impresionarse por las palabras de este niño hacia su padre. Sin embargo, su expresión indica que él se sintió confiado y seguro. Esta franqueza es el resultado de sentirse a salvo. Yonatan reflexionó en su pensamiento "¿Cómo puedes tratarme así? Yo merezco ser tratado bien, igual que tú". Los niños que se sienten seguros tienen libertad para expresar sus emociones y tienen un sentido implícito de su valía.

Además, la libertad de Yonatan de manifestarse, combinada con el respeto de su padre, sanaron su resentimiento espontáneamente. Si su papá lo hubiera regañado o hubiese inhibido su manifestación, Yonatan probablemente se hubiera enojado más, escalando la conversación hasta que se volviera un desencuentro. En consecuencia, podría haberse ahondado su resentimiento y recurrido a la mentira o represión de sus emociones la próxima vez que algo similar sucediera. Al manifestar respeto y empatía, su papá se dio a sí mismo y a su hijo la oportunidad de sanar y perdonar.

Lo que posibilita este tipo de interacción familiar es la ausencia del miedo por parte del niño en las relaciones cotidianas. El hecho de saber que sean cuales sean las emociones y pensamientos que tenga serán tomados seriamente. Y saberse merecedor del tiempo, atención y respeto que se le prodiga. Yonatan es hoy un joven que puede escuchar la furia de otros, validar emociones, y mantenerse completamente calmo y centrado.

La paradoja es que muchas veces nos preocupamos de que algo pueda andar mal con un niño que confía en sí mismo. Queremos que sea asertivo y seguro, pero cuando lo es, a veces nos tensionamos, y deseamos que se le bajen un poco los humos. Si nuestros hijos se alzan a la defensiva frente a un adulto condescendiente, tendríamos que celebrarlo, incluso si ese adulto somos nosotros mismos.

Autoestima: hermanos y pares

La llegada de un nuevo hermano puede llegar a ser muy descorazonadora para un niño pequeño, y demoledora de su seguridad y autoestima. Puede ser que lo entusiasme y ame a su hermanito, pero al mismo tiempo esté conmocionado y desahuciado. Una mamá a la que aconsejé una vez me confió que ella recordaba la llegada de su hermanita como el evento más traumático de su vida. Tenía cuatro años, y sintió que la vida se le terminaba de manera dramática. Sintió que había "perdido la batalla" y que había sido reemplazada por alguien mejor.

Mi hijo mayor, Yonatan, lo expresó bien claro cuando yo estaba embarazada de nuestro segundo hijo: "¿Para qué quieren otro Yonatan?".

Toda la preparación que hayamos realizado bien puede desvanecerse frente a la realidad de un nuevo integrante en la familia. Nuestro hijo quizás añore volver a los días en que era hijo único o el hijo menor. Para comprender cabalmente lo que pueden llegar a sentir pongámonos en su lugar: imaginemos a nuestra esposa o esposo trayendo a casa una nueva pareja, con gran entusiasmo y alegría. La explicación es lógica: nosotros estamos tan felices juntos, somos tan maravillosos, ¿por qué no agregar más felicidad aún con otra persona más? [2]

Tomemos esta imagen más allá del shock inicial y usémosla para imaginar miles de escenas cotidianas: esperar nuestro turno, ver cómo nuestro amor disfruta su nueva pareja, que se espere de nosotros que disfrutemos el compartir, y que se nos pida que queramos y seamos buenos amigos de esa persona. Imaginemos una escena real que encaje en nuestra familia y el tipo de lugares que frecuentamos o actividades que hacemos. Agreguemos a esta nueva pareja en la mesa de la cena, en la cama, en las vacaciones; imaginémonos a esa persona caminando con nosotros, cocinando, abrazando, siendo afectuosa, y siendo parte de todos nuestros momentos íntimos de disfrute. Estoy segura (con alguna rara excepción, tal vez) de que esto nos trae emociones bastante incómodas y desagradables. Si nos lo imaginamos muy vívidamente, quizás hasta nos esté doliendo la panza o estemos conmocionados. Quizás nos sintamos indefensos, temiendo que la única solución sería deshacernos del "invasor", que es lo que usualmente sienten y fantasean los niños respecto a sus nuevos hermanos.

Muchos niños responden amorosamente cuando el hermanito es un bebé, pero en cuanto empieza a moverse y desplazarse como ellos, el shock atrasado se materializa y empiezan las señales de sufrimiento. De repente se dan cuenta de que esto no es sólo un bebé, un "juguete" para ellos, sino otra persona con todo lo que eso implica. Ahora tienen que compartir juguetes, la atención de los padres, y el helado con su "rival".

De qué manera un niño responde a la venida de un hermano varía ampliamente según cada niño, su edad, etc. La mayoría de los niños de más de siete años responden muy bien. Pero si el niño es menor, al necesitar aún atención similar a la que requiere un bebé, es probable que le cueste aceptar al recién llegado. Quizás tenga miedo de ser reemplazado por el bebé, o de dejar de ser digno de atención. A un niño mayor por lo general le entusiasma ocuparse de un bebito.

En una familia nuclear generalmente sólo hay un papá y una mamá. Apenas nace un nuevo hijo, la escasez de cuidados adultos se nota y genera tensiones. Con el bebé también llegan la competencia y la inseguridad personal. Quién es mejor y quién recibe más atención y amor se vuelve la medida del propio valor. El desafío que presentan las rivalidades entre hermanos no es algo que deba evitarse, sino simplemente tenerlo presente y en cuenta, para poder aprovechar la oportunidad de crecer en lugar de amargarnos.

La clave para empoderar a nuestro hijo ante la llegada de un hermano es justamente nuestra conciencia de lo que puede provocarle y nuestra capacidad de permanecer en sintonía emocional y disfrute con él.

Algunos padres creen que se puede prevenir esta tensión entre hermanos. Con los abuelos u otros cuidadores quizás hasta cierto punto sea así. Sin embargo, en la mayoría de las familias, esta es una dinámica que no se puede prevenir. Los padres por lo general tomamos acción una vez que el hijo mayor manifiesta sufrimiento o debilitamiento de su autoestima, porque estos síntomas suelen aparecer todos juntos. Muchas veces los padres me dicen: "Nosotros no tenemos este problema. Nuestros hijos se adoran". Sin embargo, por lo general, un día un niño empieza a agredir al otro y los padres me llaman sorprendidos para pedirme consejo.

Cuando un niño se vuelve agresivo hacia sus hermanos o padres, cuando se queja, se aferra a nosotros, se enoja o tiene algún comportamiento llamativo, esto muestra que ya se está sintiendo desesperado: se preocupa de que no lo amemos más, o de ya no ser valioso. Si tratamos de detener sus manifestaciones de sufrimiento, él confirmará sus sospechas: "Mamá se enoja si agredo al bebé. Ella lo protege a él. El bebé es bueno. Yo debo ser el malo". Entonces su resentimiento hacia su hermanito crece a pasos agigantados. Cuanto más intentemos enseñarle a ser amoroso con su hermanito, más aislado se queda en su sufrimiento, del que no puede surgir un sentimiento amoroso. Quizás desee volver el tiempo atrás y puede llegar a fantasear con deshacerse del bebé. Y entonces se siente culpable y no merecedor de amor y así el círculo vicioso se vuelve muy intenso y doloroso, sus manifestaciones empeoran por el deterioro de su seguridad personal y el aumento de su angustia.

La manera en que podemos ayudarlo en ese proceso es evitar regañarlo y en cambio validar sus emociones.

A mi hijo del medio, Lennon, le costó mucho aceptar a su hermano menor, como veremos aquí:

Cuando tenía cinco años, Lennon era amoroso y dulce con su hermanito de un año. Un día, de repente, empezó a arrebatarle los juguetes de la mano, y parecía contento cuando su hermanito Oliver lloraba. Al principio intentamos alentar a Lennon a ser amable y le explicamos que a Oliver no le gustaba eso. Lennon se volvió aún más agresivo. Pronto me dí cuenta de que Lennon necesitaba más que indicaciones amorosas.

La siguiente vez que Lennon arrancó algo de las manos de su hermano, en lugar de indicarle que no lo hiciera, lo abracé y le dije: — ¿Te gustaría que volviéramos a ser nosotros dos, sin Oliver, como éramos antes?

Lennon me miraba incómodo y no decía nada. Él ya esperaba que lo sermoneáramos, en sintonía con la imagen de "el malo" que él sentía de sí mismo en ese momento.

— Yo también extraño estar más tiempo contigo — dije.

— No, no extrañas — susurró Lennon.

— Entonces, cuando me ves con el bebé en brazos permanentemente. ¿Te sientes solo?

Lennon asintió.

— ¿Entonces piensas que a mamá ya no le importas?

Lo tomé en mis brazos y le dije: — Yo extraño muchísimo estar contigo. Yo te amo todo el tiempo. Incluso cuando tengo a Oliver en brazos, yo te amo.

Lennon bajó la vista y me pareció que se sentía culpable o indigno de mi amor porque quizás tenía fantasías violentas hacia su hermano.

> — ¿Te gustaría tirar al bebé a la basura? — pregunté.
>
> Lennon se entusiasmó: — Sí — dijo.
>
> Entonces tiramos a un bebé imaginario a la basura.
>
> — ¿Quieres mostrarme qué más te gustaría hacerle a Oliver? Acá hay un bebote de juguete. (Papá estaba con Oliver y Yonatan en otra habitación, así que la actuación de la fantasía de Lennon no fue visible para el bebé).
>
> Luego de que Lennon actuara algunas de sus fantasías con un bebé de juguete, le dije: — Entiendo cómo te sientes. No hay nada de malo en pensar estas cosas. Cada vez que te sientas así, puedes venir y mostrarme lo que te gustaría hacerle a Oliver. Yo quiero compartir contigo lo que sientes y lo que imaginas, y cada vez podemos usar un bebé de juguete.
>
> Cuando Lennon volvió a molestar a su hermano volví a ofrecerle el mismo juego, siempre lejos de la vista de su hermanito. Y así lo hicimos varias veces. Tres días después, Lennon, por propia iniciativa, me buscó cuando tuvo ganas de molestar a su hermano. En lugar de molestarlo, me dijo: — Mami, te muestro lo que quiero hacerle a Oliver.
>
> Fuimos a otro lugar y me mostró, y al hacerlo evitamos que se concretara con el Oliver real. Así sucedió unas cuantas veces. Unas dos semanas más tarde me pidió que hiciéramos la fantasía con el bebé de juguete, pero en lugar de hacerle daño, se dedicó a hacerle morisquetas y divertirlo. Este fue el fin de la agresión hacia su hermano.

Al validar y jugar con el bebé de juguete no exageré la historia de Lennon ni actué como si fuera real. Hice todo lo contrario: le dije que lo amaba pase lo que pase, que añoro el tiempo sola con él, y que mi amor por él sigue creciendo.

También le demostré con mi actitud y confianza que confío en su fortaleza interior para sobreponerse a esta fase dolorosa. Lo conversamos abiertamente. Él estaba triste y me preguntó si había algún remedio homeopático para curar el deseo de lastimar a un hermano. Lennon no quería verdaderamente dañar a Oliver; simplemente quería con mucha fuerza recuperar su lugar y su sentido de valía. Y lo hizo.

Además del poder de validar y aceptar, es crucial que cada hijo tenga tiempo exclusivo con mamá y papá. La familia nuclear convierte a mamá y papá en recursos escasos por los que hay que competir. Habrá menos competencia y tensión cuando la necesidad de atención de cada niño esté cubierta.

Sin embargo, no importa cuán exitosos seamos en la acrobacia de satisfacer las necesidades de cada hijo, es probable que nos relajemos cuando las cosas van bien y luego tengamos que apagar incendios. Las tensiones entre hermanos van y vienen, acompañando y reflejando las dinámicas de la familia y las fluctuaciones de la autoestima de los niños. Entonces, disfrutemos los momentos calmos, y estemos listos para que cuando vengan los conflictos, podamos ocuparnos de lo que necesitan nuestros hijos antes de que sufra su autoestima.

A medida que los hermanos crecen juntos, las fluctuaciones en su vínculo serán parte natural de la vida. Igual que los adultos, ellos pasarán períodos de armonía seguidos de conflictos e inseguridad. La mayoría de las veces, un niño que tiene la autoestima amenazada repetidamente por un hermano, primo, o amigo, simplemente necesita tiempo y conexión con su mamá o papá que le permita reconstruir su confianza en sí mismo. Esto quizás requiera enviar al hermano mayor (si ya puede) con la abuela por un día, o separarlos de habitación, o incorporar actividades nuevas con nosotros o con otros niños en las que cada hijo se sienta valioso y amado. Generemos oportunidades para que cada niño pueda hacerse espacios individuales donde no tenga que competir o compartir con su hermano, y recordemos que el vínculo y la conexión con cada hijo es individual. Nadie se siente amado en pares o grupos.

El único obstáculo para la autoestima es un pensamiento que le dice al niño que él no es valioso, una historia que es la prueba de su falta de valor o capacidad. Desmintámosla con actos y su historia se caerá sola. Si le decimos que no moleste al bebé, él tiene evidencia a favor de que es malo y de que no lo amamos (porque protegemos al bebé del "niño malo"). Podemos desarticular su drama abrazándolo cuando quiere dañar a su hermano, validando su necesidad, y apoyando canales de descarga para sus fantasías. Cuando nos enfrentamos a ellos o los cuestionamos, reforzamos su dolor. Cuando en cambio nos unimos a sus iniciativas, vamos juntos en una historia de amor.

Humillación entre hermanos

A medida que los niños crecen, a veces empiezan a dirigirse comentarios humillantes entre hermanos como modo de sentirse poderosos. Esta interacción hostil puede ser benigna e inofensiva, o dañina para un niño que se toma en serio lo que le dicen. Sentirse inseguro o inferior puede llevar a un niño a compensar su necesidad humillando o menospreciando a otro niño. El que "recibe" los insultos, puede sentirse lastimado por ellos o, si es un niño seguro de sí mismo, puede no importarle.

Para saber cómo se siente un niño, podemos observar o preguntarle directamente.

Un niño seguro de sí mismo puede permanecer indiferente a comentarios hostiles, mientras que uno no tan seguro puede reaccionar agresivamente o expresar su dolor con palabras o con su comportamiento. Un papá me contó una vez que cuando le preguntó a su hijo de nueve años qué sentía cuando su hermana lo llamaba "mocoso", él le respondió: "nada", y su comportamiento de hecho confirmaba esa indiferencia. Entonces, muchas veces las interacciones entre niños, que a nuestros ojos parecen humillantes y dolorosas, para ellos resultan inofensivas, y no hay necesidad de intervenir.

Sin embargo, hay veces en que un niño se está sintiendo herido por ser repetidamente menospreciado, lo cual significa que él está creyendo lo que se le está diciendo. Cuando advertimos que nuestro hijo se siente herido, empoderémoslo para conectar con quien verdaderamente es, así las palabras de otros no le resultan tan poderosas. Escuchémoslo y evitemos dar a entender que las palabras de su hermano o amigo tienen poder sobre él. Decir: "Él te hace sentir..." implica que las palabras ajenas controlan sus emociones. Por el contrario, después de escucharlo, validemos empoderando su propio registro sobre sí mismo: "¿Te gustaría sentirte satisfecho y seguro de ti mismo independientemente de la opinión de tu hermano?". Esto puede ayudarlo a reconocer sus virtudes independientemente de lo que diga un tercero. Una vez que ve y siente el valor propio dentro de sí mismo, nadie puede quitarle eso. Aprenderá que quien él es no depende de las palabras de otros.

Además de ocuparnos de la necesidad del hijo herido, tengamos en cuenta también la necesidad de su hermano de menospreciar. ¿Por qué siente la necesidad de humillar a otro? ¿Se siente inseguro y por eso trata de hacerse valer? ¿Está dudando de nuestro amor? ¿Puede distinguir entre ese pensamiento doloroso y la realidad?

La inseguridad personal nunca es real, porque todos los niños son seres valiosos y dignos de amor. Busquemos necesidades específicas que puedan estar siendo desatendidas. Atendamos sus necesidades de atención, privacidad, amor y otros intereses específicos; y no necesitarán descargar su frustración en su hermano u otras personas.

Si nos damos cuenta de que estamos tomando partido por alguno de nuestros hijos, detengámonos e indaguemos nuestra conversación interna (S de S.A.L.V.E.), y volquemos nuestra atención (A) a cada niño, logremos escucharlos (L), y validar (V) las emociones de cada uno sin defender ni criticar a ninguno de ellos. Escuchemos a cada hijo cabalmente. Validar a un niño no significa invalidar al otro, ni impide poder validarlos simultáneamente. No estamos arreglando sus disputas, sólo validando sus emociones y registrando sus preferencias o puntos de vista. No intervenir en la contienda empodera (E) a los niños para confiar en sí mismos y desplegar sus recursos.

Cuando evaluamos si un niño se siente herido, es probable que nos demos cuenta de que quien humilla es el más necesitado emocionalmente, como fue el caso de Fernando:

Lorenzo, de siete años, vino llorando del salón de juegos: —Mamá, Fernando me dice "burro" y arruinó mi torre.

Laura lo abrazó y le preguntó: — ¿Tú eres un burro?

— No, má. Me rompió la torre.

— ¿Te gustaría volver a armarla?

En ese momento, Fernando, de doce años, volvió también del salón.

— ¡Oh! ¿Ya se está quejando de vuelta como un bebé a su mamita? — *preguntó burlonamente.*

Laura reconoció el dolor en la expresión de Fernando. Se acercó a él, lo tocó, lo miró a los ojos y le preguntó: — ¿Te gustaría pasar un rato conmigo ahora?

Fernando se sentó junto a su madre en el sillón. En ese momento, Lorenzo, nuestra "víctima" inicial, se fue a jugar de nuevo. Probablemente ya se sentía atendido. El dolor de su hermano era más profundo.

— ¿Qué es lo peor de tener un hermano? — *le preguntó Laura a Fernando. Él se entusiasmó y le empezó a responder detalladamente. Ella escuchó con atención y pudo identificar la sensación de desvalorización que tenía Fernando. Su validación trajo algunas lágrimas y muchas pequeñas historias que clarificaron cómo Fernando se sentía aplastado por la presencia de su hermano menor en su vida. Era la inseguridad propia de Fernando la que lo impulsaba a molestarlo.*

En una sesión telefónica conmigo el día siguiente, Fernando me dijo:

— Odio a mi hermano.

— ¿Preferirías que no estuviera? — *pregunté.*

— Sí — *dijo Fernando.*

— Cuéntame cómo te sentirías en casa si él no estuviera.

Fernando se quedó en silencio. Luego de un momento, dijo: — No, no quiero que se vaya. No soporto esa idea.

— Entonces sí quieres que tu hermano viva contigo.

— Supongo que sí. No me puedo imaginar que no esté. Yo lo quiero, sólo que es muy cargoso.

> — ¿Cómo es de cargoso? Cuéntame más.
> — ¡Oh!, no sé. En realidad está todo bien.
> — ¿Tú estás bien, Fernando?
> — Creo que sí. Sí. Me gustaría que mi mamá tuviera más tiempo para mí, y mi papá también. Pasan mucho tiempo con Lorenzo.
> — ¿No pasan tiempo contigo?
> — No, sí, sí, pasan. Lo que pasa es que... bueno, en realidad no es que yo quiera estar más tiempo con ellos. Lorenzo es más pequeño. Yo no necesito tanto tiempo. Yo necesito estar más con mis amigos.
> — Entonces, tu hermano está bien, tus padres te quieren y pasan suficiente tiempo contigo. ¿Hay algún problema?
> Fernando se reía: — Seguramente puedo inventarte alguno si quieres. Es increíble cómo me inventé esta historia.

Nuestro propósito no es lograr la imposible tarea de criar hijos que nunca sufran un golpe a su autoestima. La vida no es así, y pretender escudar a un niño de sus experiencias reales sólo lo debilitaría. En cambio, los niños necesitan crecer capaces de enfrentar la realidad con fortaleza emocional y sabiduría.

Aspiramos a construir una relación de amor y sin miedos con nuestros hijos, tal que habilite y bienvenga la manifestación de todas las emociones y permita a nuestros hijos sentirse seguros de su valor. Esto reafirma la seguridad que necesitarán para construir una vida plena y vincularse positivamente con otros.

Apoyemos el sentido de valor de nuestros hijos reafirmando día a día quienes son, votando a favor de sus iniciativas y elecciones, y manifestando nuestro amor y auténtico reconocimiento.

Esto significa que no haya expectativas que obstaculicen la gozosa celebración de la verdadera esencia de nuestro hijo.

Notas del Capítulo Seis:

1. Se puede ahondar en este tema en el artículo de Naomi Aldort sobre elogios: "Mothering" ·71 1994: "Life Learning" magazine Nov/Dec 02, Jan/Feb 03, Mar/Apr 03
2. Esta analogía la tome del libro "Siblings Without Rivalry: How to Help Your Children Live Together So You Can Live Too", de Mulish and Faber, HarperResource, 1998

Fuentes sugeridas por la autora

Libros:

Breeding, J. *The Wildest Colts Make the Best Horses.* Bright Books, 1996.

Breeding, J. *True Nature and Great Misunderstandings: On How We Care for Our Children According to Our Understanding.* Eakin Press, 2004.

Briggs, D. *Your Child's Self-Esteem.* Mainstreet Books, 1975.

Greenberg, Daniel. *Free at Last: The Sudbury Valley School.* Sudbury Valley Press, 1995.

Greenberg, Daniel. *Child Rearing.* Sudbury Valley Press, 1987.

Holt, J. *How Children Learn.* Perseus Publishing, Revised edition, 1995.

Holt, J. *How Children Fail.* Perseus Publishing, Revised edition, 1995.

Holt, J. *Instead of Education: Ways to Help People Do Things Better.* Sentient Publications, 2004.

Holt, J. *Learning All the Time.* Addison Wesley Publishing Company, Reprint edition, 1990.

Holt, J. *Never Too Late: My Musical Life Story.* Addison Wesley Publishing Company, Reprint edition, 1991.

Hunt, J. *The Natural Child: Parenting from the Heart.* New Society Publishers, 2001.

Juul, J. *Your Competent Child: Toward New Basic Values for the Family*. Farrar Straus Giroux, 1st American edition, 2001.

Katie, Byron. *Loving What Is: Four Questions That Can Change Your Life*. Harmony Books, 2002.

Katie, Byron. *I Need Your Love: Is That True? How to Stop Seeking Love, Approval and Appreciation and Start Finding Them Instead*. Harmony Books, 2005.

Kohn, A. *Unconditional Parenting: Moving from Rewards and Punishments to Love and Reason*. Atria, 2005.

Kohn, A. *Punished By Rewards: The Trouble with Gold Stars, Incentive Plans, A's, Praise and Other Bribes*. Mariner Books, 1999.

Kohn, A. *No Contest: The Case Against Competition*. Houghton Mifflin Company, 1987.

O'Mara, P. *Natural Family Living: The Mothering Magazine Guide to Parenting*. Atria, 2000.

Neill, A.S. *Summerhill: A Radical Approach to Child Rearing*. Hart (UK), 1984.

Neill, A.S. *Freedom - Not License!* Hart (UK), 1966.

Rosenberg, M, Ph.D. et al. *Nonviolent Communication : A Language of Life: Create Your Life, Your Relationships, and Your World in Harmony with Your Values*. Puddledancer Press, 2003.

Thevenin, T. *The Family Bed*. Avery, 1987.

Winn, Marie *The Plug-In Drug: Television, Computers and Family Life*. Penguin, 2002.

Libros de Nacimiento y Salud:

Gedgaudas, Nora T. *Primal Body Primal Mind*. Healing Arts Press, 2011.

Mendelsohn, R, M.D. *Male Practice*. Contemporary Books, 1981.

Mendelsohn, R, M.D. *How to Raise a Healthy Child in Spite of Your Doctor*. Ballantine Books, 2001.

Noble, Elizabeth. *Childbirth with Insight*. Houghton Mifflin Co., 1983.

Perlmutter, David. *Grain Brain*. Little, Brown and Company, 2013.

Schenck, Susan. *Beyond Broccoli*. Awakenings Publications, 2011.

Vonderplanitz, Aajonus. *The Recipe for Living without Disease*. Carnelian Bay Castle Pr Llc, 2002.

Diarios y Revistas:
Nurture Parenting Magazine (Australia)
The Attached Family (Attachment Family International)
Juno Magazine (UK)
Pathways (USA, Australia)
Journal for Family Living
    The Complete Mother: Breastfeeding, Childbirth and Pregnancy.

Sitios de Internet que ofrecen oportunidades para la Autorrealización:
TheWorkForParents.com
AuthenticParent.com
NaomiAldort.com
TheWork.org
Landmarkeducation.com
Radicalhonesty.com (Radical Honesty Enterprises)

Sitios de Internet relacionados con Salud de Niños y Adultos:
WellnessMama.com
Mercola.com

Datos de Contacto

Naomi Aldort es una autora, conferencista y columnista publicada internacionalmente. Su propuesta ayuda a la realización personal a través de la crianza de los hijos usando la metodología *El Trabajo* de Byron Katie en sesiones privadas por teléfono o Skype, además de seminarios y conferencias alrededor del mundo.

Naomi Aldort aborda una amplia variedad de temas de crianza relacionados a bebés, niños, adolescentes, e incluyendo las necesidades emocionales de madres y padres. Su trabajo **no propone maneras amorosas de controlar a los niños, sino de aprender a tener paz sin necesidad de controlar.** Se trata de una manera de comprender y acompañar a los **hijos para que puedan transformarse en la mejor versión posible de ellos mismos; no porque nos temen o buscan nuestra aprobación, sino porque así lo quieren, para ellos mismos.**

Naomi Aldort es esposa, y madre de tres jóvenes adultos. Vive en el estado de WA, en Estados Unidos.

Para más información:

www.NaomiAldort.com
www.TheWorkForParents.com
www.AuthenticParent.com

(360) 376-3777
naomi@aldort.com

Naomi Aldort
P.O. Box 1719, Eastsound, WA 98245

Productos y servicios de Naomi Aldort

En el sitio web NaomiAldort.com podrás subscribirte al Newsletter gratuito, además de encontrar videos, artículos, grabaciones, y toda la información sobre eventos, seminarios, conferencias, clases on line y sesiones individuales.

Sesiones individuales por teléfono o Skype

Naomi tiene más de veinte años de experiencia asesorando a familias de todo el mundo. Ofrece respuestas a interrogantes, acompaña en la resolución de dificultades de padres e hijos y también facilita un crecimiento personal profundo.

Naomi Aldort aporta paz y claridad tanto para las situaciones difíciles, como para los desafíos cotidianos de padres e hijos. Trabaja de manera holística en la construcción de vínculos sólidos y pacíficos desde la infancia y hasta la adolescencia. Su fórmula de comunicación S.A.L.V.E. ha sido reconocida como una excelente combinación entre la propuesta *El Trabajo* de Byron Katie y la de *Nonviolent Communication* (Comunicación no violenta).

Para mayor información o ver testimonios de participantes: www.naomialdort.com

Retiro Familiar Intensivo

Naomi abre las puertas de su hogar o se traslada al nuestro para ofrecer talleres privados para familias. Se trata de una experiencia de vida intensa y transformadora.

Seminarios/Charlas

Naomi ofrece talleres iniciales de un fin de semana, como también otros talleres que apuntan a problemáticas, edades, o intereses específicos. Con su asesoramiento, podremos aprender a proyectar paz y libertad en el vínculo con nuestros hijos, pareja u otros; así como desplegar el disfrute de ser madres y padres fuera de paradigmas limitantes.

(360) 376-3777

naomi@aldort.com

Naomi Aldort

P.O. Box 1719, Eastsound, WA 98245

Tus hijos no son tus hijos
son hijos e hijas de la Vida
deseosa de sí misma.

No vienen de ti sino a través de ti,
y aunque estén contigo,
no te pertenecen.

Puedes darles tu amor,
pero no tus pensamientos, pues,
ellos tendrán sus propios pensamientos.

Puedes abrigar sus cuerpos,
pero no sus almas, porque ellas,
viven en la casa del mañana,
que no puedes visitar,
ni siquiera en sueños.

Puedes esforzarte en ser como ellos,
pero no procures hacerlos semejantes a ti.
Porque la vida no retrocede,
ni se detiene en el ayer.

Tú eres el arco del cual tus hijos,
como flechas vivas son lanzados.
El arquero ve su blanco en el camino hacia el infinito, y
se dobla con su fuerza para que sus flechas vuelen
veloces y lejos.

Alégrate y deja que el arquero te doble;
porque si bien ama la flecha que vuela,
ama también el arco que se queda.

De *El Profeta*
de Kahlil Gibran

Index